U0829575

我的几何人生

丘成桐自传

[美国] 丘成桐
史蒂夫·纳迪斯 —— 著
夏木清 —— 译

译林出版社

图书在版编目（CIP）数据

我的几何人生：丘成桐自传 ／（美）丘成桐（Shing-Tung Yau），（美）史蒂夫·纳迪斯（Steve Nadis）著；夏木清译．— 南京：译林出版社，2021.3（2025.9 重印）

书名原文：The Shape of My Life: One Mathematician's Search for the Universe's Hidden Geometry

ISBN 978-7-5447-8532-7

Ⅰ.①我… Ⅱ.①丘… ②史… ③夏… Ⅲ.①丘成桐－自传 Ⅳ.①K837.126.11

中国版本图书馆 CIP 数据核字（2020）第 261871 号

The Shape of My Life: One Mathematician's Search for the Universe's Hidden Geometry
by Shing-Tung Yau and Steve Nadis
Copyright © by Shing-Tung Yau and Steve Nadis
Simplified Chinese edition copyright © 2021 by Yilin Press, Ltd
All rights reserved.

著作权合同登记号 图字：10-2018-530 号

我的几何人生：丘成桐自传 ［美国］丘成桐 ［美国］史蒂夫·纳迪斯／著 夏木清／译

责任编辑 陆晨希
特约编辑 石小刚
装帧设计 韦 枫
封面摄影 刘 方
校 对 孙玉兰 蒋 燕
责任印制 董 虎

出版发行 译林出版社
地 址 南京市湖南路 1 号 A 楼
邮 箱 yilin@yilin.com
网 址 www.yilin.com
市场热线 025-86633278
排 版 南京展望文化发展有限公司
印 刷 南京爱德印刷有限公司
开 本 652 毫米 ×960 毫米 1/16
印 张 24.75
插 页 2
版 次 2021 年 3 月第 1 版
印 次 2025 年 9 月第 17 次印刷
书 号 ISBN 978-7-5447-8532-7
定 价 68.00 元

版权所有 · 侵权必究

译林版图书若有印装错误可向出版社调换。质量热线：025-83658316

献　　给

母亲梁若琳和父亲丘镇英

落花人独立，微雨燕双飞。

几何人生，人生几何。

目　录

序　一 | *001*

序　二 | *003*

序　三 | *009*

第一章　童年颠沛 | *001*

第二章　何去何从 | *029*

第三章　初履北美 | *049*

第四章　仰望卡峰 | *083*

第五章　高峰挺进 | *107*

第六章　故里难通 | *131*

第七章　斯年堪纪 | *161*

第八章　弦筹共融 | *191*

第九章　适彼乐土 | *213*

第十章　矢志兴中 | *239*

第十一章　庞氏余波 | *261*

第十二章　东风西风 | *293*

附　录

研求之乐 | *311*

在清华大学2020届数学科学系
毕业典礼上的讲话 | *323*

贺北京雁栖湖应用数学研究院成立 | *330*

杭州会议序 | *332*

中华赋 | *334*

后　记 | *370*

序　一

余今年七十，与新中国同寿。幼时，成长于香港之乡村田野间。承父母训诲，以长以成，一生未敢偏离初志：法古今贤人，成不朽事业，兴中国基础之学问也。

余生也幸，得逢其时。贤师益友，扶持切磋。创几何分析之学，穷物理宇宙之源。先父启我于天人之际，授我以古今哲人之思，使我标心万古，不侥侥于功名，不汲汲于富贵。其后先师省身先生示我以纤维几何之学，莫里先生授我以估值之术。遂与斯坦福大学诸友，徜徉园林，激荡玄思，消解前人之巨疑，修建数理之桥梁，此中之乐，不足为外人道也。

余于一九七九年首次回国，得抚触机场故国泥土。旋即与科学院及中国高校诸君子合作，图谋大兴。群策群力，渐有所成。四十年来家国情怀，感触良深。此中有赖中央之扶持，亦国运之隆盛故也。

子曰："七十而从心所欲，不逾矩。"余一生读书为人，不敢言不逾矩，然而未犯大过者，盖母亲妻子之规范也。余母若琳，吾妻友云，训子持家以自强不息，不贪不欲，立善立德，慈心为怀。恩泽至于子明诚、正熙，孙义凯、义洁，庶几无愧于先人矣。

余于一九六九年九月一日抵达美国，至今五十年矣。余无西方科学之熏陶，无以至今日。美国之价值观，于我心有戚戚焉。然中华文化旧壤，父母之邦，饮水思源，无日或忘。富贵非吾愿，他乡不可期。唯愿中美友谊永固，忠恕传家，科学长青。

少时读《史记·孔子世家》，太史公有言："天下君王至于贤人众矣，当时则荣，没则已焉。孔子布衣，传十余世，学者宗之。"盖有感焉。

今日年长，谨以靖节先生诗句作结：

衣沾不足惜，但使愿无违。

此书由余口述，友人史蒂夫·纳迪斯笔录，今得友人夏木清译为中文，至为感激。

是为中文版序。

丘成桐

己亥年冬于北京

序　二

我没有将我的一生成书面世的经验，为了自己，同时也为了方便读者，让我话说从头。简略言之，1949年春我出生于汕头，因为战乱，几个月大的我随着家人南迁香港，在这个当时由英国人管治的地方成长，直到1969年赴美深造为止；此后一直在美国生活。时光流逝，不知不觉间，距离我第一次横渡太平洋已近五十年了。这几十年间，我曾无数次往返北美和亚洲。行旅之中，每每自问，我真正的家园何在；或更精确地说，我有两个家，但两者皆非我身心安托之所。

我在美国生活富足，也有一定的成就，然而和身处的社会并非水乳交融。对中国，无论在情感或家族上，这种纽带是根深蒂固的，早已烙刻心中。但经过了这么多年后，对祖国的印象也在不断变化，多少有些隔膜。无论在美国或中国，我都像半个局内人和半个局外人。

这种感觉，使我置身于一般地图上找不到的颇为诡异的位置，介于无论在历史上、地理上、理念上甚至口味上都是南辕北辙的两套文化和两个国家之间。我家在麻省剑桥，离哈佛大学不远，自1987年受聘于此，安居乐业至今。而在北京我也有套公寓，每次到北京时会在那里安顿。但我还有第三个家，它就在数学的国度内，我在那里栖迟最久，至今差不多半个世纪了。

对我来说，数学赋予我的，是一本让我在世界各处随意走动的护照，同时也是探索这世界强而有力的工具。数学拥有神奇的力量，对那些懂得驾驭它的人来说，数学能打破距离、语言、文化的隔膜，把他们立时拉在一起，交流共通的知识。数学还有另一个神奇之处，那就是不需要什么成本，也能在数学的天地大展拳脚。就许多问题来说，所需的只是一张纸和一支笔，再加上专心致志的能耐。有时甚至连纸笔也不用，最重要的工作就在脑海中完成。

早在念完研究院和取得博士学位前，我已努力不懈地从事研究，能有这样的机遇，非常感恩。今天，我对数学略有贡献，并以自己的专业为荣。然而，纵使自小就对数学着迷，我的数学生涯并不是一蹴而就的。事实上，童年时做梦也想不到自己会有今天的成就。

我在知识分子的家庭中成长。虽然幼时家穷，但我和兄弟姊妹并不乏双亲的慈爱。不幸父亲丘镇英在我十四岁时去世，家中经济拮据，既无积蓄，又债台高筑，但母亲梁若琳决心继承父亲的遗志，让我们继续上学，追求学问。我努力学习，并在中学时为数学所吸引，感受到它的召唤。

念大学时，遇到加州大学伯克利分校的年轻学者斯蒂芬·萨拉夫（Stephen Salaff），可说是我人生的转折点。在他的安排下，我到了伯克利念研究院，投到当时世界最著名的华裔数学家陈省身先生门下。

若非一连串的机缘巧合使我到了加州，真不知道自己能在数学的道路上走多远。如果没有母亲为子女做出的牺牲，和父亲培养子女对知识的热爱，我也不会有今天的成就。我把这本书献给他们，没有他们就没有今天的我。同时，也要感谢内子友云和儿子明诚、正熙过去多年的容让。此外，还要感谢我的兄弟姊妹。

大半生沉醉于图形、数字，还有曲线、曲面和高维空间的我，工作和人生因和家人、朋友、同行、师长、学生的交往而变得十分丰盛。

我一直风尘仆仆辗转于中国、美国，为了追寻几何的真和美踏遍全球。几何这门学问从最宏观和最微细的水平来探索宇宙，在这些旅程中，猜想形成了，公开难题提出了，各种定理证明了。可是，数学的工作几乎都不是独立完成的，而是建基于前人的成果上，得力于频繁的交流中。这些交流时而导致误解甚至纷争，本人也曾不幸地牵涉其中。从这些经历中，认识到“纯粹数学”实质上是很难做到的，明争暗斗往往出乎意料地介入，不免唐突了数学之美。

虽然如此，和同行随性的交谈却会得到出乎意料的收获，影响维持多年甚至数十年之久。说到底，我们都是时代和社会的产物，受别人影响，被环境熏陶，诸般历练使我的人生更丰盛、更复杂。此书所载的，便是我的出身、成长和个人经历，但愿读者不觉乏味。

我想借此机会感谢一些人，他们其中有的与这本书并无直接关系，却协助提高了全书的可读性。首先是我父母，可谓恩深难报；他们竭尽全力养育子女，在艰难的日子中教导我们正确的人生观，了解到人生的主要目的不在追逐名利，从而使我走上研究数学的道路，而非赚钱而已。我和兄弟姊妹都很亲近，对三姐成瑶尤其感激。在去世之前，她为帮助我和弟妹做出了诸多牺牲，包括自己的事业。

我亦有幸能够邂逅并与内子结成伴侣。我们对人生的看法一致，财富、奢侈品和物质生活皆比不上对学问的追求。对于我们的两个儿子都走上了学术研究的道路，做父亲的我感到十分欣慰。

有幸自中学开始，就和郑绍远（Shiu-Yuen Cheng）、徐少达（Siu-Tat Chui）、王彬（Bun Wong）* 等结为好友，班主任潘宝霞老师在我年少无助时对我的慈怜，周庆麟讲师让我在崇基书院一年级时初窥高等数学的门户，而最幸运的乃是得遇斯蒂芬・萨拉夫，经他的指点，我在陈省身、小林昭七、萨拉森等师长的帮助下到了伯克利深造。

亦感谢美国的教育体系，它使我到达美国后，即能在理想的环境中钻研数学。这体系的特点是充分重视和培养每个人的才华，无分种族、出身和说话的口音。特别要感谢哈佛大学，给予我迄今三十多年安乐的家，还有很多很好的同事，人数众多，请恕无法尽录。

我的职业生涯也有赖于老一辈数学家的无私提携。首先要提到最重要的是我的论文导师陈省身老师，其他有大帮助者包括：阿尔芒・博雷尔（Armand Borel）、拉乌尔・博特（Raoul Bott）、

* 人名以姓氏英文首字母排列为序，下同。

欧金尼奥·卡拉比(Eugenio Calabi)、广中平佑、弗里德里希·希策布鲁赫(Friedrich Hirzebruch)、巴里·马祖尔(Barry Mazur)、约翰·米尔诺(John Milnor)、查尔斯·莫里(Charles Morrey)、于尔根·莫泽(Jürgen Moser)、戴维·芒福德(David Mumford)、路易斯·尼伦伯格(Louis Nirenberg)、罗伯特·奥塞曼(Robert Osserman)、吉姆·西蒙斯(Jim Simons)、艾沙道尔·辛格(Isadore Singer)、什洛莫·斯滕伯格(Shlomo Sternberg)。

有些数学家喜孤军作战,我则在团队中发挥尤佳。多年来有幸与多位杰出的学者携手作战,他们包括:郑绍远、约翰·科茨(John Coates)、罗伯特·格林(Robert Greene)、迪克·格罗斯(Dick Gross)、理查德·汉密尔顿(Richard Hamilton)、比尔·赫尔顿(Bill Helton)、布莱恩·劳森(Blaine Lawson)、李伟光、比尔·米克斯(Bill Meeks)、杨宏风(Duong Hong Phong)、维尔弗里德·施密德(Wilfried Schmid)、孙理察(Richard Schoen)、利昂·西蒙(Leon Simon)、克利福德·陶布斯(Clifford Taubes)、卡伦·乌伦贝克(Karen Uhlenbeck)、伍鸿熙、姚鸿泽,还有舍弟成栋。尤其是孙理察,我与他合作逾四十五年,完成了部分最好的工作。虽然开始时他是我的学生,但我们互相学习,齐足并驰,多年情谊,弥足珍贵。

我亦与弟子和博士后合作,其中包括曹怀东、梁乃聪、李骏、连文豪、刘克峰、刘秋菊、王慕道等。我在内地和香港也有不少出色的同行,包括杨乐、辛周平等。在我的职业生涯中,也常常和物理学者紧密地联系,与下列人士的交流尤为密切:菲利普·坎德拉斯（Philip Candelas）、布莱恩·格林（Brian Greene）、戴维·格罗斯（David Gross）、斯蒂芬·霍金（Stephen Hawking）、加里·霍罗威茨（Gary Horowitz）、安德鲁·斯特鲁明格（Andrew Strominger）、戴自海、卡姆朗·瓦法（Cumrun Vafa）、爱德华·威滕（Edward Witten）。在从他们那里获益良多的同时，我的工作余绪旁及物理，自忖也有寸功。

如上所述，作者的生命旅程，至今为止，可谓精彩；未来如何，但愿还有惊喜。

丘成桐

2018年于剑桥

序　三

多年来我撰写了不少文章，包括人物的特写，但从未写过长篇的人物传记。坦白来说，能全面地、深入地探究某人的过去，是种奇妙的经验，希望读者可从书页中领略这些奇妙之处。就某方面而言，我的任务既像采矿，也和考古相类似。掘得愈深，出土的东西也愈多，筛选后看看是否含有稀罕的宝石，或者其他珍贵的东西。

就算传主是与你相识了差不多十年，又曾紧密合作的朋友，在写书过程中依然碰到了不少新的东西。当然，若没有许多人的协助，此书断断不能完成。我希望感谢他们，如果其中有所遗漏，敬请见谅。

本书的一个重点在传主的家庭，所以我的致谢亦以家庭开始。我感谢父母和妻子梅利莎·伯恩斯。后者对书稿的头三章提出宝贵的意见，而且不厌其烦地聆听我谈论此书。此外，还要感谢我可爱的女儿朱丽叶和波利娜、我的姐妹苏和兄弟弗雷德。我们都感谢编辑乔·卡拉米亚和他在耶鲁大学出版社的同事，包括伊娃·斯基维和安–玛丽·因博诺尼。在整个创作过程中，乔一直鼓励我们，为我们打气。亦要感谢负责编辑工作的杰西卡·多尔希，她敏锐地察觉出文稿中的赘言、重复或含糊的倾向。由于她，我才知道无论讲到时间、地点或天气的时候，我总是把“是否”（“whether”）写成了“如果”（“if”）；另外，即如格劳乔·马克斯所言，应说“去”（“going”）时竟说了“来”（“coming”）。

以下各位亦在写作的过程中给予了帮助：莫琳·阿姆斯特朗（Maureen Armstrong）、莉迪亚·比厄里（Lydia Bieri）、让-皮埃尔·布吉尼翁（Jean-Pierre Bourguignon）、莫里·布拉姆森（Maury Bramson）、艾丽西亚·伯恩斯（Alicia Burns）、曹怀东、伦纳特·卡勒松（Lennart Carleson）、陈丽苹、陈汉夫（Raymond Chan）、郑绍远、丘成栋、丘明诚、徐少达、罗伯特·康奈利（Robert Connelly）、丹尼尔·福特（Daniel Ford）、罗伯特·格林、顾险峰、西蒙·格斯特（Simon Guest）、理查德·汉密尔顿、珍妮弗·欣内堡（Jennifer Hinneburg）、侯一钊、季理真、塞尔久·克莱纳曼（Sergiu Klainerman）、乔·科恩（Joe Kohn）、萨拉·拉博夫（Sarah Labauve）、布莱恩·劳森、克劳德·勒布伦（Claude LeBrun）、李骏、连文豪、刘克峰、杨乐、L. 马哈德万（L. Mahadevan）、弗朗西斯科·马丁（Francisco Martin）、艾利克斯·梅多斯（Alex Meadows）、比尔·米克斯、约翰·米尔诺、艾琳·明德（Irene Minder）、吴恭孚、翁秉仁、迪克·帕莱（Dick Palais）、杨宏风、罗伯特·桑德斯（Robert Sanders）、维尔弗里德·施密德、芭芭拉·舍博尔（Barbara Schoeberl）、孙理察、克里斯蒂娜·索尔马尼（Christina Sormani）、J. 迈克尔·斯蒂尔（J. Michael Steele）、玛莎·斯图尔特(Martha Stewart)、安德鲁·斯特鲁明格、莉迪亚·萨菲德(Lydia Suffiad)、曾立生、卡伦·乌伦贝克、埃马纽埃尔·于尔莫(Emmanuel Ullmo)、王贻芳、伍鸿熙、徐浩、许洪伟、姚鸿泽、殷晓田、科斯马斯·扎克斯(Cosmas Zachos)、张驰原、张蕾、朱熹平。

莫琳·阿姆斯特朗在哈佛数学系中负责《微分几何学杂志》,她多方出力,搜集和整理了书中的相片,并且协助整理文稿。我很感谢她的帮忙,没有她真不知怎么办。我亦深深感谢陈丽苹提供大量照片及其他帮助。曹怀东、杨乐、徐浩、许洪伟和丘成栋出了很多力。我亦衷心感谢殷晓田、顾险峰,尤其是芭芭拉他们提供的漂亮插图。芭芭拉花了两个星期,就把所有图片都弄妥了,确实非常专业。安德鲁·汉森(Andrew Hanson)送来卡拉比-丘流形的图片,还对英文版的封面设计提出了重要意见。

伯克利数学系的伍鸿熙通读了全书,有的篇章还来回地看。他提供了有关中国和许多数学界业内人士的意见,并且解释了好些复杂的数学概念。真不知他如何能在繁重的工作中抽出时间来,我非常感谢他。本书因他宝贵的意见、寻根究底的提问、非凡的耐性而生色不少。感谢您,伍教授。还要感谢所有在过去几年中,为这书出过力的人。正如谚语所说,全村的人都来帮忙了——有时还不止一个村子。

史蒂夫·纳迪斯

2018年于剑桥

第一章　童年颠沛

少时尚义气，原野任戏嬉。
登高怀书剑，携手笑扬眉。

——《忆瑶姊》选句，2007年

人生于世，将会何往，将做何事，成就会如何，无人能够预知。对于第一个问题，有的人终其一生，皆局限于其出生地不远；有的人足迹却覆盖广袤，本人即属后者。我在数学和物理的世界中走过了既宽且远的路，在现实世界中亦然。

我是客家人。也许漂泊是命中注定，同时也是家族的传统。客家这族群来自中国北方的黄河流域，千百年来因多次战乱而被迫南迁，从此向各地流播。许多世界著名领导人，比如孙中山、邓小平、李光耀，都是客家人。

今天，全世界约有八千万客家人。顾名思义，作客别家，和游牧民族不同，他们的迁徙是为势所迫，为了逃避战争或饥荒，有的也纯为讨生活。客家人在这过程中筚路蓝缕，打造了坚忍不拔的性格。他们当中不少人，初时还梦想回到家乡，但当时机来了，他们也会留在各地，即如我的祖辈，世世代代居于蕉岭，已超过八百年了。

不过，客家人无论在哪里安定下来，他们往往只能分得山上最贫瘠的农地。地面河谷那些肥沃的土地，早已有人开垦耕耘。在比较干旱贫瘠的土地上，农夫没法大量种植主要的作物如稻米和小麦，只能种些玉米和番薯，有时连这些作物也种不好。土地的种植条件差，好处是离开时不会依依不舍。由于战乱或其他紧急情况，客家人往往被迫再次流离。

我的一生亦是如此，也曾几度迁徙。小时候为生活所迫，搬了几次家，长大后因工作的改变而迁居，那是学术界常见的情况。我出生于中国南方的城市汕头，时维1949年4月4日，上面有三位姐姐，成珊、成瑚和成瑶，和一位兄长成煜。六个月后，父亲和母亲带着我们五人来到香港。

跟其他人一样，我的父亲丘镇英当时相信留港也是暂时的，历史已证明这种想法的错误了。在较亲的亲戚当中，有的移民北美，有的移民英国，很少人回到中国内地定居。

在我们成长期间，父亲跟母亲梁若琳多以客家话交谈，这种方言今天已很少听到了。父亲和学生沟通时，则以普通话为主。离开了家的范围，我在学校则讲粤语。父亲饱受客家文化的熏陶，以培育英才为抱负。大家都认为必须努力读书，学习出色，才会有机会出人头地。从学问而非财富上说，他自身便是个成功的例子。他是位受人尊敬的学者，著书立说，并教授哲学、历史、文学、经济和其他科目。

直至今天，父亲在我心中还占有着重要的地位，我深深地受到客家文化的影响，也曾试图将这种文化传给儿子明诚和正熙。同时，我也喜欢旅行，旅行除了是工作上所必需外，它亦能让我接触到无论是在学术领域内，还是在“象牙塔”外的新事物和新思想，这都是极有裨益的。

父亲严格要求孩子努力读书，他自己小时候即是如此。他生于广东省的蕉岭县，那时读书可不容易。因为家贫，没钱买书写用的纸张，只好到寺庙捡拾拜神用的纸张。他努力学习，成绩出众。

1941年，父亲丘镇英和母亲梁若琳的结婚照。*

五岁时，他已能默记《论语》中的章节，也能默记《孟子》中的篇章。七岁时，他进了西式学校，整个中学阶段的成绩都名列前茅。十八岁时，他考进了军校，但不久因健康问题退了学。后来他到日本早稻田大学留学，二十二岁时拿到硕士学位。

母亲则没有父亲那么幸运，中学毕业后，就没有机会念下去了，只得在图书馆当职员。（她父亲梁伯聪，即我的外祖父，是受人钦敬的学者，以书画诗词著名，20世纪中国画坛的巨匠林风眠便是他的学生。）必须指出，母亲本应升读大学的时代是1930年代的后期，那时中国乃至世界各地，女大学生寥寥可数。我不能肯定母亲对于上不到大学是感到失望，还是根本没想过。当时社会传统的想法是，不管对或不对，为了光耀门楣，女性都要为丈夫和儿子的成功做出牺牲。

* 如无特别说明，本书中的人物照片均为丘成桐提供。

在今天看来，这种做法非常不公平，而且和男女平等的观念相左。但那是不同的年代，母亲勇敢地完成了她的任务，令人难以置信地把一生都奉献给丈夫和儿女，为此我永远铭记于心，虽然我希望她能和我们一样，拥有学习的机会。

父亲的学术生涯开始得不错，1944年三十出头，即在厦门大学出任讲师，教授历史和哲学。父亲是受过高等教育的一介书生，他不懂做生意，缺乏生意头脑。第二次世界大战结束后，他替联合国救济总署工作，由于办事清廉，得到政府颁发的不少养廉奖金。母亲用这些奖金买了土地、渔船及其他生财工具。我们全家去了香港后，这些东西就都放弃了。父亲以为我们很快便可以返回汕头，但是最终这些财产都没有办法拿回来了。

1949年我家到香港时，父亲和成千上万的难民一样，一职难求。包括他自己在内，一家七人需要生存（还有三名子女将要来临），此外还有一个名叫妹妮的收养的姐姐负责家事。母亲那边还有八位成员，她母亲、三位兄弟、三位姊妹和一位妹夫，要养活的人可真不少。一家之主必须负责全家的生活，这在传统上是无法逃避的责任，所以父亲要照顾的人很多，钱却很少。在困难面前无法回避，在中国，年幼的要尊敬年长的，年长的要照顾年幼的，而所谓年幼的可能是一大伙人。

这便是父亲刚到香港，落脚在元朗西面农村时所面对的景况。他把带来的大部分钱办了个农场，以为这样便可以养活大伙儿。虽然这个想法很好，奈何他是学者而非农夫，农场只办了两年便倒闭了，这意味着他从汕头带来的一生积蓄，差不多都付诸流水了。我们不得不把家当都拿到当铺押了，但仅仅得以应付生活。

现在父亲可说是一文不名了，已无法支撑整个大家庭。一个舅舅回到内地，另外两个在香港找工作，外祖母及姨母都要搬走，以减轻经济上的负担。

经营农场失败后，我们家搬到元朗一处叫作李屋的地方。这个居所是和许多家庭合住的，没有电力供应，我们用油灯照明。家里也无自来水，我们只得到附近的山溪担水及洗澡。山溪的水位时高时低，寒冷时洗澡很不舒服，但没有法子。高或低，暖或冻，卫生总要先行，澡总是要洗的。

父亲在九龙和港岛找到一些教书的差事。那儿离家甚远，他每天很早便起来，先坐别人的脚踏车后座到巴士站，然后乘巴士再转渡轮，行程超过两小时。工作和通勤占据了他大部分时间，父亲难以抽时间和我们在一起，有时甚至整天都看不见他。

很不幸，这便是父亲在香港的生活，虽是为人敬重的学者，但从未得到匹配的高薪职位。他不会说英语，因此不可能在和英国有关的学校找到教席，那里的薪水相对较高。他只能身兼数职，常常多至三份，可惜酬金是论钟点计的，都不算高。因此之故，他频频为工作奔波，留在家中陪伴母亲和我们的时间就不多了。

母亲也是由朝到晚地忙个不停，她早上五六点便开始工作。当供应足够时，准备馒头或粥，给我们做早饭。她照顾我们，保证我们吃得饱，穿得暖，催促我们准时上学，生病时安慰我们，并看着我们做作业。除此之外，她还要打扫庭院，缝纫衣服，时常忙到午夜才上床。有时更会熬通宵，以完成平时没空做的琐事。

除此之外，她还靠替人缝补、刺绣或做其他针线活来帮补家计。她编织毛衣及其他东西，在枕头或床单上绣上花朵，然后拿到市场去兜售。她也制作塑料花，穿上珠子，再拿去卖。生活如此艰辛，可她从不叫苦，有尊严地熬过来了。然而，她的收入和父亲的加起来，钱还是不够用，全家依然过着饔飧不继的日子。

母亲也养了些鸡，但并不足以成为营养的稳定来源。有时我们从附近教会拿到些食物，那里常常派送米、面粉和其他美国救济品。当教会没东西供应时，我们便找其他救济机构和慈善团体，但这些物资也不是常常有的，住在附近的穷人不少，人人都有需要。

尽管如此，我们兄弟姐妹却努力生活，苦中作乐。客观来说，我们在贫穷中成长，但因没有更好的生活做比较，便不觉其中之苦。生活充满趣味，足以抗衡金钱上的匮乏。我们整天欢笑，一如其他小孩，到处寻乐子。除了穿上平价的鞋子和衣服，贫穷给我们最深的印象乃是没有东西吃，隐约的饥肠辘辘的感觉，有时或会成真。

因此，我们常往屋外跑，往往是在附近的田地中寻寻觅觅。我家四周都是农地，收割后能吃的东西，如番薯之类会遗留下，我们便把它们捡起来。我们也翻找附近的稻田，有时会看见荸荠，那是美味的零食。我们也捉田鸡，那很好玩，煮得好时还很美味，尤其是大只的，田鸡也可以用来喂鸡。在稻田出没的水蛭最危险，有时会吸附在手脚上。蛇也是很可怕的，要尽量避开，因为不一定知道它有没有毒性。

我的正规教育是从五岁开始的。首先，每个打算上学的孩子要先通过测验。测验的一部分是数学，这是我一生中第一场数学考试。题目中有一道要求从1数到50，然后把数字按顺序写在纸上。我从父亲那儿看过，以为中国人的书写习惯是从右到左的；但是我并不知道，书写数字乃是按西方的习惯，是由左向右的。因此，当我用自创的方法书写13时，它就成了31，其他两位数除11、22、33、44外，通通都倒过来了，结果考试不及格。

这次错误的后果很严重。高分的小孩会被分派到正式的公立学校，而我却被分派到乡村小学，那是给水平较差的小孩念的。人们对这类学校没什么指望，学校的水平也不怎么样。

但这还不算倒霉。不久之后，我们搬家，新邻居都是农民，他们利用牛粪制造肥料，周围整天都是牛粪的味道。当风沿着“正确”的方向吹时，干粪粒有时会飘进屋里，我们称之为“牛屎屋”。

更要命的是，现在我要多走一点路，才能到达那乡村小学。对一个五岁的小不点儿来说，三公里多的路程算是不短的距离。我独个儿上学，夏天炎热，母亲给我雨伞挡日光。我矮小的个儿，顶着半圆形的盖儿，人人都叫我“冬菇”。我不喜欢这花名，但没法子改变它。

有时，在上学或回家的途中，“冬菇”会在外祖母的家中歇上一会。外祖母让他第二天来吃午饭，他便幻想到时会有什么美食。但事实上，每次都离想象很远，只不过是一小碗拌了点豉油的饭。你可以想象我们当时是何等贫穷，一小碗饭已经很隆重了，难怪家中的孩子都惦记着食物。我们都渴望过新年，因为可以吃得好一些。事实上，每个节日都值得期待，可以尝到一两口鸡肉或猪肉，或一块饼，比平时的主食白饭和清水般的汤强多了。

我个子既小，身子又单薄，简直像个垃圾堆里的小矮子。绝大多数一同上学的孩子，个头都比我大和强壮，脾气也暴躁。他们动不动就打架，有次还说是我引起的。那次闹得特别厉害，有人还伤得很严重。老师时常站在这些孩子的一方责备我。我忧心忡忡，不知会如何受罚。有一天终于病了，父亲决定让我留在家中休养（今天看来，这种病情或与压力或焦虑有关）。

幸好不久，我们就搬了家。1954年底，父亲决定搬到沙田去，那是香港靠北的小乡村。崇基书院刚刚搬到沙田，父亲将在那里担任讲师，教授经济、历史、地理等不同的科目。

那时候，市镇的商业区极小，只有三条街，现在沙田是六十万人的市镇了，人口还在增加。我们刚到沙田时，住在一个叫英霞别墅的斋堂的楼上。与佛寺为邻，四周都是树木，本来是不错的，只是树木令屋子黑暗，潮湿阴森。从这里走路上学，也差不多三公里多。我不断诉苦，说不再上学了，奈何无人理睬。在那屋子的头一年，大家都病倒了，发高烧，而我更在夜间胡言乱语，噩梦连连。

我们一直没法找到患病的原因，也许是屋子太潮湿，有时太凉，有时又热得使人难受。无论怎样，父亲决定搬家。1955年遂搬到另一间较理想的房子，地址是凤凰台六号，和其他三家人合住。房子也在山上，能看到不远处开阔的大海。要走路到海滨也方便得很，游泳或拾取贝壳、海星和蟹，悉随尊便。

我最年幼的妹妹成珂已经出生，妹妮又出嫁了。家中十个人住在两个房间，可以说是童年住过最好的地方。邻居相处和睦，环境清幽。一年四季，周围高高的树木开着花，院子里满是玫瑰、茉莉和

丘家全家福，1955年摄于香港沙田。前排左起：成桐、成煜、母亲梁若琳（抱着成珂）、父亲丘镇英（抱着成栋）、成琪、成瑶。后排左起：成珊、成瑚。

其他花卉。无论走到海滩或爬上山都很方便，即使是在家远眺，美景一一送入眼帘，使人烦虑尽消，一切是如此完美。

虽然这房子比以前的居所优越得多，但也称不上奢华。它很单薄，四面泥墙。风暴来时，整间房子都会震动，我们都怕它被风吹散。事实上，部分房子在一次强烈的台风吹袭时倒塌了，只留下破烂的地基。

房子也是没有自来水的，我们从附近的山泉取水用。有一次，一个自私的邻人用草和泥土堵塞了流向我们蓄水池的水道，把溪水全部引进他家的蓄水池中，于是其他人就无水可用了。我们几个小孩就把这些草和泥土清理掉，使山溪恢复原来的流向。那邻居是个高大的汉子，他和他的母亲和我们对峙，在我家门口不远处，高声大骂脏话，达两个钟头之久。这时来自另一家庭的十个潮州小伙子，同样给断了水源的，拿着棍子围着他们，和他理论。最后，那人退让了。

小溪到了某些时节便会枯竭，这时就只能到附近的道观取水了。我们要背十加仑水行八百米上山，对小孩来说不是轻活。我们用担子挑起水桶，一人一头，这样受力比较均匀。在我成长期间，打水始终是苦差。在美国，水是理所当然的，故此不免浪费。只有当缺水，或者要经过一番努力才能得到一点时，人们才会发觉它是那么珍贵。上科学课时老师说水是人体所必需，在日常生活中往往有切肤的感受。

寻找水源也带来意外收获，我们因此进了山，在溪涧的石上玩耍和捉鱼，有时会把鱼儿养在后院的大缸中。同时又收集灌木上的莓果以解馋，或采摘野花——我们买不起花店的花。

母亲每天都会到市场买菜，偶尔她把我们也带上，遇见的情景颇堪回味。早上，小贩在路旁做买卖，但他们是没有牌照的，警察不时会来驱赶。他们慌忙向四面逃跑，情况十分混乱。有些小贩在“走鬼”时，货物丢得满地都是。有些跑不动的，货物被充公，我看了十分难过。

没钱购买食物的家庭，不只我们一家。贫苦人家会互相接济，共渡难关。这种和衷共济的做法，使大家在困难的日子中都不虞匮乏。母亲和父亲即使手头紧绌，也会接济亲友。他们古道热肠，给我树立了一个慷慨好义的榜样。

每天都为生活奋斗的同时，我们也向往节日。节日到来时，就能把担忧暂置一旁，尽情享受节日的欢乐。农历新年便是这样的大日子。记得1956年的新年，虽然穷困，但母亲已为此准备了整整一个月，亲自酿了米酒，做了年糕，还有其他糕点饼饵，拿来馈赠一众亲友。

过年前的一天特别重要，我家和其他家庭一样大吃一顿。父亲把祖父祖母放大的照片供在桌上，燃起香烛，告诉我们祖先从哪里迁来，然后大家向祖先行三鞠躬礼。

到了次日，先燃响爆竹，通常我带头点火。然后，父亲母亲把孩子叫到一块儿，我们向他们鞠躬，说“新年快乐”及其他吉利话。母亲给每个孩子一点钱，通常是一港元，放在红封包内，红色代表好运。（钱不多，大概等于当时的十五美分，但已足够买一碗面了。）新年是重要的日子，为了给我们发红包，父母有时要向别人借钱。

新年期间，父亲会带我们坐巴士去亲朋处拜年。有钱的亲友会给红包，我们会上交给母亲。通过这种互访，我认识了父亲的许多熟人。聚会时小孩子有时会一起玩扑克牌，除了节日期间，父母是不许我们玩扑克的。

另一个节日是在9月或10月的中秋节，母亲会买一些不同馅料的月饼。孩子们在山间拿着自己用柚子皮做的花灯玩耍，直到很晚。花灯可能会引致火灾，所以很危险，但也很好玩。

回想这些节日，可见就算是最艰辛的岁月，辛劳和贫困之间也点缀着快乐。

每个星期，父亲给我们兄弟和附近的男孩讲授书法诗词。他相信每个自重的学者必须写得一手好字，这是长久以来的传统。我们要熟记著名诗人的杰作，并抄写在廉价的纸上。他教导我们，学者必须用砚磨墨。我们依法照办，这可是费劲的功夫。不过这种磨出来的墨，要比从店里买的墨油亮得多。

再进一步就更难了。父亲要我们熟记长篇的诗作，并且在他面前背诵，抑扬顿挫，不能读错字。他说："只有高声吟诵，才能细味诗歌。"

虽然背诵诗词比派对的吵耳喧闹声好些，但也有邻居投诉孩子念诗时的声浪。父亲给的作业，有的很难，但我依然从这些作业中，学到了不少中国文学和历史的知识。

那时候，我在学校不算用心，对父亲的课却认真得很。他是我那时，甚至直到现在最重要的老师。早期受他的训练，我养成了对中国历史、文学，特别是诗歌的兴趣，一生受惠。他甚至影响了我在数学方面的工作。我不是说具体如何解决问题，而是如何去看问题。从他那里，我学懂了必须了解问题的历史背景，总结过去，足以为未来提供线索。

在更广的层面上，我得益于父亲对我的厚望。年轻时并不知如何去实现它，到了知道时，很可惜，他已去世了。除了父亲亲授的课和日常的对答，我还喜欢旁听父亲和他的学生热烈的讨论。这些大专生时常上我家，有时他们会谈到哲学，其中的内容非小孩子的我所能掌握，但我仍能感受到他们话语中的兴奋，从而知道哲学思想的迷人之处。

这就是我部分非正规的教育。在元朗上小学一年级被人欺负，而又辍学近半年。搬到沙田后，我进了另一间学校，老师和同学都是新的。有时同学会取笑我单薄的鞋或自制的衣服，但玩笑不算大。我并不太在意这些，况且我对时尚什么的也不感兴趣。

和旧学校明显的区别是，我在新学校上课比以前更认真了。到了小学二年级，我渐渐知道何谓学习了。老实说，我的表现并不好，到了三年级也是如此，只是仅仅及格。来回学校，要花上个把小时的步行太辛苦，有时确实吃不消。而我依然没有摆脱"冬菇"这个令人讨厌的外号。

回家时，半途觉得太累，只好坐下来。父亲有时让三姐成瑶陪我回家。步行往返并不是唯一难挨的事，上课前的运动时间也不好受。我身形瘦小，打篮球不行，其他比赛也无法参加。

他们在玩球时，我只好在校园内四处闲荡。学校在小山上，有次我还看见了人骨的残骸。那是因为学校本来就建在坟地上，土层风化时骨骼就露出来了。

学校唯一的厕所，要步行六七分钟才到。有些大人躲在那里吸鸦片烟，差不多每次上厕所都会碰到这些人。当时我们很聪明，把杨万里的田园诗改为：有条老嘢想升仙，下有屎渠绕粪田。成日挂住食鸦片，被警追到岸旁边。*

下学期快完结时，成瑶碰见我正和同学田汉放学后在铁轨上走，便问这个学期过得如何。我腼腆不敢回答，因为成绩在水平之

---

* 原诗：柳条老去尚青鲜，下有清渠绕野田。波面落花相趁走，避风争泊岸傍边。"有条老嘢"即"有个老汉"，"挂住"即"惦记"。

下，但田汉说我的表现非常不错。

“有多好？”她问。

“哦，他考第三十六名！”我朋友夸道。他自己在四十多人中名列四十。

到了四年级，我的成绩渐见进步，到了五年级就更好了，年级第二，父亲非常高兴。我的数学很好，虽然那个水平的数学不算什么。五年级开始有英文课，在此之前，我未听或讲过一个英文单词。这时，一件和英文有关的事发生了，它对我一生都有影响。当时香港是归英国管治的，学校的经费有一半来自政府。学生都要向政府注册，那些表格都是英文的。由于不懂英文，老师会替我们填写表格。我的姓用普通话念是Chiu，这是父亲一直用的写法。但老师用了粤语来填写我的姓，于是我变成姓 Yau。（无论Chiu 或 Yau，都是孔子的名。孔子生于公元前551年，是多产的作家和思想家，强调只有努力学习才能获得真知。父亲在我们很小的时候便教授孔子的道理，因此我们和孔子除了姓名雷同外，也受到他的启迪。）

多年后，我两个小孩的姓都用Chiu，以继承家族的传统。不过那时候，父亲根本不在意我在小学用 Yau 作姓氏。我当时还是小孩子，也没有理会。我从不知道这英文姓氏会这样重要，没有人会猜到我最后会立足于美国，并以Yau姓为人所知。

五年级时我没怎么学英语，到了六年级，我和其他同学却因一次意外，引发了学习英语的需要。当时来了个姓马的新老师，他刚从香港大学毕业。他宣布，在班上大家只能说英语，这么一说，把我们都惊呆了，我们对英语所知实在有限。在开始的两星期中，没有人知道老师在说什么。“你明白吗？”他用英语发问，重复而又凶巴巴地问。很少人知道他在问什么。对一些学生来说是大灾难，因为马老师很严格，会毫不犹疑地给予差评。有些人忍无可忍，有一天带了刀子回校。放学后，当马老师走向巴士站时围上去，狠狠地打了他一顿，由此可见同学的野蛮。经此可怕的事故，马老师终于改变了他的教育方法。

六年级时的大事，乃是升中学的公开考试。所有小学生都要参加考试，以决定他们进哪一所中学。故此升学考试变得非常重要，况且在香港，中学和高校是连在一起的。为升学考试做准备，变成了六年级学年前半部唯一的大事，至少大家都认为如此。老师把我班四十五人，分成七个学习小组。我在前一年考第二，因此被选为其中一个学习小组的组长。当然，我自己只是个十一岁的小孩，根本没资格去督促那些不时颇为顽劣的同学的学业，我也不觉得有责任去管他们。

就在第一天“没有墙的学校”（全靠学生自主分组学习），我和同学一起如常上学。但我们不知要做什么，没有书本，也没有公共图书馆可供我们坐下来学习。因为感到无事可做，两名组员先走了，留下的四人跟着我。我们不知道如何运用这时光，只好在沙田到处走。最后，竟然当了一小段时间的青少年罪犯。

这段时间的活动时而平和，但有时就难说了。我们在市场闲逛，机会来时即顺手牵羊偷些东西。有时会和其他“童党”碰头，那就不一定和和气气了。有一次，我们在铁轨附近碰到一群坏小子，说着粗话，怒气冲冲地向我们冲过来，同伴都吓呆了。估量过形势后，我决定出击。我拿起铁轨上的一大堆石头，不断地向他们掷去。很惊奇地，把他们都吓跑了。同伴都认为我够勇武，是个出色的领袖。我并不为那一刻感到特别威风，但认识到自己虽个子小、气力弱，却拥有对着一帮（和我们差不了多少的）歹徒站起来的勇气。这种精神的力量，在将来碰到困难时会显露出来。即如在学术特别是数学上，所用的武器不再是棍子或石头，而是更微妙曲折的手段时，也是如此。

我们几个顽劣小六生，有时会和别人大打出手，但更多的是做些顽皮事，例如玩弹珠，在沙滩上玩耍，上山捕鸟捉蛇，等等。如此这般，无所事事过了半年，我们在学业上毫无长进。

在这段日子里，我早上七时半离家，下午五时回来，就像平时上学一般。父母和兄弟姊妹都对这些课外行为一无所知。可是不用太久，清算的日子便来临了。到了春天，我们要参加期中考试，我的组员差不多全都不及格。在学年完结前，政府公布考试的结果，并将及格的名单刊登在报纸上。那天下午，我正和附近的孩子玩得兴高采烈，三姊来了。她神情凝重地说："父亲要和你谈谈。"

回到家里，看见父亲。我从未见过他如此愤怒，只因报纸上找不到我的名字。他说："你完了！"情况是再清楚不过了。可幸还有一点儿希望，我发现报纸的次页有我的名字，那是后备位之类的东西。学生考不到官立的中学，但仍然可以考取私立中学。

本来，父亲已准备重重地罚我一顿，但从这里看到希望，他松了一口气。他过去教授诗词和历史时所花的努力，毕竟没有白费。所幸的是，他很熟悉培正中学，有人说这是香港最好的中学。培正的校长敬重父亲，曾打算聘用他，他跟学校的秘书长也保持着良好的关系。我不知这些关系如何发挥作用，但无论如何，他们给了我一个机会，学校让我参加入学考试。意识到这是最后的机会，我非常用心地备考。幸好，这个机会并未白费。我通过了入学考试，进入了培正就读。

更好的是，学费会由政府全资支付，不然的话，我们或会负担不起。唯一的问题是，经济资助一般在学年结束时才发放，也就是说，我们不能在学期初便交学费。因此，每年我都会问校长，是否可以收到政府的资助后才交学费。年年如此问，可说颇难为情，但最后都没有问题。

能够入读培正这样一流的学校可说是幸运。比我早十届的毕业生崔琦，1998年获诺贝尔物理学奖；学校约有七位校友，包括在下，是美国国家科学院的院士。萧荫堂，我哈佛的同事，知名数学家，也是培正出色的校友。我的同班同学郑绍远曾任香港中文大学和香港科技大学的系主任。

由此可见培正的实力，我入读后也脱胎换骨了。这是命运，如果不是荒废了半年的学业，升学考试的成绩必然不俗，那我就会入读比不上培正的官校。我的兄长成煜便是如此，他是好学生，没有把六年级的日子懒懒闲闲地浪费掉。我只能说，现在我意识到自己是如何地幸运，故此下定决心来补救了。

我在培正六年，度过了初中和高中的日子。班上虽然以中文授课，但除了地理和中国文学、历史外，大部分书籍都是英文的。唯一不用中文授课的科目是英文课。英文课的作业自然都是英文的，所以到了毕业时，大家对英文已习以为常了。

培正的数学老师尤其突出，绝大部分的水平奇高，我对数学的兴趣愈来愈浓了。物理学的老师则平平，我没有成为物理学家，这或是一个原因。化学老师也十分出色，可惜这门科目吸引不了我。开始时对数学并不特别钟爱，但时间花得愈多，我的兴趣就愈浓厚。父亲全心全意地支持我的学业，身为哲学家的他，每每用抽象的眼光看世界。无论在数学或哲学上，逻辑都处于中心的位置，父亲欣赏数学，这便是其中一个原因。我对数学的兴趣日浓，他十分高兴。事实上，他常常鼓励子女寻找自己真正感兴趣的方向。

培正的同学在聊天中常常会提到萧荫堂，他比我大六岁，在校时早已成为传奇人物。大家对他的数学能力啧啧称奇，他在公开考试中的等级和分数之高，皆是前所未有的。多年后我在美国和他打过交道，我们的关系有时有点紧张，但当时并不如此。生活很简单，人际关系也是如此。

1899年创立的培正中学位于何文田，那是九龙西面的一个小区，现在已十足城市化了。在那儿上学不算麻烦，而且谢天谢地，没有人再叫我“冬菇”了。我每天早上七时十五分走路到火车站，和几个同学一起乘车，十五分钟后便到了九龙，再从车站步行十五分钟便到达学校。

培正是由浸信会创办和管理的，校长林子丰在教会中很有名望。学校八时半开始上课，通常早上上几节课，中午午饭，下午又上几节课，三时十五分便放学了。火车三时半准时开，所以我们要跑得很快，不然就赶不上了。

开始时，我对学校重视学术的气氛有点手足无措，它和以前沙田的旧学校不同，那时同学多是乡下小孩，对读书漫不经心。现在的学校比较高级。我穿着陈旧衣服，带了母亲准备的饭菜当作午餐，而非在附近的食肆吃，这些都曾遭到同学的嘲弄。

学校的老师中也有不喜欢我的，只因我在课堂上喜欢说话。学校分四个学期，每个学期结束时学生都要把老师的评语给家长看，然后签名确认。“多言多动”是我第一个学期的评语，第二个学期差不多，到了第三个学期，变成了“略有改进”。

在培正的头一年，我比以前努力多了，但从老师的报告来看还是不够。表现最差的两科是音乐和体育。在课堂上我唱得很差，永远荒腔走板。老师通常都会叫唱得最好和最差的人向着全班一起唱，令差别更为明显。我的独唱大家都受不了，没有人愿意和我一起唱，怕等级被我拖低了。

老师对我的音盲一点同情心也没有。当时我的头发常常竖起来，怎么也弄不平。音乐老师纪福伯不满地说：“你看这孩子多么懒散，歌唱不好，连头也不梳。”

我努力地练习歌唱，每个星期六跟一个当钢琴教师的表姐练习，但头一年还是不及格。虽然在暑期重考中及格了，但成绩表上还是留下红色的印记，令人很沮丧。

体育科的成绩也是红色的。五十米要九秒半才跑完，那太慢了。引体向上做不到两次，仰卧起坐只能做三十次，但五十次才及格。这些成绩没有什么值得夸口，但我已努力了，也算值得吧。

头一年的数学课并未引起我的兴趣，可能是因为毫无挑战性。

老师易少华只有二十岁，对我们来说，像一个大姐姐多于老师。由于缺乏经验，她讲课不够生动。几年后我也当上老师，开始时也手忙脚乱，对她倒同情起来。

到了初二，我开始尝到数学的真正滋味。老师梁君伟非常棒，他教授欧氏几何，由五条简单的公设出发，竟然能走得那么远，证明了那么多条定理，令我惊奇得说不出话来。出于某种当时自己也不明白的原因，这种做法令我非常满足，甚至尝试自己创造一番。

自以为前人所未见，我提出这样的问题：只能使用直尺和圆规，如果给出下面任何三种数量，即三角形的边长、角度、中线（从中点到对面顶点的线段）的长度或分角线的长度，能否唯一地作出这三角形？这种做法是否一定可行？从开始我便知道最少有一个例外的情况：三个角度并不能唯一地决定三角形，存在无限个大小不同但具有相同角度的三角形。

其他所有可能的情况我都考虑过了，只有一个情况令我苦思不解。那就是：给出三角形的一条边长、一角和一分角线的长度，仅用圆规和直尺，能否把三角形画出来？我花了很多时间想这问题，但进展甚慢。走路上学时，乘火车时，都在苦思，但总不能解决它。表面看来这令人丧气，但同时也惹人思量，我热切希望知道这个问题的答案。

同班同学中有些很顽劣，他们会在吃中饭或运动会时吓唬我。有个肥仔常常捏我前臂，直到刺痛甚至麻木为止。他的动机不可考，但他的手指给我留下深刻的印象。不过有一事使我不再受这类麻烦事的困扰，那就是当发现我能在数学上帮他们时，他们便对我友善起来了。

有次踢球，足球猛地打到脸上，我差不多晕死过去，其他人却觉得很好玩，他们总拿这件事或其他事来取笑我。有次被他们烦到受不了，我说："你们这么厉害，这里有道题是我自己想出来的，看看你们能不能解它。"我把那道困扰多时的题目讲给他们听，当然没有人能做出来。后来，连教高一的数学老师黄逸樵也听说了这道题，可是他也没能解答。

星期一至星期五和星期六上午都是上课的时间。星期六放学后，离火车到站之间有些空当，有时我会在九龙一间书店流连。因为买不起书，我只会站在那里看一些数学书。有一天，发现有本书竟在讨论我一直在想的那个问题，我一直以为它单纯是自己的创造。原来那问题是不能解的，这令我松了一口气。书中引用了一个较晚近的论据，说明不能够用圆规和直尺来构造满足这三个条件的三角形。

知道"我的问题"曾难倒不少人，而它是新近才解决的，我很兴奋。我亦意识到这个问题原来跟一个几百年前的老问题相似，那就是：只用直尺和圆规，能否三等分一角度？那是不能的。另外一个古老的问题是"化圆为方"，即只用直尺和圆规构造出一个正方形，其面积等于给出的圆，也是不可解的。看见自己提出的问题，竟然和这两个经典的难题同属一类，我感到飘飘然。我解不了这问题并非惨逢败绩，正好相反，解不了的大有人在。

提起这段往事，不过想从侧面说明，在培正的第二年，我是如何热爱数学，而且成绩也不俗。但音乐还是不及格，英文也岌岌可危。

教中文的潘宝霞老师很年轻，只有二十二岁，她一脸严肃，所有同学见到她时都提心吊胆。我还记得她戴的是带棱角的眼镜。多年后再见到她，她已不戴那副眼镜了。我问她当时为什么这么凶，她说培正的学生出名地顽皮捣蛋，因此她想用那副棱角眼镜来震慑不守规矩的孩子。

那年，有次校长在周会中要向所有学生训话。走上讲台时，台下喧哗大作，他开不了口，于是大怒，训斥我们，又嘱咐老师必须管好学生。他还说，很多学生都蔑视学校的优良传统，没有系上领带。那时我正好没有系领带，班主任潘老师当然留意到了。我穿了制服，但没系领带，不过我有一个颇为合理的借口。我的气管只有正常人的四分之一，领带令我难以呼吸，故此一般只有上课之后才系上。可是那天火车误了点，我从车站跑回来，领带虽然放在口袋里，但并无机会在周会前系上。当校长责骂时，我立时系上领带，奈何已经太迟了。

潘老师要我放学后见她。见面后，她说我衣冠不整要受惩罚。学生犯错是要记过的，不系领带是对校长大大的不敬，冒犯了整间学校，故此要记过两次。如果记过九次，就要给踢出校了。她还会把此事通知父亲。我当然知道有什么后果，想着即将发生的处分，不知道有何后果，我不禁焦急起来。

潘老师看着我一脸愁苦的样子，好像从未见过我一般。正当要接受“宣判”时，冷不防她问我为何穿得如此单薄，我说我没有其他衣服了。可能见到我瘦削的身子和苍白的脸，好像营养不良的模样，她又问我吃的情况。我告诉她每天吃什么和多少，她说：“你父亲是教授，但你穿不暖吃不饱？”于是我把家里的情况都一五一十地告诉她。她对我大大地起了同情之心，甚至送奶粉和其他食物给我补充。

这次事件竟是我的转折点，我被潘老师的好心肠感动了。这么多年来，在记忆中极少有老师或学校人员关心过我，我决心不让她失望，发誓努力做个更好的学生。我的表现愈来愈好，父亲高兴得不得了。初二的学业，从那一刻开始就飞跃了，除喜爱数学外，我也开始学习基本物理。

虽然下了决心，但初三那年是灾难性的，非人力可阻挡。二姐成瑚原本在澳门上高中，却染了重病。母亲只好放下一切专心照顾她，不幸她的病情一天比一天严重，终于在1962年去世，享年十九。我们都惊愕而深深地哀痛。我第一次看见父亲流泪，令人神伤。我也感到一种失落，这是从未有过的。

但这不过是连场不幸的序幕而已。那时候，父亲是香江书院（后已停办）哲学、中史、中文部的系主任。这所大专是他和一个叫陈树渠的人创办的，陈是原广东军阀陈济棠的侄子，也是学院的院长。父亲的事业看来颇为顺利，他不久前才完成了一本关于西洋哲学的书，正要着手写中国哲学。但出了些状况，香港的政治形势十分复杂，当时像我家南来的逃难者人数众多，亦有不少来自世界各地的情报人员。据父亲忆述，当时台湾方面特别接触了香江书院的高层，陈树渠等人都认为“反攻大陆”很快便会成功，台湾官员告诉他们，只要让特务渗透进香江书院，便可在“光复”后获得丰厚的高位，如担任某个市的市长之类。

父亲强烈反对这样做，但陈树渠则觉得并无问题。他因此想除去父亲，找倾向台湾做法的人来取代他。父亲有合约保障，陈树渠要立即解约并不容易，但父亲眼见学校高层如此腐败，愤而辞职，以示不满，这是1962年11月的事。

差不多同时，他在崇基书院的教席也不保。事缘院长凌道扬正在人事的倾轧中被迫辞职，而他是凌的亲信。这连串的事件使我家的收入剧减，事业上的打击，加上女儿的病逝，使父亲陷入深深的抑郁之中。

约两个月后农历新年期间，父亲病了，非常不舒服，晚上不能入睡。我们以为是吃了不新鲜的蟹所致。诚然，这或许是其中因由，但更严重的病因仍未确诊。由于手头拮据，他服用廉价的中草药和药物以自疗，可是并无起色，身体每况愈下。母亲向大舅求救，大舅办了一所天主教中学，颇为成功，身家也丰厚起来。父亲早年曾慷慨资助过他。母亲问他借点钱，想找好的大夫给父亲看病，但他拒绝伸出援手。

母亲的自尊心很强，不愿求人垂怜，但为了丈夫，也无法不四处求助。1963年4月，父亲的一些学生来了，合力把他送进医院，找西医来治他。很快就知道那是肾内的肿瘤引发了尿毒症。虽然没钱，父亲还是进了医院，但不到几个星期，他就说不出话来了。眼见思维敏捷、口齿清晰的人如今竟无法言语，真是心如刀割。

我常常往医院探望，那并不容易，从培正过去要转几次车。到了病情最危急时，父亲的一个学生在医院附近找了间旅馆给我们落脚，以方便探视。这是我第一次住进旅馆，可惜并无任何值得庆祝的理由。6月的一晚，在旅馆休息了一会，我回到医院，只见母亲泪流满面，不用问也知道发生了什么事。我崇敬的父亲，一位高贵的学者，视学习和荣誉为至高无上的人，离开了人间。整个家立时陷入一片愁云惨雾之中，就如地震夷平了房子，只留下颓垣败瓦。刹那间所有事情都永远改变了，变得很差，我家昔日的生活一去不返了，也不知明天的日子会如何。

第二章　何去何从

百岁枯荣一梦中，哲思犹在合西东。
绮年渐逝霜侵鬓，舔犊情深恨太匆。

——《先父百岁冥辰纪念》，2011年

父亲去世，对我打击很大。各种不快的情绪一下子涌出来，将我置于一种从未经历过的状态。心中充满悲伤，全身麻木，隐隐作痛。

这只是就感受而言，另一方面，我亦失去了做人的榜样。父亲是个正直的人，总是给我们指出正确的方向，教导我们做人要努力，凡事从正面看，依从孔子的教诲。父亲走了，家中的支柱也没有了。

有几件事情迫在眉睫，实在没有时间沉溺在悲恸之中。家中已发生巨变，个人也是如此，我立时需要挣钱来帮补家计。没有父亲做倚靠，我必须快快长大，学会为自己和整个家庭拿主意。

父亲的猝逝是我一生的转折点。从前家中有一个中流砥柱，随时随地照顾我们；现在没有了，是时候掌握自己的命运了。这时我有种强烈的欲望，要使父亲以我为荣，虽然他已不能亲眼看到。十四年来父子在一起的日子，他对我的信心从不动摇，而我却不能常常符合他的期望。

我开始自然而然地背诵他教过的诗词，连自己也感到惊讶。也许这样做，会使我更接近他。以前对那些诗词只是部分上心，或只在要求下才学习；现在却很认真地读和记，就像父亲生前教导时一样。背诵这些诗篇不仅成了我的爱好，它还可以缓解悲伤，并有助于度过未来艰难的日子。

同时，我亦开始阅读父亲书架上的哲学书，那是非常难懂的。增长知识不是主要的目的，当然也会有，但主要是想了解父亲喜爱思考什么。从这些书中，我看到他丝丝的痕迹，唤起了回忆，得到了慰藉。这些事都是自然而然，甚至是潜意识的。它使我跟父亲更密切，纵使他已离开了人间。

对上学的态度也改变了，我决定更努力、更用功，一洗以前的懒散。期望也更高了，我不想令他、母亲和自己失望。我能想到的是，在学业上脱颖而出，是走向成功的唯一途径。我只能有一个机会凸显自己，如果失败了，就什么都没有了。

父亲走后家里再没有收入，加上他去世前看病所花的钱，我们已到了山穷水尽的地步了。当时香港并无社会保障金、退休福利或长俸，只有薪金；而当雇员离职或死亡时，通常没有多少钱剩下来。我们的情况是什么都没有，而且欠租已半年，再加上一堆待清的账单。

摆在眼前的是葬礼。以葬礼表达对逝者的敬意，传统上是大事。其中的各项仪式，不仅是为了尽力表彰父亲，而且也关乎整个家庭的面子。兄弟姊妹在父亲去世前后几个星期都没有上学。母亲、三姐成瑶和父亲生前的学生负责葬礼的安排，其他人则尽力帮忙。首先，要为下葬找一块地，这得花钱，另外还要付钱给殡仪馆。幸好父亲一些比较富有的友人分担了一部分费用，我们在九龙北的新界买了一块小小的墓地。

我们对葬礼所知不多，只是遵照旁人说的来办，其中一项就是葬礼前一晚在殡仪馆守夜，传统以为有守护神灵、驱除恶鬼之意。我们听话照做了，其实也不晓得和神灵、善、恶等有何关系。学生写的挽联悬挂在灵堂上，我都看了。我喜爱读这些对联，通过它可以多了解父亲，还有其他人对他的观感，这都是我以前不知道的。

守夜次朝，依据习俗，我们素服披麻，围成一圈跪在父亲的遗像前，旁边堆满鲜花。前来祭奠的人，都上前三鞠躬，而我们亦以三鞠躬回礼，这是劳累但感动人心的仪式。虽然满腔悲痛，但不知怎的，我哭不出来。

葬礼后的事情还有很多。我们需要面对现实，房租已多月未交了，好在房东有同情心，知道我们的困境，说如果我们能早点搬走，拖欠的房租也就算了。母亲在沙田找了个便宜些的地方，但是就远远不能和我们住了几年、能看到海的屋子相比了。那其实是一间两房的铁棚屋，旁边有一个猪圈。住在猪圈旁当然很臭，而且猪还很吵闹，每天早上六时前，我们的“邻居”便起来了。一时之间，彼等著名的呼噜声、喷气声、打滚声、嬉闹声此起彼落。

不消说，这不是安居之所，只是租金便宜，在负担的范围之内。父亲和成瑚去世后，长姊成珊去英国接受护士训练。十人之家剩下七人，都挤进小小的棚屋之中，设备简陋，可想而知。邻家的小孩都笑我家穷，房子又破，瞧不起我们。

这样的嘲弄和轻视并非新事物，我们早已习以为常了。不过不能否认，我家正处于困厄的最深处，只愿否极泰来，不久情况便会好转。

这时大舅提出一个办法：他在新界建一个农场，我们不要上学了，索性跟他打工，投身养鸭的光荣传统。或者有人会认为这是个大方的提议，对我来说却是个噩梦。幸好母亲站在我们一边，拒绝了他。虽然身处逆境，她也知道接受了这建议，我们的前途也就完了。她期望我们依照父亲的遗愿，好好读书，成就学问，在这条路上能走多远便走多远。她和父亲的想法一致，相信求知和修身比赚钱重要。父亲曾告诉我们，生命中除物质欲望外，还有很多值得追求的东西。

在匮乏的环境中只好挣扎求存，然而母亲熬过来了。她筹措经费维持家用，让我们继续上学，这使周围的人包括一些老师都感到愕然，他们原本都以为丘家的孩子随时都要辍学了。母亲多年来营养不良，兼有贫血，但她竭力使我们吃饱。有时温习到了夜深，精力开始退减，她即准备美味的牛肝汤或猪脑，使我们的精神为之一振。

回顾母亲的一生，她受到威胁时所显露的力量和决心，着实令人吃惊。有人说我之所以出奇地坚毅，这种特质在解决数学难题时会展示出来，我相信部分继承自母亲。就算在最艰难的岁月之中，她仍然激励我努力读书。当我最后在学术界崭露头角时，她看到过往的努力得到回报，不禁老怀安慰。

我，一个十四岁的孩子，亦感谢母亲没有听她兄弟的话，让我们去养鸭，从此度过平凡的一生。她的决定不只符合父亲生前的冀盼，同时也是我的志愿。虽然只有十四岁，我已经决心在学术界闯出名堂。

要这样做，第一步是把我休假时错过的所有考试补回来，接着好好准备三年级的期末大考。我一如既往，在数学科中取得优异的成绩，其他科目的表现也不错，只是体育科依旧不行。

从现在的住所“猪屋”到学校的路程比以前远，我先要步行一小时到火车站，这样一来一回就更花时间，剩下来做作业和睡觉的时间就很少了。父亲的一个学生李锦镕伸出援手。有次台风袭港，死了不少人，摧毁了不少房子，于是政府建了不少七层高的楼房来安置灾民。锦镕先生在其中一幢大厦的天台办了一间小学，小学在培正附近。他提议我晚上在学校留宿，这样一来，便可以省下不少来回学校的时间。

我在那里住了一年多，有空时帮着看管小学生。和我一样，这些小孩都来自贫穷的家庭，大部分都很乖。不过，住宿的条件简陋，说什么都没有也不为过。床是没有的，我通常睡在一张长约1.5米、宽约0.6米的长桌上，那是学生上课时用的。幸好当时个子还不是很高，但也从桌上掉下来几次，它真的太窄了。同层有一个厕所，既不卫生，气味也大，只好忍受。墙上却有很多涂鸦文字，还记得其中两句:“宁欺白须公，莫欺少年穷。”厕所文章还是有点意思的。一楼有商店和食档，一港元的价钱就可以买到一份煲仔饭。

有几个父亲教过的学生住在大厦附近。他们晚上会来课室走走，聊天、讨论学问或下棋，但他们不会逗留很久，所以我有很多时间，可以独自读书或做点别的。如睡过了头，小学生回到学校，会用力地又拍又戳，直至我醒来为止。一个人很孤单，和之前大家挤在一起实在有天壤之别。每隔两个星期，我便会回家看看，清洗校服，如此而已。然而，自力更生地独立过活，也是一种历练。

我仍然需要挣点钱，一方面自用，另一方面拿回沙田的家去。那时，成瑶已经放弃了上大学的机会，她在小学任教，赚钱养家。大姊成珊知悉父亲去世后，即从英国寄钱回来，我也要有所表示。

从1964年开始，我替别人补习数学，这可说是跨向我未来事业小小的一步。当时我十五岁，我的学生不比我年轻多少。开始时并不容易，我不知从哪里找学生。幸好培正的同学曾英材觉得补习很好玩，他家有电话，于是在地方报纸上登了广告，但到了后来，他自己反而没有当过家教。

如此这般，我找到了第一个学生阮伟亭，他来自某著名中学，比我只低一年级。每月的薪金是二十五港元，扣除车费后，便所余无几了。但这只是个开始，母亲通过政府机关，又找到了几个学生，我很高兴可以给家里多点钱。学生中有个小学六年级的女生，比我小几岁，数学一直不及格。她搞不懂简单的算术题，譬如“假如在农场看到36只鸡脚、28只牛腿、16只马脚，一共有多少动物？”学校教她背诵公式，但我则采用完全不同的方法，其他问题也如此。她的妈妈看见教的方法超出了六年级的水平，不禁紧张起来，但我的做法很快便见效了。不到一个月，她的数学测验都拿满分。她妈妈乐疯了，要我替她女儿补习英文。我回绝了，心知自己的英文不行，甚至在美国这么多年后，还只是稀松平常。

一方面替人家补习，另一方面应付学校的功课，我忙不过来。升上了高一，除了数学成绩优异之外，国文和历史都很好，母亲十分欣慰。虽然当家教老师原来是为了钱，但也有意想不到的好处。在使学生更容易了解数学的过程中，我对所教授的内容理解更深了。此外，教数学也有满足感，这个发现，促使我沿着既定的路径前行。

在偶然的情况下，接触到华罗庚的书，使我更添动力。华罗庚是20世纪中国最著名的数学家之一。这本有关数论的书带我走进高等数学的世界，使我大开眼界。我又看了他的其他好几本书，都写得很精彩。我了解到数学可以很美，令人赞叹。在那段日子中，这些和其他的启迪，如学习欧氏（平面）几何，使我感到数学的召唤。如果说当时华罗庚的书，使我在父亲走后的绝望和空虚中看见了方向，找到了热切追求的目标，这并非言过其实。当然，还有几年的中学要念，还要花些时间上大学，我才有机会在数学天地中留下自己的足迹。

高二那年值得一提的是学习微积分，三百五十年前牛顿和莱布尼茨发展出来的绝妙方法，到现在还是数学和物理的主要工具。

就在这时，我们终于能从“猪屋”搬到较好的住处了。新房子在沙田一个松树围绕的地方，旁边还有一条从山上流下来的小溪。建造房子不用花很多钱，朋友、亲戚、邻居和政府的救济部门都帮了忙，母亲希望拥有自己房子的梦想终于实现了。可以想见，地方很小，只有一房一厅，家中七人仅仅够用。而一如既往，里面的陈设简陋，没电供应，用的是火水（煤油）灯。煮食时烧柴，也没有自来水。附近有不少蛇出没，有的还是有毒的，我的任务是对付入屋的蛇。

我搬回沙田，睡在阁楼上。阁楼要用梯子爬上去，天花板很低，我只能爬行，或勉强坐着。时而看见有毒的蜘蛛和蜈蚣，必须小心翼翼。纵然如此，经过一年独自睡在空荡荡的课室，我还是很高兴能和家人住在一起。

新居四周，田园景色宜人。母亲在园里种了些果树，还养了狗、鸡、鹅等，屋子登时增添了生气。鹅尤其有用，它会把不速而至的蛇吓得逃之夭夭。

到了高二，我们要准备会考了。在香港，所有学生必须会考及格，才算中学毕业，有资格升上大学。我会考的成绩尚算不俗。高三时，在父亲的学生李伯荣家中住了数月，为他的侄儿补习。他的家美轮美奂，有些设施甚至见所未见，闻所未闻。他还雇了几个用人。我留意到不只我这个家庭老师受到礼遇，甚至连用人也没被呼喝，这使穷孩子出身的我心感欣慰。如果不是这样，心中定会十分不安。豪华的睡房和先前睡的阁楼，或者天台小学的长桌真有天渊之别，在短短的日子中，我感到自己被宠坏了，同时也体验到“那一半”人的生活。当然，我并非羡慕有钱人的种种奢华，但亦知道当你不用为衣食劳碌时，生活可以更美好和安逸。

高三的头等大事是大学入学考试。我最要好的朋友徐少达在学校常常考第一，却在入学考试的中文科中被刷了下来，因此不能进入香港中文大学。少达是我见过最出色的人，毕业时，他在差不多所有科目包括数学中都拿了大奖，校长甚至特地为他说情，但中大依然不为所动。制度毁灭了他。在对香港失望之余，他决定到海外留学，次年便去了加拿大蒙特利尔。我也想过留洋，但仅是高昂的报名费，已非我家能负担的了。

我在大学入学考试中遇到些麻烦。念中文中学的学生本来是不能参加英国的普通教育文凭考试（GCE）的，但我还是找到办法参加了。这个考试和美国的SAT相似。我的数学和英文都考得不错，但化学科太重视实验了，我没能考过。培正没有适当的实验设备，只好在友人的地库凑合些设备进行实验，成绩差自然可以想象了。我因此没能申请英国的大学。好在我的英文考试及格了（和我的朋友徐少达一样，我为了英文费了不少工夫），终于得以进入香港中文大学。

崇基书院是中大的成员学院，父亲曾在那儿任教。我选择崇基，感觉上亲切些，兄长成煜也在那儿念书。虽然我没有跟随部分同学到海外留学，但并非放弃了这念头。要成为一流的科学家，始终还是要到欧洲或北美去。我抱着这样的想法，满足于当前的崇基书院，在1966年秋天入了学。

数学系的系主任谢兰安是父亲的旧识，人很和气，但不算是很有成就的数学家。开学时，他给我们约十个新生致辞，勉励我们。他说："你们来这里，目的是研究数学，但现实很残酷，你们未必能成为数学殿堂的柱石。虽则如此，至少你们可以为它涂上点油漆。"这些话未免令某些人气馁，我却备受激励。他指出每个人，都能对数学的发展做出或大或小的贡献。

不用多久，我发现一年级的数学课太容易了。系方允许我不上课，只需出席考试来证明实力。于是我可以腾出时间应付更艰深的课程，包括线性代数和高等微积分。高微的讲师叫周庆麟，他在纽约大学的柯朗数学科学研究所念了硕士，后来在英国拿了博士学位。

在周庆麟的班上我学了狄德金分割。这是18世纪中叶德国数学家理查德·狄德金（Richard Dedekind）发明的，他是大数学家高斯的弟子，和伟大的黎曼同时代。利用这个方法，狄德金从整数（即正整数、零和负整数）开始，构造有理数（如1/2、3/4等分数）和无理数（如$\sqrt{2}$、圆周率和不能表达成分数的数）。有理数和无理数一起构成所有实数，它们对应于数在线上的每一点，或者说包括整数和整数之间的所有数字。

这方法从小学生熟悉的整数开始，按部就班地造出繁复的实数，令我目瞪口呆。这种激动似曾相识，那就是初二时学习平面几何，由几条简明的公设开始，推导出许多深入的结果一样。我写了封信给周庆麟，表达我的激赏。我告诉他："我终于了解数学之美了。心爱的数学原来真的能成就我之所想，令我的疑虑一扫而空。"不久，我发现它有更大的作用。

我不知道周庆麟读信后有何反应，记忆中他没回复，反应应该是不错的。可能是喜见我对这科的激情和正面的态度，不久我们成为朋友，他邀请我上他家好几次，非常贴心，他太太也挺和蔼。但问题是他家中的八只猫，整个住所弥漫着猫儿的气味，把我差不多熏晕了。我必须竭力假装如常，不动声色，不让自己夺门而逃。

总的来说，崇基的第一年是美好的时光，数学之外我还修了中文、英文、日文、物理和哲学。在哲学课中，我们不但学习大哲学家的学说，还学习学生（或一般而言，个人）应如何立身处世。书院不大，大家都互相认识。海就在附近，我们时而畅游，时而在海滩嬉戏，这样的生活谁不喜欢？

第一年好玩，第二年更令人兴奋，学习也渐渐地认真起来了。

中文大学正在发展，崇基是其中的一员。李卓敏校长来自加州大学伯克利分校，他锐意发展。在他的努力下，理学院新来了好几位博士，其中包括斯蒂芬·萨拉夫，一位新从伯克利到崇基任教的年轻数学学者。

萨拉夫可说是我第一个遇上的懂得当代数学的人，他用“美式风格”讲授常微分方程，鼓励学生在课堂上提问和投入讨论。这种方式对中国学生（包括我）来说，是非常不习惯的，我们一直被要求安安静静地听课，不可打断老师的话题。萨拉夫这种自由奔放的教学风格，比较随性和自然，但有时也会在讲课中间碰到困难，呆立当场。在这些场合，我就会出手相助了。如此一来，我很快便引起他的注意。有时觉得可以时，他就让我上一部分课。我也常常到他家中，帮他准备讲义，或提出不同的解题方法。

某天，萨拉夫想到可以把这些讲义结集起来，以此为基础写一本书，于是我们合作起来了。然而，这书要出版并不容易，因为序言中清楚看到我只是个少年。不过，等到多年后我已颇有名气，这书终于出版了。在写书的过程中，我学到了不少东西，尤其是读遍了参考书目中所列的文献。

萨拉夫说，如决心在数学中创出一番事业，就必须出国留学。由于在入学考试中表现平平，中文科尤其不佳，我拿的奖学金只有其他人的一半。他知道后十分不满，大发雷霆，认为我这样的天才学生应该多拿奖学金，但校方对此无动于衷，这令他更恼火了。

崇基体育部的主任卢惠卿也是伯克利来的，她力劝萨拉夫罢手，说坚持下去只会令情况更糟糕。她知道我家缺钱后，提议挣钱

1968年，在崇基书院向外籍教员教授太极。

的另一方法，就是给校内的教授教太极。教员中很多是老外，对太极这国粹并不了解。坦白讲，太极并不是我的强项，但借此挣点钱也算轻松，我很感激卢的安排。

大二时的另一新发展，是有机会定期和中大其他两间书院，即联合书院和新亚书院的师生接触。联合书院刚刚请了来自剑桥大学的詹姆斯·奈特(James Knight)，他的数学很好，我修了他的代数课，讲得很精彩，我们相处得很好。到了学期结束时，奈特把他博士论文的原稿送给了我，回剑桥当讲师去了。可惜约十年后，他在摩托车事故中去世，我听到这消息后十分震惊，虽然我们已经很久没有联络了。

在与周庆麟、萨拉夫、奈特等数学人接触交往后不久，人们开始以“天才”称呼我（至少就数学而言）。三间书院的数学系成立了一个委员会，经过审查后，向李卓敏校长提议，让我提早毕业。李校长想看看究竟我有多好，遂建议我去见当时香港最著名的数学家黄用诹，他是香港大学的微分几何学家。他会和我见面，然后提出评估意见。

到香港大学要先乘火车，再搭渡轮，坐巴士，最后沿幽径上山，总共花费一个半小时。我到了他的办公室，很快便发现黄教授并无意考我，他只是想展示他的工作。坦白来说，这并不能引起我的兴趣。他的工作是有关“格拉斯曼流形”的，这是由穿过原点的所有同维数子空间所组成的空间。在演算中的某一步他过不去，停了下来，我倒不觉得那有多难。当意识到我对他的工作不感兴趣后，他便得出结论：丘成桐不是个天才。

事实上，我并不喜欢“天才”这名词，差不多从来不用它。恐怕很多人都把“天才”浪漫化了，以为那些人能无中生有，创造奇迹，提出凡人想不出的方法，或者完成惊人的数学证明。世人相信，他们的智慧是如此地高超，不费吹灰之力就能成就一切。如在电影《心灵捕手》(*Good Will Hunting*)中，主角在麻省理工把清洁工作丢下几分钟，就破解了数学中的老大难题。这些情况虽说并非完全不可能，但至今我未见过。我的经验是，解决数学难题需要艰辛的努力，没有捷径可走，除非问题本身其实颇易。而另一方面，经过漫长时间的努力，终于完成了前人没有完成的工作，又或者没有人认为能成功的工作，那么这算不算是天才？还是个有成就的苦工？我不知道，花时间去想这些问题也没意思。

说到底，中大高层的结论就是我非天才。他们不容我进一步解释，我从未申辩，亦从未为此结论而感到沮丧。

虽然我已见过黄用诹，但萨拉夫并没有放弃。他坚持我应早点毕业，出国成就辉煌的事业。

在三年之内，我已完成四年所有科目的要求。但中大是四年制的大学，李校长没有答应萨拉夫的请求，不愿意撤除四年修读期的规定。

但萨拉夫还不死心，他写了封信到《远东经济评论》，批评大学在这问题上的官僚态度，催促中大校方应宽容处理有才华的学生。

萨拉夫的坚持并未得到太多的掌声，好些人都跟他说收手吧。李校长反驳说我何需中大的学位，你看看著名数学家华罗庚也没有大学学位呢。丘成桐没有大学学位不碍事，就像华罗庚一样。

这激发了萨拉夫的好奇心，于是和我一起追查华罗庚的教育背景。数据找来后，才知道他连中学文凭也没有。他在上海西面的小镇金坛的贫困家庭长大，在父亲的小店帮忙。小店的生意不大好，他空闲时就在店里自个儿做些数学练习。后来他到上海上了职业学校，还在全国珠算比赛中胜出，但由于付不起生活费，最后还是辍学回到小店帮忙。不久之后，他在上海一份科学期刊上发表了一篇短文，指出某学刊上一篇论文的错误，这篇论文宣称证明了五次方程的可解性。华的文章引起了北京清华大学数学系的杨武之和熊庆来教授的注意，因此把他请到清华，去图书馆当了文员。几年后，他应邀出访剑桥大学，在著名数论学家哈代（G. H. Hardy）的指导下进行研究。哈代肯定华能在两年之内拿博士，但华并没有注册念博士，因为注册费太贵了。这两年，他在研究上收获甚丰，然后就回国了。虽然他没有博士学位，甚至连中学文凭也欠缺，但他声名卓著，也能在学术界立足。

萨拉夫大受感动，打算以华罗庚为题材写一篇文章，文章后来也发表了。相关的资料绝大部分是中文的，我替萨拉夫做翻译，因此之故，我也读了不少关于华的材料，读得愈多，感动愈深。

华罗庚的故事说明完全不需借助大学或任何学位，也能在数学界闯出名堂。因此，无论萨拉夫如何奔走呼吁，大学当局有鉴于此，认为并不需要绕过规则来授予我学位。假若我一如萨拉夫所说的是天才，学位只会是个微不足道的障碍，一定能克服的。

1969年，摄于崇基书院毕业典礼。

虽然如此，1969年6月的毕业典礼上，崇基书院还是给我颁发了文凭（不是学位证书）。上台拿文凭时，全场响起一片掌声。前面说过，书院规模很小，大部分同学都知悉我提早毕业所引起的纷争。

萨拉夫最后只能接受中大不会让步的事实，转而想办法让我进入伯克利的博士课程。我问他要不要考虑其他大学，他说伯克利一所就好，那里的数学系是世界顶尖的，而他在那儿也有人脉。

我没有反对的理由，我考了GRE、托福和其他相关考试，幸好成绩都不错。其间萨拉夫也给他在数学系的朋友唐纳德·萨拉森（Donald Sarason）写信，把我的数学潜质吹捧了一番。萨拉森把申请表寄过来，并且说就算没有本科学位，他也有办法把我弄进研究院。于是我便照办如仪（难道不办吗？）。1969年4月1日，消息传来，我被录取了，这可说是我一生之中收到的最重要的消息，顿时意气昂扬。

不单如此，萨拉森还替我弄来最丰厚的奖学金。IBM捐出的一年三千美元，对我家的经济状况来说，是十分有用的了。很幸运能得到这前所未有的优待，就我所知，之前从来没有大三的中国学生能被伯克利的研究院录取，并且获得如此优厚的奖学金。我可以肯定当时负责录取研究生的小林昭七教授，还有著名的华裔几何学家陈省身，都在其中出过力。我很感谢萨拉夫、萨拉森、小林、陈省身，其中尤以萨拉夫为最，没有他的帮忙，我根本无法到伯克利去，甚至连离开香港也没可能。

1969年7月，陈省身来香港接受荣誉学位，并在香港大学访问，发表演说。我安排了去见他。早在中学时，就已经读过一篇文章，称陈省身为中国最有成就的数学家，世界知名，广受尊崇，那是我首次知道中国出了世界级的数学家。长久以来，中国人在科学上有种自卑的情结。直到1957年，中国出生的杨振宁、李政道二人获颁诺贝尔物理学奖，终于将之稍稍开解了。杨、李获奖及陈的声名鹊起，说明中国人在世界舞台上也占一席位，他们的成就及伴随而来的荣耀，给全国人民，至少是知识分子以希望。

1964年，杨振宁在香港做公开演讲，那时我还是个中学生。虽然没法去听演讲，但从报纸上能读到部分内容，深受鼓舞。与十年前相比，中国学子的前景更为光明，可说十分幸运。

也应当说，我的前景更为光明，我要到伯克利去了。陈省身知道他的学校收了我，见面时只问我是否会去伯克利。“是的，”我答道，

“我会去。”这大概就是那次会面的全部对话了。将来我们要说的话会有很多,这次短促的会面是一个长久而富于成果的关系的起点。

虽然告诉了陈我会到伯克利去,但还有老问题要解决,那就是我没有足够的经费,也没有签证。那时要拿到往美国的签证并不容易,环球航空的一个旅行社职员告诉我们几个学生申请签证的程序,希望我们通过他来订机票,可是泛美航空的机票比较便宜。我最后光顾了泛美,他知道后脸也黑了。

母亲知道我要到伯克利去十分高兴,但一想到将要离家万里,又担心起来了。大哥成煜去年得病,发现脑里长了肿瘤,我对留下她一个人照料兄长,心里也不踏实。成煜开刀以减轻颅内压,我家又要面对另一个考验了,所以这次分离十分难受。然而,我强烈地感到必须挣扎成名。机会难逢,首先是萨拉夫来港才让我有机会到伯克利去,同样的机会也许不会再来,我要好好地抓紧它。我跟母亲保证,哪怕是在一万多公里之外,我也会跟她密切联系,定时写家书,并且每月寄钱回来。

我对未来充满憧憬,想着一踏足美国,各种机会便会接踵而来。但我心中也不无惴惴,除了襁褓期间在内地那几个月,我从未离开过香港。从很多方面和很多层面上看,这都是场探险之旅。不过,二十岁的我胸有成竹,有信心接受未来林林总总的挑战。

1969年9月初,我飞往旧金山国际机场,热切地展开对新世界的探索,希望以数学为出发点,依靠它的指引,照亮我寻找真和美的旅程。轻装上路的我,只带了一个行李箱,还有口袋里不足一百美元的钱。我跟朋友、亲人,还有多年来购置的数学书籍道别。想不到后者影响了弟弟成栋的命运。我将要入研究院，而他则继两个兄长之后，进入崇基读一年级。

在美国大学，学生在选定主修前，可以有几年做考虑，但在香港则不然。成栋那时还是少年，但已经要决定将来念什么。母亲是这样看的："你哥哥在家中留下这么多数学书，你也念数学好了。"于是他就言听计从了。这便是中国人的做法，只是随着机会，而不用思前想后，仔细推敲。幸好一切顺利，他数学念得不错，似乎也蛮喜欢。

虽然选择部分是被迫，成栋也从来没有跟我抱怨过他的职业。有天，他也许会把数学书送给某个稚嫩但勤勉的后辈，从而决定他要走的路，也不知对不对。不过我认为如若真能学习数学、成为数学家，也算是不错的了。

第三章　初履北美

大哉大哉，宇宙之谜。美哉美哉，真理之源。
时空量化，智者无何。管测大块，学也洋洋。

——《时空统一颂》选句，2003年

1969年9月1日，当我一踏足香港的启德机场，便觉得周围一切都是那么新鲜。在这之前，我是个乡巴佬，基本上没旅游过（不过很快就会填补这方面的空白了）。以前到机场，只是送别亲友，从未想过有一天会轮到自己。我从未搭乘过飞机，就连在游乐场或商场的玩具飞机也没有试过。我先飞夏威夷，然后转到旧金山。不像那些早已厌倦飞行的旅客，我全神贯注地听空中服务员（那时还叫空中小姐）讲解机舱的安全措施，以及紧急降落时的应对。

谢天谢地，这些应对至今还没有用上。经过二十四小时的飞行旅程，在旧金山的机场走出飞机时，我真是累得要死。可是，当我举头仰望，天空比以前所见的都来得明亮湛蓝，呼吸一下，空气比香港的温暖潮湿来得清凉干爽，精神不禁为之一振。加州的气候总是如此怡人。我不是个常做遐想的人，可是在那一刻，真疑心是不是到了天堂。我尽情欣赏眼前所见的新鲜事物：陌生但可喜的风景，头顶上的天空，脚下站立着的地面，甚至那吸进肺部的清新空气。

有了伯克利的证明文件，入境畅通无阻，顺利通过了移民局。唐纳德·萨拉森在机场接我，在这之前我们只通过信。虽然我不知道他的模样，但看见时真吃了一惊。他满面胡子，发长及肩，分明一副嬉皮士模样，或是我心中嬉皮士的模样，而在香港我平常出入的地方，并无什么嬉皮士。但我不是在诉说不满。萨拉森非常和蔼，话声轻柔，又特意远道开车来接我，好使我在旧金山的第一个晚上，得到更好的照顾。

我们出机场后往东北走，跨过了湾区大桥，最后来到了伯克利市区的YMCA（基督教青年会）。我在找廉价的落脚地方，而这里只收十美元一晚。把我安置好后，萨拉森便回去了，临走时还不忘提醒我明天到数学系报到，可见他的细心。

在YMCA的走道上，一大群人围着部大电视机，电视正播着棒球比赛，声响很大。我对棒球一无所知，也从未看过。我从来不花时间看电视（虽然几个月前曾在香港百货公司的电视前，看了尼尔·阿姆斯特朗在月球登陆）。和在美国长大的人不同，我家没有电视，电视在我心中并不重要，也无吸引力。拖着行李上楼，来到了我住的八人大房间。一个大块头黑人跟我打招呼，问我从哪里来。他显然对我的外观有点儿惊怪，我想我有一种"刚跳下船"的感觉，只不过那不是船而已。他就睡在我旁边的床位。我从来没有见过这样的人，他说的话语极为粗俗，为人却是极为友善。除萨拉森外，我十分庆幸第一个在美国遇到的人是那么热情。

YMCA可以住一两天，后来知道，住上一星期也是可以的。虽然设施简陋，但它提供瓦盖遮头，床铺容身，尤其是经过长途的劳顿。不过此非长久之计，况且也没有供埋首工作的地方，因此要尽快找一间公寓。到了次日早上，先到伯克利的数学系报到，我受到时任研究部主管的桑迪·埃尔伯格(Sandy Elberg)和年轻教授马克·里费尔(Marc Rieffel)的热情接待,还遇见另一位年轻的教授林节玄,他和我同样来自香港。他好心借了些现金给我。我的奖学金出了第一次粮后,便把钱还了他。借来的钱可说是及时雨,我用它付了YMCA的房钱,租了公寓,买了食物、书籍和其他必需品。

他们提议到国际楼去看看有没有床位。国际楼就在校园旁边,但我到时发现没有空置的房间了。后来,我在YMCA附近看见一块公告板,上面有些公寓出租的信息。我遇到另外三个在找房子的学生,我们四个人合起来租了地方,每人月租是六十美元。三千美元的奖学金,即十个月内,每个月有三百美元。我把其中一半寄回给母亲,交了租后,剩下的九十美元就用于其他支出。预算很紧,所余无多,但我并不在意。

开始时,我们各自煮食,我会煮的菜式有限,几款汤、饭、菜等不断重复。后来大家决定一起吃晚饭,但不久即发现这并不可行,主要有两个原因:首先,大家作息时间不同,时间难以配合;其次,低调一点说,我的手艺太差,他们都不想在我煮食那天回来吃饭。老实说,这情况经过几十年,直到现在还未能改变。在下自有强项,但烹饪、音乐和体育则不属于这个范畴。

通常我早上七时起床梳洗,匆匆吃罢早餐后,便赶回学校。从公寓走路到数学系的所在地坎贝尔楼(一年后搬到埃文斯楼)大约要二十分钟,通常我沿着著名的电报大道走,那里有不少怪模怪样的人,穿着颜色鲜明和与众不同的装束。他们有的在摆摊子,卖一些香料;有的则在行乞,不住地说请施舍些零钱。但我不理睬他们，我闲钱不多，没法子做好心。

回到学校，整天都待在课室、图书馆或者讲堂。俗语有云："只读不玩，变作闷蛋。"如果这谚语是对的话，那我便是一大闷蛋了。很快便发现，在小小的崇基所学的不算太多，我就像活在小水塘之中。相比之下，伯克利的数学系要大许多，各式各样科目的课都有。心中渴望追回损失的时间，我一头栽了进去，尽量吸收知识。虽然前景仍未清晰，但时刻以诗人屈原的句子鞭策自己："路漫漫其修远兮，吾将上下而求索。"不管那路有多漫长，只要不乏味便好。屈原是父亲心爱的诗人。

如果说还需要什么鼓励，我想起孔夫子的话："吾尝终日不食，终夜不寝，以思，无益，不如学也。"孔子比屈原早生两百多年，他的语录很精警。那时我整天都在艰苦攻读，没时间去想；夫子在世，一定会赞赏有加。

除注册的三门课外，我还旁听了六门课，此外还参加其他讲座和研讨班，反正时间塞得下的我便去了。伯克利的资源令人艳羡，系中不乏卧虎藏龙之辈，就是学生中也有不少明日之星，如我的同学比尔·瑟斯顿（Bill Thurston）便是未来的菲尔兹奖得主，菲尔兹奖一般被视为"数学界的诺贝尔奖"。除了正式的课程外，数学系每星期都会举办特别的讲座和研讨班。

好像一个饿得半死的人，突然面对随便吃喝的自助餐，我一概鲸吞。这样做一方面是出于渴望，另一方面能力也容许。我的相识不多，也没有什么教学任务，更没有什么追求来消耗时光。在这阶段，数学是唯一的焦点，我远涉重洋即是为此而来，它占据了我差不多所有时间。我从早上八时起一直上课，有时课与课之间只有五分钟时间,但要从校园的这一头走到另一头。

往往午饭的时间也省了,教授在前面讲解,我拿着三明治坐在后排吃,免惹其他人分心。到了五点课完了便回家,途中会在大学的大书店翻翻新到的数学书。离公寓不远处有间超市,我会顺道买些东西回去。你可以说那些日子的生活十分简朴,以数学始,以数学终,中间还是数学。

我在第一个学期选修了埃德温·斯帕尼尔(Edwin Spanier)的代数拓扑学、布莱恩·劳森的微分几何学和查尔斯·莫里的微分方程,此外还旁听了代数、数论、群论、动力系统、自守型和泛函分析等课。

修读的三门课对我的影响都很大。来伯克利之前,我自以为了解拓扑学,它研究最广义下物体的形状以及分类,但代数拓扑课提供了全新的角度,把拓扑问题化为代数问题处理。开始时有些紧张,因为学生比以前上课时更加投入。我没有打算说很多话,但其他同学则踊跃发言,似乎头头是道。几个星期后,我把课本(就是斯帕尼尔本人编写的)看了一大半,发觉大部分同学都是在吹牛瞎说。

劳森的课启发了我对几何学的兴趣。几何和拓扑相似,都是有关物体的形状,但更具体一些。在几何中,球就是球,方体就是方体,它们是很明确的;但在拓扑中,球和方体却属于同一类,即是说,它们是等价的,乃因球和方体能通过弯曲和拉伸由一个变成另一个,而在变形的过程中无须将它们切割或撕裂。

在香港时,我视数学为抽象的东西,觉得愈抽象愈好,愈接近数学的精髓,这种想法并不成熟。我原先打算研习的,乃是抽象的题

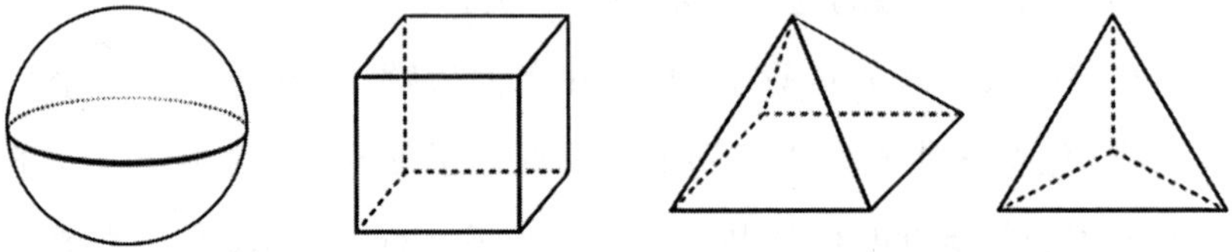

球体、立方体、棱锥等皆是不同的几何形体。但从拓扑的观点来看，这些看似不同的形体却是相同或“等价”的；它们都能通过拗弯、拉伸、挤压，即在不撕裂或不切割的情况下由一个变成另一个。（原图引自顾险峰和殷晓田）

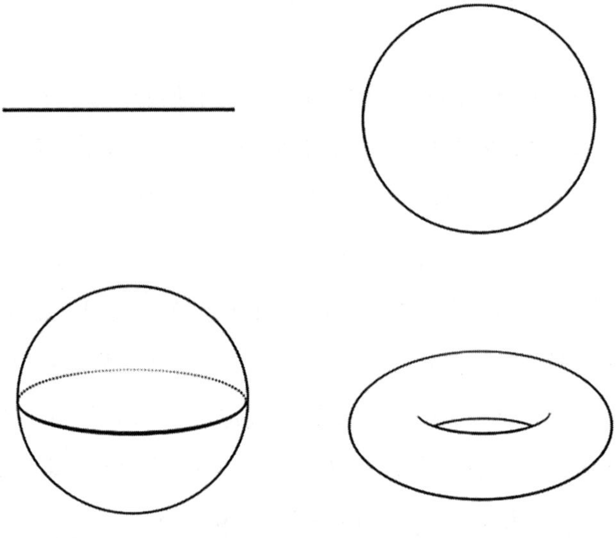

从拓扑上看，一维空间本质上只有直线和圆两种。你可以把圆扭成各式各样的回路，但除非切断它，否则它不会变成直线。二维可定向的曲面则可按照其亏格分类。所谓亏格，简言之即曲面上洞的数目。如球面上没有洞，故亏格为0，车胎或甜甜圈只有一洞，亏格为1。就如圆和直线般，球面和甜甜圈在拓扑上不相同，你不能把球面变成甜甜圈，除非在中间剖开一个洞。（原图引自顾险峰和殷晓田）

目，如算子代数之类，它属于泛函分析的一支。在崇基书院时，受到讲师埃尔默·布罗迪（Elmer Brody）的启发而产生兴趣，我看了不少泛函分析的著作，甚至还写信给宾夕法尼亚大学的理查德·卡迪森（Richard Kadison）和麻省理工的欧文·西格尔（Irving Segal），向他们要论文的复印本，却并不知道他们其实都是这方面的权威。多年后，我与他们终于见面了，他们竟待我如老朋友，还请我吃晚饭呢。

虽然并没有走进那领域，但他们对我都很好。我对这科目的观感，到伯克利之后改变了。上泛函分析的研讨班时，已不复昔时的兴奋，而对另外的课却愈来愈兴趣盎然，和从前以为抽象是数学最高标准的偏见，也愈行愈远了。

反之，我视数学非自成一国的学问，而是和大自然息息相关的知识。从几何中呈现的完美结构，更能看到数学和自然的融合。在某些情况中，这些结构甚至能绘画出来，这令它更容易为人理解。当然，到了更深的层次，就很难这样做了。

正因如此，日子久了，我对几何的兴趣愈来愈大，也意识到之前对它的了解未免太肤浅了。这科目委实深奥而丰富，令人肃然起敬。它可以追溯至两千五百多年前的毕达哥拉斯与四千多年前的古埃及人和巴比伦人，我被它迷住了。

可以这样说，莫里的微分方程课对我的影响最大。他讲的主题是偏微分方程，这些方程随着多个而非一个变量（如时间）变化。这些方程式极为重要，其中一个原因是，物理学中的主要定律，经由牛顿、麦克斯韦、爱因斯坦诸人推导出的，都是以偏微分方程的形式表达出来的。这些方程中尤以“非线性”那一类最富挑战性。大部分偏微分方程都不能精确地来求解，或用公式表达，它们只能由困难的逼近过程决定下来。

这个课程非常依赖于莫里自己写的书。从某种意义来看，这书写得并不好，里面的材料没经过充分的组织。可是另一方面，它的内容却着实精彩，就算有不足之处，这书仍然是本科目中的最佳之作。但这科并不受学生欢迎，大家都说里面的东西非常难，啃不动，莫里又要求学生在班上做报告，那对讲者和听众都不好受。我在班上坚持下去，心里知道，有朝一日这将是十分有用的。我十分用功，做了大量的计算，在这过程中获益良多。

我脑海中隐隐浮现一个念头，就是以偏微分方程为经纬，把几何和拓扑联系起来。几何和拓扑通常被看成两个不同的科目，但我总觉得这种区分只是表象。几何能给出的，是局部的特写，就如用放大镜检视地球的表面；而拓扑却能提供宏观的图像，就如从外层空间看地球一般。可是说到底，两者观察的都是同一个行星，不同的观点互为补益而非相冲。

因此之故，不明白为何人们总要在几何和拓扑之间划线，把两个领域分隔开来，有些人确实对此敏感得很。老实说，谁胜谁负根本不要紧，两者应该携手共进。我视所有不同的数学领域为同一织物的各部分，不会为外人附加于科目的界限所拘束，对各部分都感兴趣。正如我的美国朋友时不时这样说，“所有种种，一应俱全”（the whole enchilada）。对各部件的理解愈多，便知它们是糅合在一起的。然而，也要承认，出于某些不可知的原因，有些部件比其他对我更有吸引力。

有必要指出的是，我并不是第一个沿着这思路走的人，高斯-博内定理在整个19世纪中发展，经过众人包括卡尔·弗里德里希·高斯（Carl Friedrich Gauss）、皮埃尔·博内（Pierre Bonnet）、瓦尔特·冯·戴克（Walther von Dyck）等人的努力，成功地把几何（或曲率）和曲面的拓扑联系起来。20世纪之初，亨利·庞加莱（Henri Poincaré）深化了几何和拓扑的联系，数十年后的海因茨·霍普夫（Heinz Hopf）和陈省身（后成了我在伯克利的导师）令这种联系更为稳固。我只不过在他们工作的基础上，在微分方程尤其是非线性的引进这方面，做了进一步努力。这方面的探究，属于后来“几何分析”的一部分，几何分析一词乃是美国数学学会和自然科学基金会为研究计划分类时引进的。

几何分析的新意，在于把非线性偏微分方程用于微分几何。在微分几何中，利用微积分作为工具进行研究，已有好几百年了，至少可以追溯到莱昂哈德·欧拉（Leonhard Euler）在18世纪中晚期的工作。开始时，利用的是线性的微分方程，后来逐渐发展到利用非线性微分方程，这是不言而喻的，因为这些方程描述了事物细微、无限小的变动。在几何中，我们利用这些方程来量度曲率，并考究曲率在空间各点的变化。当空间的曲率“局部”地（即每一小片）确定后，我们便能对空间的“整体”有所认识。一边是曲率，即局部的几何或空间精准的形状；另一边是拓扑，即同一空间的概括形状——两者之间的联系使我着迷，构成我过去四十多年工作的重心。

从本质上看，几何和拓扑两者的研究对象都是形状，而曲率是描述形状的凭借。一个充满了气的足球是球状物，但在拓扑上，它等同于未充满气、瘪下来的足球。完美的球状物只需通过空气的增加或减少，而不必撕裂或切割，就可以变成凹形的球。充满气的球形，其曲率为正的常数，即是说它的曲率点点都是相同的，但瘪下来的球的曲率则会随着球面上的点而变化。

曲率是确定概括的形状（拓扑）和精确的形状（几何）之关键，这种联系在高维的情况下也是成立的，只不过曲率变了，有好几种情况比不同气压的球复杂和困难得多了。这就说明了为何曲率是如此强而有力的工具，多年来一直吸引着我。

我们可以定义二维的球面，即为在三维空间中和某中心点等距离的所有点所构成的集合。但我们也可以纯粹利用曲率来描述它，这种做法比第一种的做法更有力，用途更广泛：它可以用来描述在高维空间中复杂的、卷曲的物体（或流形），这些物体不可能用简单的公式来表达。

曲率也在物理中占有重要的地位，物理学建基于用微分方程式描述的定律。比如，质点的速度是它位置的变化率，加速度是速度的变化率。我们可以通过质点轨道的曲率，决定它所受的力，从而知道它的加速度。在高能加速器实验中，研究人员反过来通过分析路径的曲率来决定粒子的质量，从而断定那是什么粒子，而这不过是曲率在物理中的诸多应用之一。（同理，也可以想象人生的轨迹，从各个关键的转折点的"曲率"着眼，便可知整个人生的梗概。本人现在所做的陈述，便是如此。）

概括而言，爱因斯坦关于广义相对论的方程式（我迟点才会学习）正是对宇宙曲率的描述。它由一组非线性的微分方程所组成，只要其中一个变量有细微的改变，都会导致不成比例的重大后果。很多现象能够用线性的方程来模拟，达到不错的效果。所谓“线性”，是指变化是符合比例的，且同一方程的两个解加起来仍是解。可是，我们身处的世界本质上是非线性的，这是永远不可能忽略的事实。

比如，当气候突然变化，股市急剧波动，这时非线性方程就要登场了。非线性方程在广义相对论的领域中十分普遍，这里空间总是弯曲的，而有关的现象也是非线性的，没法子通融。不久之后，我便掌握了一种方法，作为研究几何的策略，有如在广义相对论中，我们利用描述局部的爱因斯坦方程式来了解宇宙的整体结构。

虽然面对的乃是几何学中出名难搞的非线性方程，但我有幸走进了莫里的课堂。他可称为当今世上“非线性分析”的顶尖人物，非线性分析是微分学更进一步的学问。他的专长是非线性偏微分方程，我如饥似渴地吸收莫里所愿意传授的知识。幸好，他非常慷慨。

想到把几何、拓扑和非线性分析共冶一炉，能有大用之际，我的兴致就更浓厚了。这时候，研究偏微分方程的人如莫里，和研究几何的人（包括身处同系的陈省身），双方几乎没有什么交流。很多几何学者都把偏微分方程留给分析学者，或如某权威所言的工程学者。诚然，莫里是一流的分析学家，但他对几何的兴趣不大，他只把几何看成偏微分方程的泉眼，源源不绝地向他输送饶有趣味的偏微分方程。而我却把过程倒过来，利用这些方程来解决几何上的难题，尤其是那些已尽试其他方法仍无寸功的项目。

我认为把这些分开的线绾结在一起，会对几何和分析，还有拓扑，都有莫大的好处。我的想法还很不成熟，开始时不知如何入手，也不知要往何处去。但我的信念逐渐坚定下来，至今犹未改变。

回到1969年秋。当时，反越战示威在美国正闹得沸沸扬扬。伯克利是示威学生的重镇，很多学生和教员都在罢课罢工。当班上的学生太少时，斯帕尼尔便宣布不上课了。而莫里的微分方程课，学生不只是逃了几堂课而已。他们一个一个地退选，最后只剩下我一个人。当时初来乍到，并未牵扯进运动之中。然而，莫里坚持授课，他如常披上外套，系好领带，对着我一人讲课，犹如对着全班一样。事实上，他比平时还多了准备。他没有跟随原定的课程大纲，而是根据我的兴趣和水平，特意设定了内容。在拥有三万学生的大学里，很难想象有这样一对一的讲授。这确实是真正难得的机会，我觉得自己很幸运，能够得到大师的亲身传授。

伯克利的示威不断，规模盛大，时酿冲突，弥漫在空气中的催泪瓦斯的气味已成为大学的背景了。坐在课堂内，看见外面一大群学生手中拿着石头，正和手执盾牌和枪械的军警对峙，这情景已习以为常。“全世界都在看！”反战示威者不时这样高呼。我亲眼看见这些画面，不是从电视的屏幕，而是从课堂或图书馆。老实说，在草地那边厢种种混乱的干扰下，实在难以收敛心神在数学上。我反对战争，但不会马上投身于这类斗争之中。那时我对美国文化并不了解，也没有机会去思考这场运动中的种种议题。

这年，萨拉夫回到了伯克利，在这之前，他在日本停留了一段日子。他试图让我接触美国的事物，带我到旧金山市区和郊外观光。

他也邀请我到他家参加聚会，会上大麻烟随意地传，人们大方地分享，不断问我要不要吸一口，但我都谢绝了，至今未曾试过一次，纵使这在伯克利是再普遍不过的事。从萨拉夫和他朋友的言谈行为之中，我也约略了解到嬉皮士的行径。这种放纵的生活方式，和我在香港乡村长大的规行矩步毫无共通之处。在那里，人们胼手胝足，不辞劳苦地谋生，娱乐性药物并无立足之地。

我不随意评价别人，也和所谓嬉皮士为友，但从不做那些打扮，也绝不尝试毒品。那时我滴酒不沾，作为较年长和人生经验较丰富的友人，萨拉夫认为是时候让我喝点酒了。第一次喝酒的机会来自数学系的野餐，就在伯克利山高处的蒂尔德公园举行，莫里特别叫我参加。会上有啤酒，我拿了一大杯，仰首一饮而尽。不到十分钟，我就头昏脑涨，只好跟莫里说我要回去了。他送我回去，到家是下午三点，立时上床大睡，直至次日的中午才醒来，至此始知自己对酒精敏感。从那时开始，我对喝酒十分小心，只在有需要时喝一点点。

母亲在困难时期(差不多覆盖我整个童年)会到教会拿救济品，在那里我认识了一些教会中的美国人，其中有些就住在伯克利，他们邀请我去家里过感恩节。我对感恩节一无所知，但看见大学校园到了11月底就变得空空如也，可以推测它是个大节。大批宾客出席了他们的节日晚宴，其中有些明显是亲戚，有些如我一般就是误打误撞便来了。

赴会前，他们说得带不超过一美元的物品作礼物交换之用。我从装饰店买了一件水晶的摆设，和其他礼物一起放在桌上。可是没有人选我的水晶，使我有点儿难堪，但它对我也没用。那晚过后，还是对感恩节不大了解，只是饱餐了一顿，或许我只需要知道这个便够了。

圣诞节很快便来了，我从来没有庆祝过圣诞，这一次也是如此。但我发觉美国人对这节日特别重视，校园再次空无一人。整整两星期我孤身一人，幸好数学系图书馆除圣诞日外仍然开放，对我来说可谓圣诞奇迹，心中感动得很。

一年级的研究生没有办公室，图书馆实际成了我的办公室，我常在那里流连，没有课的时候就往那儿跑。当时数学学刊的种类比现在少许多（当今估计有两千种之多），我习惯翻开图书馆收到的每一份数学学刊，试读其中的文章。虽然不能完全了解内容，好歹也会知道谁写了什么，这让我能够掌握每个数学领域的轮廓，并在脑海中形成广阔的画面，看到哪些科目可以互相配合。

圣诞假期间，图书馆实际上几乎被我一人独占，只有一次难忘的例外。一位漂亮的年轻女士进来借书，她和我年纪差不多，看来百分百是中国人。我顿时被她吸引住了。我故作目不斜视，但馆内人数寥寥，很难办到。虽然怀着强烈的兴趣，但我保持沉默，没有冒昧上前自我介绍，这不合礼数，交谈要留待正式的介绍之后。

圣诞假后学期重开，才知道她是物理系的研究生，就住在附近的国际楼，仅此而已。数学系的主要演讲都在邻近物理大楼的勒孔特堂举行，偶然看见她也来参加，但我们并无交谈。我压抑下来，一直等待适当的时机，这一等就等了一年半。然而，等待是值得的。从那时起，我便展开了一段漫长的、时断时续的追求，最后修成正果。

除了在图书馆的惊鸿一瞥外，其他的发展就缓慢得多了。图书馆里有一整个书架都是欧拉的文集，伟大的欧拉生于18世纪的瑞士。若非书是用拉丁文写的，我必会阅读；可是我对拉丁文一窍不通，只好看期刊上的论文了。

我看到一篇新近由普林斯顿的约翰·米尔诺写的论文，题为《有关曲率和基本群的一个注记》。这一次我不仅看了全文，而且还进一步思考，似乎可以推广论文中的一些想法。当时独个儿留在图书馆很空闲，又没有别的事情干，而这文章引起了我的注意，在心中燃起了异样的火花，觉得这次要做点数学了。

米尔诺文中提到亚历山大·普雷斯曼(Alexandre Preissman)的一条定理，我立即把它找来了。这定理适用于带“负”曲率的空间，这类空间状如马鞍。在马鞍或这类空间上面画三角形，作图方法是先固定三点，然后把任何两点用在马鞍上最短的线连起来，便形成在马鞍上的三角形。这样的三角形的内角和会小于180°。

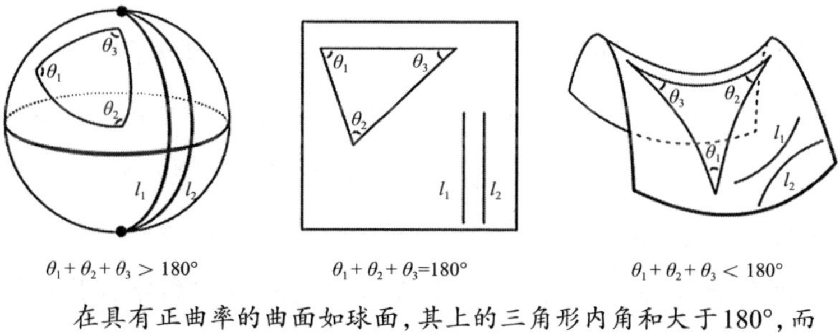

在具有正曲率的曲面如球面，其上的三角形内角和大于180°，而平行线如两条经线会相交于两极。在欧氏几何考虑的平面(曲率为0)上，三角形的内角和等于180°，平行线永不相交。在具有负曲率的曲面如马鞍，其上的三角形的内角和小于180°，而平行线会散开，永不相交。(原图引自顾险峰和殷晓田)

(在具有零曲率的空间如平坦的纸张，上面的三角形内角和必然是180°；而在球面上的三角形，内角之和却大于180°。)

普雷斯曼考虑在负曲率空间上面的两条封闭的回路（loop），所谓回路即指从某一定点出发，沿着一条途径行进，最后回到原来的点，这样便形成一回路，称之为回路A。把另外一条类似的，从同样定点出发和完结的回路称为回路B。普雷斯曼证明在这类空间中，先行回路A再行回路B，和先行回路B然后行回路A，两种在拓扑的意义下是不同的，唯一的例外是回路A跟B重合，即所谓“显而易见”的情况。

我把普雷斯曼的结果推广到具有“非正”曲率的空间上去，这类空间包含负曲率空间和零曲率空间。要对非正曲率空间证明这结果，我们必须利用群论。所谓群，其定义不难了解。群是一个集合，里面包含了若干元素。元素中有一个叫单位元（如1），而任一元素（如x）必对应有一逆元（如1/x），在群上还有些运算（如乘法）和某些规则。

眼前我们面对的群含有无限个元素，当时（甚至到了今天）人们对它的了解并不多。可是，我在米尔诺另外一篇重要文章中看过有关内容，亦记起在崇基书院时和罗纳德·弗朗西斯·特纳-史密斯（Ronald Francis Turner-Smith）教授的一次对话。当时我问他在伦敦大学时研究什么东西，他提过无限阶群的名字。我记不起他说过什么了，但他提及伊塞·舒尔（Issai Schur）和理查德·布劳尔（Richard Brauer）的一篇旧文，似乎跟摆在面前的问题有关。我花了一整天查阅旧学刊，果然找到了两人合著的论文，而这正是我要用的结果。当特纳-史密斯提到此文时，我对群论的兴趣还不大，但如果没有这次对话，我也不会找到它，这文章的确帮了我一把。

这个故事的教训，愚意以为，在于随意的交谈或许有意想不到的重要作用。姑勿论在讲课、讲座或下午茶的场合，有时你只需记得别人说过的片言只字。这次，随口的一句，竟印记在脑海，最后帮我完成了人生第一个有意义的证明。

我得到的结果，不能说是惊天动地，但我喜欢它，理由就如喜欢普雷斯曼的定理一样，两者都说明了空间的拓扑（概括的形状）如何影响或约束空间的几何（精确的形状）。这便是我持续追寻的路子，同时也是一条成功的康庄大道；不只对我如是，对其他研究拓扑和几何的人亦复如是。

我重复检视这个证明，直至自己也受不了为止。小心地推敲再推敲每一步，论证看来无懈可击。我正在修劳森的几何课，因此学校假期结束后，便跟他说了。他也认为这证明没有问题，而我俩更进一步证明了一些跟普雷斯曼和我的定理约略相关的东西。我们指出如何利用拓扑来判定，一个非正曲率的空间在什么时候能表达为两个空间之“积”，或某种组合。

劳森很想把论文投出去，于是把两篇论文都寄到《数学年刊》去了，很多人认为这是美国的顶尖学刊。由于我的证明是在圣诞假期做出来的，其他人无从知悉，稍后才知道那是乔·沃尔夫（Joe Wolf）的猜想。沃尔夫师从陈省身，也在伯克利，只不过当时在放年假。我知道沃尔夫的名字好久了，虽然还未亲见其人，但读过他的

《常曲率空间》一书，非常欣赏。

更凑巧的是，劳森和我证明的东西，亦在较早时为沃尔夫和他的同事德特勒夫·格罗莫尔（Detlef Gromoll）独立地证明了，不过他们的文章尚未发表。当我们见到沃尔夫时，他对我们做了类似的工作毫不惊讶；而看到我们的工作同时被其他人做出来了，劳森和我都不禁失望。只是当时在开始研究时，我并不知道沃尔夫和格罗莫尔的工作。

陈先生看到他招回伯克利的小子，竟能在第一个学期中便做出有意义的工作，不禁松了一口气，看来数学系这一注码是押对了。我也很开心。虽然这不是什么重大的成就，但也给数学添了新成果。

《数学年刊》接受了我的论文，但拒绝了劳森和我两人合作的那一篇，劳森颇为失望。他拿了博士不过两年，感到资浅的博士要和有地位的学者一起竞争，在顶尖的学刊上发表论文难如登天。后来我们把它成功转投《微分几何学杂志》，我想陈先生或者曾在其间美言了几句，那自然很有帮助了。

1970年对我而言，是值得纪念的一年。我首次发表了文章。文章被接受时的欢欣喜悦，遭拒绝时的垂头丧气，还有因优先权和功劳而导致的紧张心情，都教人难忘。

那年的春季学期并不平静。当美国秘密空袭柬埔寨的消息泄露后，学生的反战运动再次升级，全校罢课使伯克利的所有课都停下来了。为了避免公开和罢课对抗，劳森把几何课移师家中，但只维持了几个星期。进占的学生争吵不休，“把战争带回家”的口号更令他们火上浇油。劳森的妻子或许觉得战事已在她家中爆发，因此不欢迎他们。

从冬天到春天，我一直在与劳森合作。当时身为讲师的他和其他人共享办公室，拥挤不堪，我们难以在那里讨论。当他在家时，我们就在电话上倾谈，讨论有时长达一两个小时。几年后，劳森离婚了，我担心或许和那些电话有关。幸好他前妻后来跟我说，还有别的更重要的原因，离婚一事和我无关。

差不多同时，我旁听了阿瑟·费舍尔（Arthur Fischer）关于广义相对论的课，他当时在数学系当讲师。我之前已跟他碰过头：有次正在影印投到《数学年刊》的论文稿时，他见到了，便说拿来看看。我犹豫一下没立即给他，一来对把自己的工作讲给陌生人听有些腼腆，二来对一个看似狂野嬉皮士的人也带着戒心。费舍尔一手把文稿抢过去，飞快地翻阅，然后宣称"任何把几何联系上拓扑的结果，对物理来说都很有意思"。从米尔诺的工作，我已经知道把几何或曲率联系到拓扑上的价值，但当时对物理还不大了解，对这些东西如何结合更一无所知。费舍尔毫不犹疑地肯定了几何和拓扑的联系对物理有用，我听后不禁兴奋起来。我当时已开始对这些关系产生强烈的兴趣，心想如果费舍尔所说的是对的就好了。然而要经过很多年，一直等到证明了所谓"正质量猜想"之后，我才肯定他说的话。

完全意想不到的是，这个"狂野嬉皮士"对我产生了很大的影响。旁听他的第一节课只不过出于好奇，并不抱任何期望。广义相对论由爱因斯坦于一个世纪前提出，是目前我们用以了解万有引力的理论，我之前从未学过。爱因斯坦的理论又借助了比它早六十年、由波恩哈德·黎曼发展出来的几何为工具。“广义相对论”一词我早已听过无数次，对其内容却不大了解，心想这科目值得学习，没料到日后它对我的事业有这么大的影响。

根据爱因斯坦的理论，万有引力并不是如牛顿定律所言，是两个或多个大型物体之间的吸引力，它乃是由于重力场导致空间的变形或弯曲所致。事实上，爱因斯坦认为重力和空间的弯曲是等价的。这种说法不仅能解释行星如何围绕太阳运动，还能说明其他更微妙的现象，这是牛顿的引力理论无能为力的。套一句普林斯顿物理学家约翰·惠勒（John Wheeler）的话：质量使空间弯曲，空间教质量运动。爱因斯坦方程式中，一个关键的项便是里奇曲率张量。物质在宇宙中的分布如何影响空间的曲率，便是由里奇曲率决定的。

有次费舍尔的课上到一半时，各式各样的念头在我心中涌现。那时我对几何的兴趣日渐加深。曲率是几何里的概念，它有好几种，在日常经验中不容易（或不可能）分辨。我想：正如物理学者所云，万有引力乃是质量使空间弯曲的结果，那么完全没有物质的空间又会如何？这些空间叫作真空。换句话说，没有物质的空间能否具有非零的曲率和万有引力？

这问题我想了又想，却不知道在1954年，几何学家欧金尼奥·卡拉比早已提出差不多同样的问题，并且将他的“猜想”用复杂的数学语言表达出来。这猜想涉及复里奇平坦流形、具有第一陈类为零的流形和凯勒几何等名词，不必在此细说。表面上看来，猜想跟万有引力扯不上关系。卡拉比曾说，当提出这个猜想时，他并没有往物理那方面想。猜想的对象是具有特殊几何结构的凯勒空间，而这类空间拥有一种有时被称作“超级对称”的对称性。用非专业的方式来说，卡拉比希望了解凯勒空间中不同路径的长度和空间密度的关系。这些路径的长度足以刻画整个空间，而空间密度则和一种叫“体积元素”的东西有关，它可以用来决定空间的体积。卡拉比问：反过来看，凯勒空间中的体积元素（或密度）如何决定空间中路径的长度（或距离）？

可以想象，我们可以通过测量球面上一些点之间的距离来了解这个球体，但如何通过体积来量度高维（如六维或以上）空间的距离？

卡拉比猜想纯粹是为数学而数学，这在当时是很常见的，甚至到了1970年数学家费舍尔在讲解物理时，数学也在物理中隐去。很多数学家相信数学是“纯粹”的，对叫作“应用”的东西，包括物理，是不屑一顾的。

这样子的划分并非从来如此。古希腊的科学家并不区分数学和物理，即如近世伟大的数学家欧拉、高斯和庞加莱，他们毫不犹疑地投身到天文或其他领域中去。作为新的数学来客，虽然尚未做出什么贡献，而且物理知识还很浅薄，我仍可感到数学，尤其是我有兴趣的领域，具有和物理做深层次结合的潜力。我在直觉上感到探索这些想法会有所成果，希望这些成果能引起其他人的关注。

多年来，我一直致力于摆脱分隔数学和物理的藩篱，从而找到一片令人振奋的、富有成果的沃土。但我始终以数学为本，主要因它在两门学问中比较深刻和基本。物理学理论的正确性必须通过实验来检验，而结果也会因新的实验数据而变更。另一方面，数学上的定理，只要在证明中计算无误，推理正确，那就永远成立了。科学中甚少永恒的真理，在我们生活的圈子中，真理也寥若晨星，这就说明为何我对数学情有独钟了。

1954年，我只有五岁，在香港常常挨饿。十六年后的今天，坐在伯克利的讲堂上，我仍然饥饿，意义却不同了。我狼吞虎咽的乃是数学的知识，渴望饱足之后，可以用来克服数学上的一些大难题。

在伯克利图书馆疯狂阅读时，我查阅了所有能找到的和里奇曲率有关的书。开始时，欧金尼奥·卡拉比的名字并没有出现，我亦对他的工作一无所知。但不久之后，我就在里奇曲率的文献中看到有关他的资料，并在1954年一次会议的论文合集之中，看到了这个猜想。

心弦一下子响起了共鸣。我相信要了解里奇曲率和它在几何上的作用，关键就在卡拉比猜想。无论猜想是对是错，其答案都足以揭开里奇曲率神秘的面纱。我甚至相信，更广泛地，这个问题如果不能解决，其他一大堆在几何中有关曲率的问题就不用看了。

在高维空间中可以定义多种不同的曲率。在这些曲率之中，里奇曲率算是最神秘难测的。纵使半个世纪之前，里奇曲率在爱因斯坦的理论中早已举足轻重，可是几十年过去了，人们对这种曲率依然所知不多。

卡拉比猜想吸引我，一半是出于对里奇曲率本身的兴趣，另一半是因它和广义相对论有关。只要能找到适当的方法，我感到似乎能更进一步，就如在普雷斯曼定理的情形中一样。然而，我从一开始就很清楚，这并不是个一朝一夕就能完成的项目，不能奢想在学校假期当中就能歼灭它。要证明这个猜想，需要按部就班，耐心地先打好基础。

在此期间，作为一年级的研究生还有一些更迫切的事情要做。第一件便是博士资格考试，1970年初我便参加了。那是个口试，分为三部分：几何和拓扑、分析和微分方程、代数和数论。拓扑考试由埃默里·托马斯（Emery Thomas）和艾伦·温斯坦（Alan Weinstein）两位教授负责。托马斯开始时问了一些颇容易的拓扑问题，我都答了；再后来便是比较刁钻的题目，其中有一些，老实说我应当直接答不懂的，我却随便瞎答。温斯坦和托马斯相似，以一些简单的几何问题开始，一切非常顺利，然后问题便集中在一些定理的特殊情况上。我答得并不好，结果得了个B+。虽然没有什么值得炫耀，但也算可以了。

分析和微分方程由莫里和哈斯克尔·罗森塔尔（Haskell Rosenthal）负责，我的表现比第一次好，结果拿了个A。最后考代数和数论，这两个科目并没有花多少时间准备，但不知怎的，三位主考教授曼纽尔·布卢姆（Manuel Blum）、莱斯特·杜宾斯（Lester Dubins）和亚伯拉罕·赛登贝格（Abraham Seidenberg）都觉得答得出色，竟给了A+。不无讽刺地，这次考试的成绩和我后来工作的成绩刚好反过来。无论如何，这是个值得高兴的消息。我通过了资格考试，跨越了前进的一大障碍。

差不多同时，数学系决定把我的奖学金延长一年，这是系方最慷慨的做法了。对于需要按时把一半奖学金寄给母亲的我来说，真是大大松了一口气。由于没有绿卡，不能从美国国家科学基金中得到任何资助，因此我只能依靠这个奖学金，现在能继续下去，非常感恩。

接着要做的事，便是准备写论文和找论文的指导老师了。我跟莫里的关系一直很密切，春季学期快结束时，他问我有没有兴趣做他的学生。1970年6月，陈省身放完年假回来，我找他谈了一下，最后决定做他的弟子。当时我已很清楚自己最喜欢的乃是几何学，自然应当拜世界级的几何学家为师。

在这期间，莫里的健康出了问题。不出一年，出现了帕金森病的症状，病情急剧地变坏。亲眼看见一位卓有成就的学者一天一天地衰弱，我心里难受得很。

选择陈先生当导师后没过多久，便能感到身处系内强势的一群之中。大家公认陈省身是当代华裔中首屈一指的数学大师。他对数学的贡献很大，其中最著名者为陈类的创造。陈类是把流形分类的一种方法。所谓流形，是指一类拓扑空间，它们犹如地球的表面，站在每一点游目四顾，周边都是平的一样。陈先生是1960年到伯克利的，之前在芝加哥大学十一年。他到来后，伯克利的拓扑和几何都得到加强，数学系的招牌已在全世界响当当了。

陈先生不仅在数学上卓有成就，也擅于经营人际关系。他喜欢酬酢，不时在家宴客。陈师母乃烹饪能手，做的中国菜很有名。成为陈先生的弟子后，我被吸纳进了他的社交圈子之中。

陈府地处埃尔塞里托山上，在伯克利的北面，可以远眺旧金山海湾和金门大桥，非常壮观。陈先生甚至雇了园丁替他料理花草，花园收拾得漂漂亮亮。我与其他教员和学生好几次上他家出席晚宴或派对，有两位三十出头的年轻教授是常客，他们是拓扑学的项武义和几何学的伍鸿熙，代数学者林节玄不时也会出席。

陈先生华丽的居所令人羡慕，但很快我便要回到现实中伯克利市区残旧的居所了。夏天临近时，室友要搬走了。这时幸运之神降临了。我在仅仅和校园一街之隔的欧几里得街找到一个单人公寓，月租只需九十美元。尤有甚者，中大同学郑绍远夏天就来伯克利念数学了，也在找落脚的地方。他6月到埠后，我们便住在一起。公寓不大，仅仅可容两人凑合，但方便得很。唯一的缺点就是它在酒吧的楼上，到了晚上尤其是周末会很吵闹。不过我们当时年轻，丝毫不当一回事。

对付声浪的良方是晚些上床，到凌晨四时才睡，其间聊天、看书或做数学。我不像原来那样早睡早起了，不再不停地上课了，故此影响不大。孔夫子如果知道我不再整天学习，或许会有点儿失望。我抽时间多思考整个数学，在千头万绪的可能性中应如何向前走，这样做使我看到了新的方向。

总结一下，去年发表了两篇论文可说是个不错的开始，然而把群论用于几何，还是几何用于群论，无论哪一条路都不会走得多远。几何的天空应该更为宽广，一个大有作为的方向是复几何，它研究的对象是能用复数坐标描述的空间或流形。复数具有实和虚两部分，虚指$\sqrt{-1}$的倍数。我参加了由小林昭七教授负责的复几何研讨班，他鼓励我攻读德国数学家弗里德里希·希策布鲁赫的著作《代数几何中的拓扑方法》，这本书对我的影响极大。我独个儿研读它，完全浸淫其中。有趣的是，我是从这书而非从我的论文导师那里认识陈类的。

希策布鲁赫的书和相关的论文读得愈多，就愈觉得这科目的层次甚丰，使人愈走愈深入，同时也看到它非常宽广，和很多数学领域都有本质上的联系，给我提供了向四周探索的可能性。我开始殷切地寻找可供研究的题目。我亦跟陈师说了，希望能聚焦在复几何而非初来时的泛函分析上。

陈先生似乎赞同我的意见，但没有很明确地表示出来。可是到了1970年8月他从普林斯顿回来，情况就不同了，他戏剧性地提议我改变方向。普林斯顿的安德雷·韦依（André Weil）是声望极高的数学家，陈师在那里跟他谈了一次，十分兴奋。韦依指出，当前数学的发展，已使数论上著名的黎曼猜想变得只有一步之遥了。1859年黎曼提出了他的猜想，用以解释质数不依常规的分布。伟大的黎曼三十九岁就英年早逝，他没有给出答案。超过一个世纪之后，人们还不知这猜想的对错。

陈先生期望我能破解它。我正急于定下论文的题目，陈先生催促我立时开始工作。毫无疑问，这是个极具挑战性的难题。出于个人的品味，我对几何问题的兴趣远比对解析数论的大。研究大问题往往要花上几年时间才能取得进展，必须靠激情始能坚持下去，因此我不为黎曼猜想所动。也许我的本能反应是对的，黎曼猜想至今尚未破解。

而且那时候，我的心早已被卡拉比猜想占领了。这是很难解释的，就如世上美女千千万万，但只有一个，即八个月前在伯克利数学图书馆邂逅的那位，才刻骨铭心。我对卡拉比猜想也有如此的感觉。但我心知这是个长远的计划，不能以它作为博士论文的题目，因此还需另找一个比较能轻松应付的题目。

不到一个月，幸运之神再次眷顾。陈先生让我就发表在《数学年刊》上有关普雷斯曼工作的文章做报告。报告很顺利，会后陈先生征询了其他人的意见，反应都很好，他断定这足以作为我的博士论文了。我不肯定他有无详细地把文章看一遍，那不是他的领域，群论并非他熟识的东西。事实上，几何学者中懂得群论的寥寥可数，沃尔夫是个例外，他顺理成章成为我论文答辩委员会的一员。劳森也在里面，委员会规定要有一位非数学系的人，陈先生请了工程学院的王佑曾做委员。

陈先生让我用他办公室里的打字机打论文，1971年初文章打好了。在他办公室工作附带有一好处，陈先生在微分几何界的地位崇高，世界各地的学者纷纷把文稿寄来。他让我过目，遇见有兴趣的则存副本，特别有兴趣的则在他的研讨班上讨论。我留存了不少这些论文，有的至今读来还饶有兴味。

论文打完后影印了几份，任务就差不多完成了。不用与委员会见面，也不需回答问题，那就行了。那应该是欢欣鼓舞的时刻，拿到博士学位并不是每天都可以遇到的事。但有几件事给这喜事蒙上了阴影。

我对研究生的日子如此短促也若有所失。两年的时间太短了，还有很多东西希望学习呢。但当老板说你可以升职了，你最好不要反对，说想留在原位。除了顺势而为外，就别无其他选择了；况且，我也希望尽快多赚点钱养家。

把镜头往回推，我略过了说1970年秋直到次年，意外地给牵扯入某个事件的事情。我和一群海外中国学生参加了保卫钓鱼岛的示威活动。当时，日本军国主义（和支持它的美国）对中国的挑衅侵略行为，激起了全美国包括伯克利中国留学生的反对。我们被激怒了。大部分当时在美国的留学生，连我在内，都没有试过示威，但我们可以向美国学生的反越战示威学习。我强烈地相信，我们为中国站起来，中国自己也会站起来；我们更尊敬祖国，其他国家也会尊敬中国。

1971年4月9日，我们在朴茨茅斯广场集合，那是在旧金山唐人街中心的小公园，很多相识的人都来了。在这类场合，人们一般都会花不少时间在站立和等候上。我通常都带上一本书，这次拿了莫里有关微分方程的著作，但并无机会看。一批被收买的当地恶少前来冲散示威者。相识的一个香港同学叫余经昌的，一开始就被打倒在地，很多人都受了伤。但我们仍然坚持游行。后来有些学生成了全职的示威者。我没有这样做，但和去年相比，花在数学上的时间确实是少了。

就在这时候，陈先生生病住院一个月，我和一群中国学生去医院探望他，却对他讲的一番话感到愕然。他并不赞成我们政治上的行动。虽然他和杨振宁等知名人士联署了一封信，刊登在《纽约时报》上，内容和游行学生所说的大同小异，但他劝我们立刻停止行动。他说："人生不外名与利，学生运动两者皆不达。"

这和我理解数学的目的大异其趣。数学的研求乃是追求并发现心仪领域中蕴藏的真和美，这是父亲自童年开始的反复教诲。和陈先生的对答，令我想起十岁时父亲教授的《五柳先生传》。五柳先生住在“环堵萧然，不蔽风日”的破屋子里，屋外五棵柳树围绕，因以为号。他“短褐穿结，箪瓢屡空”，却安然自得。他好读书，有时连吃饭也忘记了。他忘怀得失，“常著文章自娱，颇示己志”。

在那一刻我理解到，即使陈先生和我的价值观并不相同，但我也可以从他身上学到许多东西，当然也要正确地看待他或其他人的意见。我相信他是为我着想，可是说到底，我还是要依靠父亲的教导立身处世。

我仍然是个研究生，我的导师帮了我许多忙，对我也很好。部分出于感恩，况且知道他的人生经验丰富，他叫我做什么我都会依从。1971年暑期时，陈先生让我开一门投影几何学的课，他认为毕业时有点教学经验是有用的。

班上约有三十人，纪律很好。林节玄给了我一些讲义，我很快便上手了。问题是学生听不懂我浓重的口音，其中一个还跑到系主任和院长那里投诉。陈先生一下子紧张起来，叫伍鸿熙来看看。伍说我的教学可以，但口音确实是个问题。幸好过了不久，班上习惯了，就连那个投诉我的学生也到系主任和院长那里改口说我是好老师。从那时起，情况慢慢好起来了。

我开始找工作了。陈先生提议我去纽约长岛的石溪大学看看，他认为到另一所大学访问对我有好处。他找到石溪数学系的系主任吉姆·西蒙斯资助这次访问。当时劳森也在那里，石溪正想聘请他。

1971年3月我到了石溪，住在劳森家中。劳森让我睡沙发，但这样不方便，因此不久我便搬到宿舍去。在宿舍碰到一些台湾的学生，他们对台湾的政治形势极度失望，有不少学生想去中国大陆发展。我同时也去了哥伦比亚大学。当时伯克利的学生领袖先是搞钓鱼岛运动，其后更扩大到一般的中国学生政治运动，他们请我跟纽约的学生领袖接头。我惊讶地发现，哥伦比亚的学生小组就伯克利没有跟他们协议便采取行动十分不满，他们的立场和我的想法完全不一样，我一时之间无言以对。

回到伯克利后，学生运动还在继续，但纽约那些活跃分子就再不理睬我们了。对我来说，找工作才是头等大事，我的奖学金已快完结了。我申请了六间学校：普林斯顿高等研究院、哈佛、麻省理工、普林斯顿、石溪和耶鲁。运气不错，六间大学都愿意聘我，其中以哈佛的年薪最为慷慨。年薪1.45万美元的助理教授，当时算是很不错了。其他的在1.4万美元左右，只有高研院只给我6400美元一年的奖学金。

我向陈先生请教何去何从。他说："每个人在事业生涯中总要去一次高研院，你也不例外。"他到访高研院不知多少次，从1943年到1945年，他在那里完成了一生最辉煌的工作。我听从他的意见，也不再问下去。我没有告诉他高研院的薪酬比其他学校的一半还少。虽然金钱需要考虑，但正如五柳先生说的，它并不是一切，做人要看远些。我会在高研院的一年尽力工作和学习，然后再找更理想的位置。

但在离开伯克利前，还有件刻不容缓的事情要做，那就是去认识一年半前在图书馆相遇的女子，我对她一直念念不忘。我曾在物理大楼参加研讨会时见过她，但始终未交谈过。我向物理系一位来自香港的朋友打探，终于知道了她名字。友云，听起来多么可爱，就像在电影《西区故事》中托尼第一次听到玛利亚的名字时的感觉，幸好当时我没有忘情地唱起来。

友人和我安排了一次数学和物理研究生的晚饭聚会，他负责请她来。起初他稍稍犹豫，或许他对她也有意思吧，但最后还是请了。有三四个数学系的研究生来了，物理系的人数也相当，大家坐在同一桌，我终于"正式"认识友云。假如她愿意，我可以开始约会她。我们只有六个星期相互了解，然后就会毕业，各奔东西。我必须充分地掌握时间，还要克服一些障碍。

项武义是系里的年轻教授，陈先生很喜欢他。有次他请我到他家出席隆重晚宴，开始时并不知道那是有所图的，他打算将他太太的亲戚介绍给我。当我知道后，便开诚布公对他说我心中另有所属。项武义很失望，当然此乃人之常情。

我知他是一番好意，但这些事情也不是能敷衍以对的。几年后我从一些日本数学家口中得知小平邦彦的故事，小平是日本首位菲尔兹奖的得主。他们有位朋友是小平的学生，小平要这位出色的年轻人迎娶他的女儿。那学生心想如果拒绝的话，必定会触怒大师，于是只好乖乖答应，成为小平的东床快婿了。

不久之后，我搬到东岸去。武义的兄长项武忠是耶鲁的数学教授，后来转到普林斯顿去。他请我吃晚饭，到了晚饭时才知道他夫妇想撮合我和他们的一个亲戚，当我告诉他们我心中已有人时，他和武义一样显得很失望。从一方面看，能够受邀结识某人的亲友，从而发展一段浪漫的关系，自是受宠若惊之事，但事情如此了结，使项氏兄弟不悦，似为未来之麻烦定了基调。

回到1971年6月，我拿了数学博士，而友云则拿了物理学博士。陈先生写了封信给香港中文大学，说我已经在伯克利拿了博士学位，鉴于我从来没有在中文大学拿个本科学位，大学能否考虑授予一个荣誉学位呢？中大否决了，但他们把这件事放在心上。十年后，即1980年，我终于拿到了中大的荣誉博士学位。这十年之间发生的事情不少，我差不多已忘了陈先生的信。

1971年夏天，友云和我争取时间，在毕业之前相聚。阴差阳错地，我们奔赴从地理而言相反的方向。她和母亲开车直接到圣迭戈，那里有份博士后工作在等她，而我则往近五千公里外的高研院开始新的工作。我们不知将来会如何，只是答应保持联络。两个相识不久的人，正要到美国的两端，各为自己的事业奋斗。前景一片迷茫，故而只能如此。

第四章　仰望卡峰

穹苍广而善美兮，何天理之悠悠。
先哲思而念远兮，奚术算之久留。
形与美之交接兮，心与物之融流。
临新纪以展望兮，翼四力以真求。

——《几何颂》选句，2002年

1971年，我二十二岁，从伯克利毕业，人生突然发生了重大的变化。从1954年五岁开始，我一直在上学；但到了这一刻，我再不是学生了。换言之，是时候独立生活，自己决定要走的路，而不是只为满足父母和老师的期望了。

普林斯顿高等研究院是这趟人生旅程的出发点。虽然在金钱上做了些牺牲，但还是要感谢陈师的点拨。高研院是世界著名的研究机构，是爱因斯坦度过他人生最后二十年的地方，围绕着它有不少世界级的研究所。高研院建于1930年，旨在让学者不受干扰，自由地从事研究，为学问而学问，不用为有没有实际的应用操心。1939年在《哈珀杂志》的一篇文章中，首任所长亚伯拉罕·弗莱克斯纳（Abraham Flexner）指出，对看来“无用知识”的追求，会出乎意料地成为“超乎梦想之应用”的源泉。

我十分欣赏这种理念，而自己亦早就有了追寻的目标。从表面上看，它的确没有什么实际的用途，但我感到这项工作也许长远来说会有其用；不仅对我而言，对别人也如此。我亦深知必须大量吸收知识，才能有机会把这看来无用的工作，转变为弗莱克斯纳所谓的终究有用的东西。

加州多山，太平洋沿岸的山脉一直延伸至伯克利校园。与之相反，普林斯顿乃一片平原。在新泽西州肥沃的内陆平原，连起伏的小丘都没有，更别说山峦了。然而，我却能感受到一座山峰豹隐其中，静候我攀登，我称之为"卡拉比峰"。我深知登山的第一步已不容易，首先要花些时间确定一条可行的路线，然后找工具在石头表面刻上记号。我考虑的崭新办法是把几何和非线性偏微分方程式结合起来，现在这办法通称为几何分析。其中需要面对的，是求解一系列前人未解过的微分方程式，我需要时间、毅力和大量的运气。直至准备工作通通完成前，我都不会贸然攻顶。然而，我不会忘记这个山峰，它时时刻刻都在脑海中浮现，从未远离。

高研院是个很棒的地方，差不多每晚大家都在一起吃饭，所以时常能碰上有趣的人物，聊聊数学或其他大家关注的话题。总而言之，数学家讲行内话不会被打断，故此不时有所收获。

大部分来高研院的人都和我一样怀着相同的目的，就是为了和别人做思想的交流，并探究自己感到有趣的想法。其中一位常与之讨论的，便是年轻的几何学家奈杰尔·希钦（Nigel Hitchin）。比我大不了几岁的他从牛津取得博士学位，曾当过世界著名数学家迈克尔·阿提耶（Michael Atiyah）的助手。

卡拉比猜想是我们经常讨论的话题。卡拉比曾提出构造一大类具有某些几何特质的流形的方法，而这种流形至今连一个也找不到。假设发现了一颗新的行星，科学家很快便提出一个在行星上开采金子的详细计划。在一颗金原子也没有看见的时候，便说出了矿石要从哪里开掘，蕴藏量又有多少，等等，对此一笑置之是最自然的反应。而这正是许多人，包括希钦和我，都觉得卡拉比猜想“好到难以置信”的原因。

不过，光想想猜想的内容和它断言存在的神奇空间也蛮有趣味。那时，我认真地只想如何去推翻它。我采用的方法，其思维模式如下：假设卡拉比猜想为真，则它的几项推理（符合逻辑推演出来的后果）必须为真。故此，只要说明这几项推理中有一项为假，即是说，找到一个“反例”，那么这个猜想就不可能为真了。知易行难，但毕竟这是一个最简捷、最直接的做法，这种处理的方法叫“反证法”。即是说，假设某一命题为真，由此推出某些结论，然后证明这些结论是不对的，于是矛盾便出现了，由此知原来的命题为假。

那年来高研院访问的学者中不乏高明之士。代数几何学家戴维·吉泽克尔（David Gieseker）来自加州大学洛杉矶分校（UCLA），他精通代数几何，我十分留意他的想法，也常常记得讨论的内容，即使多年后，他的看法仍然影响我的工作。后来总结，这些对谈的机会，正是我到访高研院这类地方的主要因由，我想其他人也会有和我相同的经验吧。

和远方来的访客交流，尤其有兴味。例如，我就喜欢和日本数学家新谷卓郎在一起，他的公寓就在我的上一层。我从他那儿学习数论，他后来引入了新谷函数，那是黎曼函数的推广，和著名的黎曼猜想有解不开的关系，陈先生曾提议我就这猜想写博士论文。

新谷下了决心要在普林斯顿学习驾驶，奈何事与愿违，他先后三次考试过不了关。本人的驾驶技术也稀松平常，帮不了他，只能当反面教材，并不能做示范。九年之后，消息传来，三十七岁的新谷正当盛年，声誉日隆之际，竟然结束了自己的生命，我简直呆了。我们没有联络已久，因此不知道是什么令他走上绝路。我只能说，1971年在普林斯顿的新谷卓郎，是个充满活力的小伙子，到处给人带来欢乐。

我也认识了林秉芬，他在耶鲁取得博士学位，现在是马斯顿·莫尔斯（Marston Morse）的研究助理。莫尔斯在高研院德高望重，他以1930年代创立的莫尔斯理论闻名于世。这理论是一套把拓扑空间分类的全新方法，要点在于考虑离散的所谓“临界点”或过渡点，即空间形状急剧变化之处。我从约翰·米尔诺的书《莫尔斯理论》中学到很多关于这理论的内容。很惊讶莫尔斯本人非常

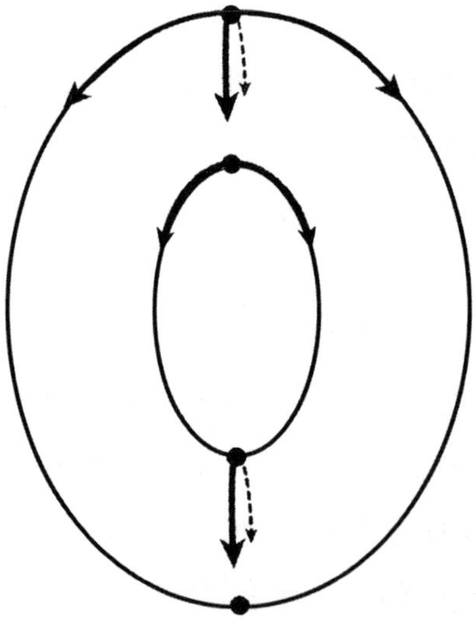

试以竖立的车胎或甜甜圈为例，说明莫尔斯理论如何界定流形。根据理论，甜甜圈共有四个临界点，最高点即“极大”，高度沿两个独立（互相垂直）的方向减小，莫氏指标为2。次高点为上方的鞍点，其指标为1，因高度只沿一个方向减小（此方向选定后，高度沿所有垂直于此方向的方向增加）。下方的鞍点，类似上方的鞍点，指标为1。最低点即“极小”，沿任何方向高度都增加，指标为0。因此甜甜圈从拓扑上可用“2, 1, 1, 0”这组数字来描述。

讨厌这本书和它的书名，说它应该叫《极限点理论》才对。传说莫尔斯收到这本书后，随即把它撕烂并扔进垃圾箱，他认为只有自己才配写这题目的书。这种反应好像过激了一点。但我个人对莫尔斯倒没有什么看法，他和他的夫人都挺和善。为了保持良好的关系，以免他发怒，我小心翼翼地不让他知道，我是多么喜爱米尔诺的书，并且从那儿学到不少几何知识呢。

在高研院的日子，我从事研究，参加各式各样的研讨会，并且在各种场合和其他学者交流。此外，我还联系上一群关心中国的人。钓鱼岛事件触发了学生运动，但这时运动已渐趋沉寂。当时有一批人还想继续下去，虽然其中很多人已不再是学生，但激情仍在，还想搞活动。

物理学者沈平来高研院访问，数学学者莫宗坚也从普渡大学来了，大家都在一起讨论。前面提过的项武忠也来了，他是和我同一年到高研院的。他似乎有一种与生俱来的能耐，不用刻意做就能冒犯别人。我也是他这种“天赋”的受害者，不过我不会放在心上。项太太却是十分和气的人，她不断补救丈夫的过失，纵然如此，在下认为她只有部分成功而已。

这些聚会对我来说有一个好处，就是能让我常常以中文交谈。我们大部分时间在讨论《毛主席语录》。我希望进一步了解毛主席和他的著作，之前我并无太多的机会细阅。

讨论由物理系研究生胡比乐带头，大家实在无法提问，或者进一步探讨，除了议论去哪间中国餐馆吃饭。但普林斯顿真的没有什么好的中餐馆。一间藏身在超市的食铺夸口说，杨振宁和李政道两位诺贝尔物理学奖得主都是他家的常客，虽然名气是够响了，但我仍然不喜其食物。

有时我们跑到纽约碰运气，虽然也没能找到很出色的，但在没有上千也有过百家中餐馆的纽约，总可以找到一些能满足大家的地方。

1971年7月，尼克松总统宣布次年2月访问中国，这是1949年以来，首次有美国总统到访。中国看来要逐渐开放了，沈平和莫宗坚都说要回国服务了。很多人都劝说沈平和他太太不要这样做，沈太太正身怀六甲，回国后，购置必需用品不像在美国那么容易。也有人戏谑地逗他们说：你们怎能习惯那边的蹲厕呢！

无论是出于什么原因，沈平夫妇留了下来，在二十多年后搬到了香港。但另一方面，莫宗坚不理会众人苦苦劝告，1972年他回国了。他把所有家当都丢在美国，就连车子也是，他要平价卖掉却一时之间找不到买家。可是半年后，他就决定跑回来。或者他和其他人一样，被当时贫困的生活环境，还有微薄的收入惊醒了美梦。很不幸，那时在美国找事情也不容易。项武忠打电话给宗坚的论文导师舒里南·阿比安卡尔（Shreeram Abhyankar），帮助他把原来的职位找回来，因此项跟我说他是莫宗坚的衣食父母。谢谢老天，我听人家说，他的车子还停在那个地方，车身安然无恙，汽油和轮毂盖还在呢。

我并没有将全部时间花在卡拉比猜想上，我爱同时兼顾不同的研究计划。在高研院那年，我开始从事“极小曲面”的研究。简略言之，极小曲面即是蒙在已知闭曲线上具有最小面积的曲面。你将一个圆形的铁线圈放进肥皂水盆中，然后拿出来，形成的水泡膜就是极小的面。它具有最小的表面积，同时平均曲率为0，即是平坦的。

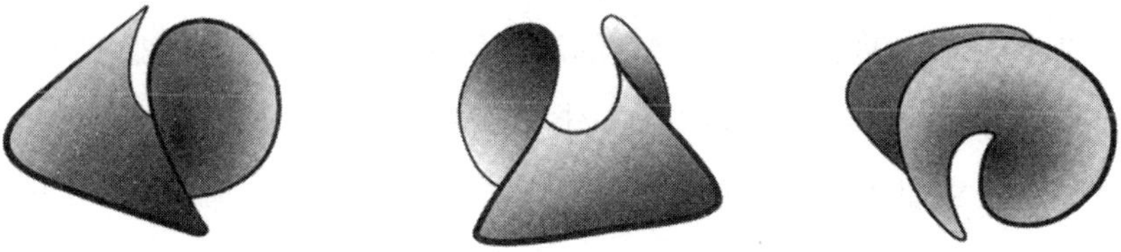

约瑟夫·普拉托断言任何空间中的简单闭曲线，皆可以蒙上一个具有最小面积的“极小曲面”。图中的最小曲面叫恩内佩尔曲面，以德国数学家艾尔弗雷德·恩内佩尔（Alfred Enneper）命名。（原图引自格拉纳达大学弗朗西斯科·马丁）

这个题目深具发展的潜力，尤其是几何分析中的新手法将会派上大用场。当时，人们主要用分析的角度看这问题，而几何学者则聚焦于问题的几何性质，两者就如站在大山的对面，看到全然不同的景象。我想把两者融汇起来，虽然前人早就有了少量偶然的尝试，我却想从事大规模而有系统的探究。

极小曲面的研究，至少要追溯至18世纪意大利数学家约瑟夫-路易·拉格朗日（Joseph-Louis Lagrange），以及19世纪比利时物理学家约瑟夫·普拉托（Joseph Plateau）。经过多次利用肥皂泡进行实验后，普拉托提出，任何一条简单的闭曲线，都可以蒙上一个极小曲面。这个著名的猜想，一直到了1930年才被破解。

但这个领域之中，尚有不少有趣的、悬而未决的问题。就如微分法能帮助我们找到在曲面上两点之间的最短路径，它也能决定蒙在一既定闭曲线上的最小面积的曲面。由此可见，几何分析能很好地套用于极小曲面的问题上。我在高研院期间，前后在这问题上写了好几篇文章。

高研院的学年很短，到4月就结束了。日子过得很快，到了1971年12月，即还剩下几个月的薪资可发时，我就要开始找明年的工作了。高研院提议我多留一年，那是很不寻常的。深感荣幸之余，我还是谢绝了他们的好意，原因来自签证。当时拿的是专门给学生的临时F1（非移民）签证，可是要在美国永久居住和工作，我必须拿到绿卡。没有绿卡，我会被驱逐出境，遣送回香港。从研究的角度看，这将会是大大的倒退。当时香港的研究环境，跟美国不可同日而语，两年前我抓紧机会负笈伯克利，也是同一原因。

可是另一方面，如果有了绿卡，我便要服兵役了。当时越战尚在进行，友人杨健平正在伯克利攻读博士。他说从我的生日看，很可能要应征入伍。我不肯定他知道自己在说什么，但这可能性使我担忧。这场战争与我无关，而我也不知它有何意义，反正它不要惹我。我在伯克利听过学生无数次高喊："滚，我们不会去！"这影像反复在脑海浮现。虽然没有和他们携手游行，但我和他们感同身受。

吉姆·西蒙斯当时仍掌舵石溪大学的数学系，他答应替我办好居留的问题，因此我决定1972年到那里任助理教授。后来事情的发展使问题自然而然地解决了。1972年后期，美国取消了越南的兵役，但我已经跟石溪签了约，于是我去了石溪。

到了4月，我在高研院的工作完结了。我把家当留在专为访问学者而设的储物区后，便飞返加州和友云在一起。当时她仍然在加州大学圣迭戈分校(UCSD)当博士后。我租了酒店的房间,当时房租并不算贵。她有闲时,我们便到海边散步。她说我的驾驶技术不行,想法子助我改善,但是进步不大。她有工作在身时,我便跑到UCSD的数学系,和那里的几何学者特德·弗兰克尔(Ted Frankel)和利昂·格林(Leon Green)等人聊天,就这样在圣迭戈待了大约一个月。然后我跟友云道别,跑回伯克利探望陈先生和郑绍远,之后便飞回普林斯顿,收拾行装,起程前往纽约。

石溪在长岛的北岸,纽约市东约九十公里。林秉芬开车从高研院送我去石溪,我把所有东西都塞进一部小型拖车,然后系上他的车。我们的路线要经过曼哈顿,秉芬说经过纽约,怎可能不去唐人街,于是我们便去了。拖车在拥挤的街道驶行,找地方停车,然后挪入狭窄的空间等并非易事,但都很好玩,也是一次令人回味的送行。

到石溪后,我打算住在校外,因此不能没有车子。托尼·菲利普斯(Tony Phillips)到现在仍在石溪,他帮我找一部旧车。我们在丹尼斯·沙利文(Dennis Sullivan,他从麻省理工来访)的陪同下,开车走了好远,才找到一部旧的大众方背(Volkswagen Squareback),车主开价八百美元。车子看来不错,但很快就不是了;第二天我在停车场内倒车,结果撞上石柱,把车尾碰坏了。这时想起友云的话,她是对的,我的确要学好驾驶。

石溪没有什么可观的地方,文化气息欠奉,有的只是吸引游客的景点。除了一个商场、几间店铺和餐厅外,就乏善可陈。好处是方圆之内,没有什么足以分心之处,是以能专心致志于数学。

我在校园不远之处租了个一室的公寓。为了省钱，我把一半分租给一个从香港来的留学生，他就睡在沙发上。我们一起煮食，但就如在伯克利的情况一样，只能维持一段短短的日子。我的烹调技术几年来并无寸进，东西如此难吃，同屋只好取而代之，或者他视此为求生而迫不得已的行动吧。

饭我倒是能煮的，甚至有一个专用的电饭煲。每天煮饭吃，是那些日子中省钱的做法。西蒙斯后来在投资基金上赚了数百亿，当时已经在股票市场上斩获不少。他不时善意地开玩笑，取笑我的节俭。他常笑说："看看丘，又回家做饭喽。"

1972年底，陈先生在休假期间，来到纽约大学的柯朗研究所访问。有一天他来石溪看望杨振宁。诺贝尔奖得主杨振宁是石溪引入的第一位巨头，担任爱因斯坦讲席教授。他是1967年到任的，不久便成为新成立的理论物理所的首任所长。我早闻其大名，但一直到1972年才在石溪见到他。

陈先生也来看望西蒙斯，他们合作的陈-西蒙斯理论对拓扑学颇有影响，同时也和量子物理有关。我开车接送陈先生，谢天谢地，我的驾驶技术到这时已提升了不少。

星期五下午四时，杨振宁做了一系列关于基本物理的公众演讲。和我一起听讲的有数学家霍华德·加兰（Howard Garland），他是石溪的教授，比我早几年在陈先生手下拿到博士学位。受到杨振宁演讲的感召，他大为兴奋，竟然问陈先生他可否转攻物理。答曰为时已晚，无论好坏，今后他都只能与数学为伍了。加兰遵从老师的话，没有转行，最终成为一位不错的数学家，以在数学和物理之间领域的工作为乐。

我在石溪教书，第一门课是初等微积分。和在伯克利当研究生时的遭遇一样，我又面对了同样的困难，我的口音太重，学生听不明白。第一个星期之后，班上的人数剧减，有的退选了，有的转到其他组别去。到了最后，原来四十人的班，只有四个留下来。虽然如此，这四个学生到了期终考试，成绩都好到不得了，他们高兴地请我吃晚饭以示庆祝。经历这次磨炼后，我算是通过教学的测试了。

那年，年轻的学者莱因哈德·舒尔茨（Reinhard Schultz）来石溪做了一次演讲。他刚在美国数学学会的杂志上发表了一篇论文，证明了一个十维的“怪球”必然拥有某种“连续”的对称。怪球在拓扑的意义下等同于一般所谓的同维数的球面，但在更严苛的要求即“微分同胚”的意义下却不等同。所谓“连续对称”则可以用圆来说明，维持圆心不变而转动圆5°、37°或489°，圆形都不会改变，这便是连续的对称，舒尔茨在怪球上找到的便是这类。而对一正方形而言，如转动90°或其倍数，正方形的形状不会改变，但如转动45°的话，形状就变了，其中一角会成了尖顶，就像棒球场的内场一样。是以正方形在连续的转动下不对称。

一般而言，我不会留意舒尔茨这类文章，只不过项武忠前一年在高研院曾跟我说过，他找到一个不具备圆对称的十维怪球。虽然论文尚未发表，但他高度赞扬这成果，说它将流传后世，余生也不需要再做什么了。舒尔茨接着发表了两篇与此有关的文章，证明了圆对称的存在。他的证明直接明白，看来是对的，我想项武忠或许也同意吧，只不过他的文章从来没见发表。

这件事激起了我的兴趣。记得希钦拿了博士后的第一篇论文就是有关十维怪球的，我把希钦的结果应用到上述的问题上，证明了虽然怪球容纳连续的圆对称，却无连续的球面对称。我拿结果和当时也在石溪的劳森讨论，他提出了一些重要的意见，我们把所得汇合成一篇文章。这篇文章对我来说具有特殊的意义，是我首次把几何（具体来说是曲率）用于证明微分拓扑中的结果。其后我更利用卡拉比猜想，那是几何上的构造，去证明拓扑学上的结果。与劳森合作的这篇论文，可说是这方面工作的开端，部分是受项武忠启发的。

在石溪时，我仍然在卡拉比猜想上用功，时而代以其他题目，尤其是极小曲面，当然还有教学上的任务。法国的让-皮埃尔·布吉尼翁1972年到1973年间在石溪访问，我们试用不同的方法去构造卡拉比猜想的反例。别忘了，一个千真万确的反例便足以证明猜想不正确。

工作似乎进展得颇为顺利，到纽约看陈先生时，我说差不多找到一个反例了。起初，他好像不明白我在说什么。经进一步解释后，他对这些进展或可能的进展，并没有表露丝毫兴奋之情。他的反应如此冷淡，令我印象深刻。刚刚看到卡拉比猜想时，我正在伯克利的数学图书馆看书，这个问题立时把我抓住了，我有一种强烈的意愿，不管它对不对都要把它解决，我无法抽身离去。陈先生明显无此感觉，他有他自己的兴趣，自己关心的东西，但不知是何原因，他对这问题始终提不起兴趣。

我总觉得，从莫里那里学来的分析技巧，对破解卡拉比猜想会有很大的价值。在卡拉比猜想中出现的方程式是一条异常非线性的方程，前一年在高研院和现在在石溪，我的首阶段重点乃是导出这方程解的“估计”(estimates)，这并不是件易事。方程的解并不是个别的数字，它们是函数。即是说，它们本身也是种方程，你输入一个数字，它便输出另一数字。在目前的情况下，我们并不期望方程具有精准的解，即如用一个公式把函数清清楚楚地表达出来。我们希望做到的，乃是找到某些近似解，或一些估计，通过一步步地把估计精准化，最后使这些近似解收敛于一个真正的解。

在研究某个重要的线性微分方程时，我得到了些估计，可以说是成功的开始，也是关键的一步。这种研究的路子，以后我继续用了四十年。其中有一个估计特别令我自豪，于是拿给柯朗所的路易斯·尼伦伯格看了，他是研究偏微分方程的权威。哪知他也对这估计感到陌生，为此我很高兴。以他在这方面渊博的知识也没有看过，那即是说，这是新的东西了。这个估计在几何分析的很多问题中都用上了，以后我花了不少时间来加强它的内容。

前面已提过，在石溪这年，我也下了功夫研究极小曲面，其中一篇分上下两部分的论文被《美国数学杂志》接纳发表了。我当时不认为这文章多么有价值，可它引起了某些人的注意，其中包括斯坦福的罗伯特·奥塞曼，他对极小曲面曾做过巨大的贡献。奥塞曼对这篇论文和其他的预印本印象深刻，他邀请我于次年，即1973—1974年度，到斯坦福去。

那好极了，斯坦福当时已经是著名的学府(现在也是)，而且我心仪的友云会在1973年的秋天到那里当博士后。我们已有两年身处美国的两端，她在圣迭戈，我在新泽西或纽约。我们终于有机会生活在同一海岸，实际上是同一校园。想到这，我不禁紧张起来，因为这是对我俩关系的考验。

到斯坦福去，还有个乘便之处，我正在准备参加一个在当地举行的微分几何的重要会议，时间是从1973年7月30日到8月17日，全世界重要的几何学者都会出席，当然我也不会错过这难得的机会。

汽车是加州文化的重要组成部分，正如海滩男孩乐队（the Beach Boys）的几首大热单曲所说的那样，《双门小轿车》（“Little Deuce Coupe”）、《我到处去》（“I Get Around”）、《在我车内》（“In My Car”）。在加州必须有一部车子，换言之，我要开着那部大众方背横跨美国了。以在下的驾驶往绩来看，这是个大胆的尝试。幸好，西蒙斯的研究生项文潮对微分几何有兴趣，他也想参加会议，自告奋勇说可以一起开车。由于缺乏经验，我跑到AAA（美国汽车协会）拿地图、买司机保险和旅行支票，但头几天旅行支票就丢失了，幸好AAA立即补发（这便是使用旅行支票的好处）。项和我选好了一条经过黄石公园和其他景点的路线，我们打算花两星期到达加州，中间有充裕的时间观光。

5月的某一天我们出发了，“看看美国”，正如狄娜·肖尔（Dinah Shore）在老雪佛兰歌曲中高唱的那样。对我而言，这是初次有幸欣赏美国的自然风光，在近五千公里的车程中，可以感受到美国有多大。车子安全地完成了任务，只是有次轮胎在某处泄了气，项替我换了它。

到斯坦福之前，我先绕道伯克利看望郑绍远。他刚结了婚，太太就是我们住在欧几里得街时的邻居。次日早上，我往数学系看伍鸿熙，中途被项武义招到他的办公室。为了迎合他的口味，我告诉他自己近期的工作，利用微分几何中的偏微分方程解决了一个拓扑问题。项武义不以为然，说结果显而易见，用拓扑的方法便足以证明。同样的偏见，曾出现在以后的研讨班中。那次陈先生让我主讲，主题便是用微分几何来解决纯粹拓扑的问题。当时听众有五十多人，大家聚精会神听我讲一个新的用微分几何研究群作用的理论。项武义站起来说，拓扑学者不需要几何学者来帮忙解拓扑问题。说罢，他就在陈先生和其他人的面前，拂袖而去。

于是，项武义在办公室的黑板上勾写他的做法，即如何不用几何去解决拓扑的问题，可是差不多过了一个钟头，还是没有找到头绪。他突然离开办公室，说要上洗手间去，可是过了大半个钟头，还没有回到办公室来。我只好和伍鸿熙吃饭去了，此后未闻项再谈此事。

抵达斯坦福时正值6月，即开会前的一个月，我租了一间在大学道的公寓，其实是某大宅的仆人宿舍，美中不足之处是它并无厨房。不久，陈先生和师母来看我，师母看见我把电煮炉放在洗手间旁边，便指着马桶开玩笑说，这叫作量入为出！

公寓的缺点我是知道的，但我仍然喜欢它。不久，我便跟邻家的华人夫妇和他们的子女混熟了。附带一提，他们的女儿后来嫁给了我的朋友陈启宗，他是香港商人，曾慷慨捐助哈佛和我筹划的几个亚洲数学计划。

奥塞曼安排给我的办公室在数学大楼的二楼，办公室不大，但位置很好，利昂·西蒙的办公室就在隔壁。西蒙来自澳大利亚，很快他便成了我的好友。他两年前才从阿德莱德大学取得博士学位，斯坦福的系主任戴维·吉尔巴格（David Gilbarg）独具慧眼，从遥远而不那么有名的大学中把他聘来了。西蒙和我一起担任一位刚来的研究生孙理察的指导老师，他只比我小一岁。正是适逢其会，西蒙和理察都是名副其实的具有原创性的数学家，和他们在一起可说是如虎添翼，我们三人合作无间，互相学习，采长补短。我深信以这小组为核心，紧密结合，不出数年，几何分析就会正式成为一门学科，而非一己迷恋的空想。

我很期待斯坦福的大会，那是一个真正国际性的大会，差不多所有做过一些和微分几何有关工作的人都会出席。陈先生和奥塞曼让我做两次报告，都是跟在高研院和石溪时做的极小曲面有关的。劳森则就我们关于怪球的工作做报告。在开会之前，很多事情都要想一想，为两个报告做准备，又看看劳森如何讲述我们的工作。

开会时，我听了芝加哥大学物理学家罗伯特·杰勒西（Robert Geroch）做的报告，留下深刻的印象。他说到了正质量猜想，这是广义相对论的命题，意谓每个孤立的系统，包括我们身处的宇宙，其总质量或总能量必须是正的。物理学者大都认为这是对的，但却无法验证之，杰勒西相信几何学者较具优势去证明它。在场绝大多数的几何学者对这问题兴趣不大，我却一听着迷。杰勒西的问题并非遥不可及，只因它能完全化为几何上的命题。即是说，当孤立的物理系统的物质密度为正时，则这系统源于重力的总质量为正。正的物质密度导至正的纯量曲率（scalar curvature，是曲率张量的一种平均值），而曲率正是几何学者一向重视的概念。我亦对曲率乐此不疲，故此随即思考极小曲面理论中的技巧能否用到这问题上。我把这问题好好记住了，几年之后果然有机会和理察一起研究它。

但在这次会上，发生了另一件令我一生难忘的事情。我跟好些人包括欧金尼奥·卡拉比、罗伯特·格林、路易斯·尼伦伯格、伍鸿熙等谈到几何时，对卡拉比猜想提出一些想法，我指出似乎可以构造出一两个典型的反例。消息一下子传开了，他们请我在晚饭后非正式地说一次。大约有三十人来了，包括卡拉比和他宾夕法尼亚大学的同事，房间里充满了期望，使我感到有点儿紧张，但我仍然充满信心。讲话进行了差不多一小时，过程很顺利，没有人找到论证中有什么漏洞，也没人刁难我的论据，而且我亦从容地回答了问题。

到了研讨会结束时，大家都觉得我已经推翻了卡拉比猜想，于是各自散去。卡拉比和陈先生都认为我找到个很好的反例，卡拉比一点也不失望，差不多悬在心上二十年的大石终于放下来了，他的心情顿时轻松了。陈先生则说这讲话是整个会议的高潮，我听后十分受用。

会议在8月中结束了。我可以安顿一下，并准备斯坦福秋季学期的来临。我继续与西蒙和理察合作，亦开始认识系内其他人。我结识了代数几何学者布鲁斯·本内特（Bruce Bennett），他是日本菲尔兹奖得主广中平佑的弟子，本身也有一定的成就。他身材高大，异常健硕，有次硬把洗手间的门拆了下来，原因并非冲动起来搞破坏，只是急着要上厕所而已。加罗·基雷米德津（Garo Kiremidjian）和我同是系里的后进，同样研究复流形，因此有过不少有用的讨论。

我亦花了不少时间跟钟开莱在一起。钟开莱是概率论的专家，他出生于上海，比我大差不多三十岁。他喜欢在帕罗奥多（Palo Alto）的公园散步，我也陪他走过几次。散步时，他每每提到老一辈数学家的奇闻逸事，其中包括陈省身和华罗庚的竞争。我长于聆听而不多言，因此跟他很合得来。

在这些故事中，钟开莱对华罗庚每多溢美之词，早年他曾随华学习，而对陈则没什么好话。从这些交谈之中，再加上后来的四处打听，我知道了陈、华不和的部分原因，他们的交恶对整个中国数学界都有负面的影响，对我个人而言亦复如是。

根据钟开莱讲的故事，华罗庚是别人眼中的天才。他生长在贫穷的家庭，没受过什么教育，光靠自学，竟破解了数学上好些难题。陈省身终究成就更大，但这是后来的事了。陈并没有经济上的困难，他父亲是个法官，但华的父亲只是个店员，家境并不富裕。1941年，国民政府成立了国家科学大奖，第一届的得主是郭沫若和华罗庚。这个奖类似于美国的国家科学奖，由国家领导人亲自颁发。当时两人住在一起，可以想象这是对陈的打击。随着岁月的推移，陈的愤愤不平也许愈来愈盛，因他从未得过这荣誉，而说故事的钟开莱，其贡献当然未堪与陈比肩，但也得了个银奖。

陈、华之争，原来起自芥毫的差别，但随着岁月而加剧。据在下观察，纷争容易形成，但难以化解。有时直到当事人皆不在世，纷争都不见得消散。

钟为人孤僻，和系里其他人相处不来。他和萨姆·卡林（Sam Karlin）都是研究概率的，但从来不闻不问。虽然已经是教员，但我也去旁听一些课。钟开莱讲布朗运动，我去听了。布朗运动这现象源自分子的不断运动，数学上是由爱因斯坦首先解释的。

学期的期终考试之后，钟开莱出了一道特别困难的题目，说谁做对了额外加分，有几个学生于是加倍努力。解题中需要引用拓扑上的某个命题，他们觉得应该是正确的。哈佛的安德鲁·格利森（Andrew Gleason）当时正在此间访问，他叫学生去找卡齐米日·库拉托夫斯基（Kazimierz Kuratowski）的一篇文章，他们果然从这文中找到了想要的东西。不久之后，学生便在课堂黑板上，向钟开莱讲解这道题，正当讲到要引用这结果时，钟叫停了他们，学生说是格利森指点他们去找这篇文章的。"和我想的一样"，他说了这话后，就愤愤然地离开了课室，把做讲解的学生扔在那儿待着。

在场目睹整件事，我目瞪口呆。难以相信钟开莱对待学生如此冷酷（纵使他对我非常不错）。莫里·布拉姆森那时还在斯坦福当数学研究生，他告诉我，主要就是钟开莱这种傲岸的态度，使他决定离开斯坦福，到康奈尔完成博士学位的。

虽然已是教员，但我仍是"后生"，因此和研究生混在一起的时间，往往比其他教授来得多。我时常和布拉姆森及系里其他年轻人外出吃饭，虽然我们常常光顾的是月宫，但到了周末就会去北京园，那里有"任你吃"的自助午餐。记得有一次，布拉姆森一下子就吃光了五大盘，然后说未来两天都不用再吃了（不过他回忆说是"一天不吃东西就活不下去"）。饭店的老板娘看见有人这么欣赏她家的手艺，高兴得很，竟不收他钱。

有次我在办公室听到门外有人在说标准的粤语，我以为是郑绍远，当时他正在斯坦福访问，但原来是一个叫戴维·贝利（David Bailey）的研究生。他是个摩门教徒，刚从杨百翰大学念完本科。贝利要通过外语考试，我捉弄他，给他一份困难的文件翻译。文件是用简体字写的，而贝利学的是繁体字，因此简体字却比繁体字难译。我以为贝利这次必会头痛了，可是出乎意料，他翻译得很好。

又有一次，我听到他和另一位师兄的对答，他们就坐在我门外的沙发上。贝利在研究某个数学问题，想知道写出一篇高质量的论文后，如何在具审稿制度的学刊上发表，因此向师兄求教。“做数学就像是和女孩子睡，”老大哥如此说，“第一次或许有点儿麻烦，但下一次就会顺利得多了。”我不会这样说，但师兄的话或许真的见效。贝利在数学界发展得不错，后来他转到计算机系，事业也同样成功。

对我来说，在斯坦福的日子愈来愈满意。我尽量找机会跟友云见面，大家都有新的工作，都忙不过来，是以在一起的时间并不多。就算经过了四十年的婚姻，我们在做学问时还是颇为独立的。在那个时候，我们的关系还未稳定下来，当时我的同事们都不认识友云，更不知道我和她交往了。写下数学方程式很容易，倾诉心事却很难，是以我们要过了这么多年才能确定下来。这也可说是数学人的通病，或更合理地说，是受数学吸引的那类人的特性。这些人和我一样，对数字比对语言更娴熟。

在这期间，斯坦福数学系内大部分人，都尽量令我有宾至如归之感。我第一次有了秘书，麦太太是个和蔼的中国人，她替我打论文，大大提高了工作效率。这时我仍然把绝大部分的时间花在数学上，但休憩的选项倒有不少。在校园散步，穿过收拾得整整齐齐的校园，从来是偷闲乐事。放眼皆是棕榈树和起伏的山丘，而西班牙殖民风格的楼房，粉墙红瓦，典雅美丽教人难忘。有时我们一起抛掷飞盘，或在办公室不远处打乒乓球。要找人到外面吃中餐也不难，此地中餐馆的选择远比普林斯顿多。

总的来说，我在斯坦福过得很愉快，而斯坦福也很明显地对我很满意。只过了几个月就到了秋天，奥塞曼和系主任拉尔夫·菲利普斯（Ralph Phillips）便劝我留下来，他们会给我副教授的位子，虽非终身教职，但会在信上说明一年后便可拿到。

差不多同时，约翰斯·霍普金斯和康奈尔都说要请我当副教授，我不知道他们如何知道我，但陈先生应与此有关。他和霍普金斯的周炜良是老朋友，周来自上海。霍普金斯的条件不算很好，据我了解，副教授的位置一般是拿不到终身教席的。另一方面，康奈尔的王宪钟来自北京，陈先生是他的论文导师。康奈尔还有个自以为吸引人的"绝招"，就是王宪钟愿意牵红线，说可以替我找到一位中国姑娘共结连理。但这对我来说并不算吸引，因我已经心有所属，虽然坦白地说，我不肯定在这条路上能走多远。

虽然只在斯坦福过了数月，除了要在几份不错的工作中选择外，一切颇为安稳。当前工作没有太多的压力，在斯坦福才刚刚开始，所以并不想很快便搬到别处去。我很想留下来，享受加州的生活方式，甚至放松一点儿，虽然我的字典中难找到"放松"一词，这段日子中，精神压力之低可说是前所未有的。

就在这时，1973年的秋天，我收到卡拉比寄来的一封信，信简短而措辞得体。8月听过我的演讲后，他一直在想这个问题，深思之余对某些方面还感迷惘，他希望我把思路扼要地写下来，好教他更好地弄明白。对我来说，卡拉比的信就如暮鼓晨钟，把我惊醒了。在其后的两星期中，我把所有事情都抛在一旁，废寝忘食，不分昼夜地工作。我先把最强的反例找出来，然后开始导出矛盾，可是，在仔细检视下并不成功。在最后一刻，当我把所有论据放在一起时，问题便出现了。于是试用其他反例，可是一个接着一个都出现问题。太抓狂了，我进入了寝食难安的状态。当花的时间足够多时，我渐渐意识到这样做等于走进了死胡同。

我花了两星期去证明卡拉比猜想不对，结果弄到差不多要挂掉了。到了此刻，必须考虑这个希钦和我，还有许多人，都认为"好到难以置信"的猜想或者是对的。确是如此，过了一段日子后，我渐渐相信它是对的了。于是我做了一百八十度的转变，倾注心力去证明卡拉比说的没有错。我尚未知道要如何去证明它，但有一点在一开始就再明白不过，那就是，它不会是唾手可得的。

第五章　高峰挺进

记得好事新谐，笙调心印人依。
弦琴天籁得相窥，太初玄秘现，物数竟同归。

——《临江仙·记七六年事》选句，2014年

1746年，加斯帕尔·蒙日（Gaspard Monge）生于法国博纳，位于勃艮第产酒区，邻近第戎，他爸爸是个货郎。蒙日从小就显露出绘制建筑物草图的才能，还是少年的时候，他画的一幅细节丰富的大型家乡图，引起了一位军官的注意。在这位军官的帮助下，蒙日进了法国北部的一所军事学院。由于学校只为贵族子弟而设，平民出身的他并不能正式入学，只能在分隔开来的另一边学习绘图和测量，这样的安排并不能使蒙日满意，他渴望能碰上一个可以尽展所长的机遇。

一年多后，机会终于来了。当时正要建造一个堡垒，有人问他如何设计枪炮的位置，好使堡垒的守军能避开敌人的炮火。蒙日利用自己创造的几何方法，完成了这个任务，速度之快甚至引起一些人的疑心。但无可怀疑的，是他数学上的才能，让他得以一展所长。

1768年，他开始教授物理和数学，并且研究偏微分方程，以及微积分在几何上的应用。到了1780年代，他在巴黎找到数学教席，并着手研究一类特殊的非线性偏微分方程，这方程后来称为蒙日-安培方程。之所以把安培的名字放上去，可能是体现数十年后，安培对方程的某些修订。大家知道，安德烈-玛里·安培（André-Marie Ampère）是法国科学家，对电磁学有很大的贡献，电流的单位安培就是以他名字命名的。（说“可能”是因为我不肯定安培实质做了什么贡献，有时方程式会不知何解地附上某人的名字。）

蒙日的故事告诉人们，除了对数学本身的兴趣外，数学事业的开展可以是间接或出乎意料的。这里提到蒙日的原因，乃因卡拉比猜想可以由一条蒙日-安培方程表达出来。前面说过，这是一条非线性的方程，含有至少两个独立的变量，并且是“复”的，即是说，它和复数有关。对我而言，面对的挑战是，除了一维的简单情况外，没有人曾经解过复的蒙日-安培方程。在卡拉比猜想中，我要求解的乃是高维空间上的复蒙日-安培方程，这是整个猜想的巨大绊脚石。卡拉比提出这猜想二十年来，工作的进展甚为缓慢，其因在此。

在斯坦福的1973—1974学年，我开始着手求解蒙日-安培方程。那时距离蒙日发现这方程已差不多两个世纪了。可幸人们已经找到一些可使用的数学工具，而我自己也找到一些新的法子，这是蒙日当年不可能想象到的。我首先考虑在实数域上的蒙日-安培方程，它和曲面的曲率有关。实方程比复方程的处理来得容易一些，我邀请友人郑绍远合作。他当时在伯克利，时常来斯坦福看我。我的策略是借着对实方程的研究，来加强对方程的了解，然后才对付比较麻烦的复方程。

也许是幸运之神的眷顾，绍远和我不久即有所获，我们解了一个在著名的闵可夫斯基问题中出现的蒙日-安培型的方程。这个问题，以最简略的言辞来说，就是要找出给定曲率的曲面。你或者已经猜到为何我对这问题感兴趣。自从四年前修了莫里的课后，我一直对几何和偏微分方程的关系情有独钟。这亦是几何分析发展的主要动力，我正在这领域中努力，开发耕耘，并与其他志同道合者如郑绍远、理察和西蒙等群策群力。

解决这类问题的策略，正如上一章所述，在于寻求一系列的近似解，近似的程度愈来愈精准，以至最后能收敛至真正的解。我希望同样的方法可以应用于复蒙日-安培方程，从而破解卡拉比猜想。证明这方程存在解，建立了卡拉比所设想的具特殊几何性质的空间的存在性。

1974 年春天，陈先生邀请我到伯克利演讲。出生于俄罗斯的数学家米哈依尔·格罗莫夫（Mikhail Gromov）被视为当世最杰出的年轻几何学者之一，他正初次访问伯克利，伯克利待之为上宾。在六个月前，我曾和格罗莫夫有过一次不甚愉快的经历。那一次我用几何分析的方法证明了某个空间具有无限的体积，格罗莫夫却说我的证明一定不对。我并不能肯定他是否了解我采用的方法，无论如何，这结果经得起考验，绝没有错。

这次在伯克利讲的是另一主题，就是在几何空间中的“谱”，即空间变形时产生的共鸣的、振动的频率。原则上，它和敲打鼓面变形时产生的一系列频率相似。格罗莫夫和上次一样中途发难，宣称我采取的研究路线根本不对。这次我的做法，就如上次争辩中的做法一样，非常倚重非线性偏微分方程，而格罗莫夫并非这方面的专家，或者他只不过是弄不清楚那证明。但他并没有要求我解释明白，而是嚷道我的理论有严重错误。

他对我说话的态度，好像我是个差劣的学生，没有好好地做作业。在研讨班上，他花了不少时间来表达对内容的不满。说到底，据我揣摩，是他不认为几何分析值得发展。他坚信任何几何上的定理，都必须用直观几何的方法来证明，不能用拓扑或图形解释的方法，而我不这么看。整个几何分析正好建基于这信念：深入的几何信息除了从拓扑或几何图形直接得到外，还需要加上大量分析的方法，尤其是新近发展的非线性分析的工具，并由其成果支撑。我也很希望从现代物理学和工程学上学习到新的工具和理念，四十年来的经验，显示这是正确而且丰富的想法。

这次研讨班不算成功，格罗莫夫不断高声质疑，它怎可能会好。不过，其后我把证明详细地再讲给他听，并答复了他一次又一次的问难，终于把分析的方法化作纯粹的几何术语，阐明了上述空间有无限体积。他最后也释然，对结果默默接受了。几年后，他将我的几何解释应用于其他几何问题上，他的追随者甚至将这些结果冠上他的名字。

后来我和比尔·瑟斯顿也有类似而和谐的交流。瑟斯顿和我同时期在伯克利当研究生，他在几何和拓扑上扬名世界。瑟斯顿看待几何学，就有点像用细小的片片，如乐高般嵌成整个几何的空间或流形，从而勾勒其内部的结构。我则采取差不多相反的做法，利用微分方程来开启物体的内在结构和总体的拓扑。两种理念非常不同，却殊途同归。必须重申，瑟斯顿想得透彻而具原创力，他的论证不必时时详尽清晰，其理念却对数学有深刻而长远的影响。

从与格罗莫夫和瑟斯顿等人的交流中，我上了宝贵的一课。那就是，在几何分析作为一种工具广为人所接受之前，必须克服来自主流的几何和拓扑学者的重重阻力。想深一层，所有新的方法，尤其是和已知迥异的，在成为潮流前莫不如此。对新事物保守的反应，一方面使新事物小心谨慎地发展，这是好事，但另一方面亦会阻碍其向前的步伐。

我并没有让这些挑剔破坏工作上的热情，一切进展得很顺利，可在个人问题上遇到了些许挫折。1974年6月，友云原来在斯坦福当博士后，但她随即在普林斯顿找到另一份博士后工作。普林斯顿的等离子物理实验室坐落在大学校园，是美国能源部的实验室，对她来说这是份绝佳的差事。正常来说，我会替她高兴；然而，这意味着我们不久之后，又要分隔在美国的两端了。她很快便离开了，驾驶着车子和她母亲往普林斯顿去了。

此时，一个香港的老朋友徐少达出其不意来访，还带上他的女朋友，这使我暂时把苦恼抛开。他女友打算短期内回香港，正和他处于分手的边缘。我们即兴到优胜美地国家公园一游，黄昏时就坐上我的车子出发，到山上已经很晚了。这次仓促的出游，正是我们需要的。高耸入云的山峰，令人屏息凝神，神奇的力量使人精神超越，纵览天下，耳目一新。此行如此美妙，少达和女友决定共订鸳盟。

我在为他们高兴的同时，想到自己目前仍是孤身一人。我一如既往投身于工作，早已习惯了长时间的工作，有时直至深夜，甚至在案前睡着了。这样的生活方式，当然不利于呵护一段男女关系。不过，我现在孑然一身，手头也不乏数学项目，供我消耗时间，燃烧思想，尤其是卡拉比猜想，早已令我沉迷而不知返了。

复蒙日–安培方程是卡拉比猜想的中心问题，在对付它之前，绍远和我认为应先做些额外的工作。1974年，我们开始研究狄利克雷问题。彼德·古斯塔夫·勒热纳·狄利克雷（Peter Gustave Lejeune Dirichlet）是德国数学家。我们开始时并不知卡拉比和尼伦伯格也在研究同一问题。所谓“边界值问题”，其基本思想可简言如下：正如简单的方程式的解是一点集如圆形或抛物线，更复杂的微分方程的解乃是曲面。狄利克雷问题提出：假如这个曲面的

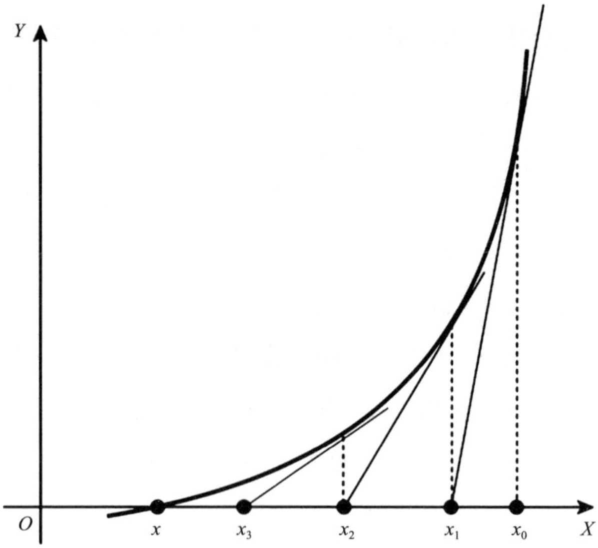

在狄利克雷问题或卡拉比猜想中应用的估值法过于繁复，在此描述并不适宜。考虑较简易的逼近技巧牛顿法，用此法求解实数值函数的零点，即该函数的图像和 x 轴的交点。我们从估值 x_0 开始，穿过 x_0 上图像的切线与 x 轴相交于 x_1，如此继续下去而得到 x_2, x_3……这些点会愈来愈接近于零点 x。（原图引自顾险峰和殷晓田）

边界已知，能否从此确定曲面内部每一点的位置，使这曲面满足给出的微分方程？标准的方法是，正如上面已经提过，利用一连串的估值和逼近，最后得出满足这偏微分方程的函数。

尼伦伯格已安排了在1974年温哥华举行的国际数学家大会上做一小时的主题演讲，题目正是他和卡拉比对这个狄利克雷问题的解答。但是，陈先生告诉我们，卡拉比和尼伦伯格在他们流通的预印本中发现了一个错处，于是问题顿成悬案，成为众人注目的难题。

我告诉陈先生，绍远和我很有信心已经解决了这个问题。当时，尼伦伯格正打算1974 年春来访伯克利，陈先生于是安排我们四人在路易餐厅共进午餐，餐厅坐落在离金门大桥不远的沙滩上。在见面前一晚，绍远和我小心翼翼地把证明检查一遍，肯定不能犯错。尼伦伯格是偏微分方程的权威，我们不想犯错令自己尴尬。我们找到论证中的一个错误，幸好在凌晨两点改正了。吃饭之前，我们向尼伦伯格说明我们的解法，他觉得看来十分合理，绍远和我都很开心，但晚上再看时又发现了更多漏洞，这些漏洞令人沮丧，但同时亦使我们对这类方程有了更进一步的了解。六个月之后，我们终于想出补救漏洞的方法，并最终解了一个比较弱的狄利克雷问题。十年之后，尼伦伯格和其他人一起解决了狄利克雷问题的一个较强的版本。

不过，这次和尼伦伯格在旧金山的会面，倒在另一方面发挥了作用。同年较早一点时，奥塞曼推荐我为斯隆学者（Sloan Fellow），这是给年轻助理教授的殊荣。斯隆学者可以在任何学校访问一年，薪金由斯隆基金会资助。开始时，我计划利用这身份到普林斯顿，借此机会和友云再聚，重新开始，甚至更进一步。

我写了封信给项武忠（他当时刚从耶鲁转到普林斯顿），问他我可否在普林斯顿以斯隆学者的身份至少待上半年。几天后，他告诉我数学系并没有足够的办公室。时隔多年，人也比较世故了，知道项武忠和其他人如果愿意我来，办公室总是可以找到的。我写信给系主任可能有不同的结果，但已经太迟了。依靠相识的人是个错误，因你不知道他是否欢迎你。（不无讽刺地，几年后情况完全改变了。普林斯顿的系主任请项武忠打电话来，说要请我去当教授。我当下推却了。那不是报复，只是当时还不是去的时机。）

幸好，尼伦伯格毫不犹疑就说，我应该在1975年秋天访问纽约大学的柯朗研究所，那儿距离普林斯顿不远。尼伦伯格对我到曼哈顿一事十分热心，午餐快完时，事情也差不多敲定了。

一当狄利克雷问题（弱形式）告一段落，我立即向卡拉比猜想发起进攻。我的策略很直接，就是把从实蒙日-安培方程学到的东西，尽量套用在复蒙日-安培方程上。绍远对做复几何的兴趣不大，这时就鞠躬退场，转战他感兴趣而又更熟悉的题目去了。附带一说，他也会到柯朗所去，我们还有机会在那儿聚首，并且一起为几何分析这门新的领域添砖加瓦。

1975年8月，我到了纽约。这次纽约之行还有个好处，斯隆学者是不用教书的，我可以全心全意地破解卡拉比猜想和其他数学难题。

我一心要充分利用这个机会，然而首要的事，却是在曼哈顿找一个落脚的地方。那儿租金很贵，一个单身公寓，月租最少也得二百美元，这不适合我的预算。幸好，于尔根·莫泽伸出援手。莫泽当过柯朗所的所长，也是陈先生的朋友。他的朋友在泉水街租了一间租金管制下的公寓，月租只需五十美元，简直妙极了。莫泽可没有权利把公寓租出，因为租约上不是他名字，所以他嘱咐我不要跟房东接触。刚巧那房东是个不通晓英语只讲粤语的华人，我当然能讲粤语，却要假装一句也听不懂他说的话。如果公寓出了什么问题，我只管跟莫泽说，他会把问题弄妥。莫泽愿意为一个可说是萍水相逢的人这样做，可见他为人仗义。

柯朗所给我如此理想的工作环境，然而，我到那里而非其他地方的主要目的，却是要亲近友云。她离开斯坦福已差不多十五个月了，我们之间没怎么联络。如果要约会她，带她到校园外的地方去，车子是必需的。可是很不幸，我当时没有信用卡，而在纽约租车子非信用卡不可。我请斯坦福替我开了证明，说我是斯坦福的教员，现正在柯朗所访问，但租车公司依然不为所动。

我不禁慌起来了，没有车子，跑到东岸来，整个陪伴友云的计划都要泡汤了。幸运地，我遇上一位老同学，他在纽约的旅行社工作。他告诉我有一种低廉的“租一部破车”的地方，只要拿出一笔较高的押金，便可以租到车子。租来的车可勉强开动，外表平平，但也够用了，毕竟我的选择不多。

车子虽残破，但开到普林斯顿绝无问题。我尽量抽时间去看望她。她做研究忙得不亦乐乎，而我心中常记挂着卡拉比猜想，工作一直在进展，虽然还未到达攻顶的时刻，但可行的攻顶路线已渐渐露出眉目了。

为了对付这条关键的复蒙日-安培方程式，我把整个证明分拆成四个不同的估计，那就是所谓零阶、一阶、二阶和三阶估计。前面说过，蒙日-安培方程的解是个函数，我们要做的乃是找出对这函数的界，说明它沿正的方向不能太大，沿负的方向不能太小，即是说，该函数不可能变成无限大。零阶的估计说明函数的极大值能够达到，一阶估计则给出函数一次导数的大小。具体而言，必须证明一阶导数的绝对值不会变得很大。换句话说，函数本身的振幅不能过大。类似地，二阶估计有关函数的二阶导数的最大绝对值，我们需要证明它是有界的，即一阶导数不能有快速的振动。同样的想法可用于三阶或更高阶的情况。这些高阶的估计提供了函数如何变化的讯息，如变化有多大和多快等。

1974年时，我已经知道如何处理三阶估计。到了1975年的夏天，我要到纽约前，成功导出了二阶估计。在柯朗所这几个月，我在概念上想通了，原来有了零阶和二阶估计，就可以推导出一阶的估计。换句话说，整个证明就剩下一个估计，即零阶估计。我只需要证明函数不能变得太大，即它的极大值不能超过某个既定的常数。到了这一步，这个复杂的猜想，原来只有少数数学家明白的难题，一下子变成了一个看似水到渠成的命题了。可是，要建立这估计，即是在函数上面找到一个隐藏的天花板，实际上并不好办。

在纽约逗留期间，这个最后的障碍一直无法跨越。不过，失之东隅，收之桑榆，绍远和我在另一方面却成功了，我们解决了高维的闵可夫斯基问题。其实早在年初，在这问题上已有些进展。莫泽知道我们的工作后十分兴奋，反正柯朗所的人，看到所中有人解决了某些难题，都会兴奋莫名。他请我们在研讨班上做了报告，大家的反应非常不错。

可是不久之后，就知悉苏联几何学家阿列克谢·波戈列洛夫（Aleksei Pogorelov）独立地解决了同样的问题，他采用的方法跟我们的完全不一样。他的文章比我们早面世，不过那是用俄文写的，而且发表在不甚著名的学刊上，所以我们并不知晓。我们的论文纵然不是首发，但它并非多余之作，除结果本身外，其中所用的方法很重要，后来也用于解决其他问题上。

且说一些数学之外的事吧。在纽约这三四个月是非常愉快的，我在柯朗所跟埃里克·贝德福德（Eric Bedford）交上朋友，他刚从密歇根州拿了博士。他教我如何搭地铁。我们在这城市到处逛，边走边谈复蒙日-安培方程，他正在研究这类方程式，但方法和我偏重几何的思路截然不同。

每天从苏豪的公寓，穿过格林威治村，走向柯朗所是很好玩的一程，途中不乏有趣且出乎意料的景况。例如，好几天都经过一部停在泉水街的车子，开始时车子外观无恙。可是一天后，车胎就不翼而飞了。再过了几天，车身所剩的东西愈来愈少。到了最后，整部车子就不见了。原来的位置给停上一部簇新的车，大家都不知它能待在那里多久。

小意大利距离我的公寓很近，节庆的巡游多得很，我很爱看。空闲时我常和绍远、他太太和他们的幼子小兵在一起，我抱着小兵和他们一起在唐人街或其他地方闲逛（小兵后来在哈佛做了我的研究生，2004年拿了博士）。邻近唐人街是桩美事，一方面有五花八门的餐厅可供选择，另一方面也可以在书店中浏览书籍。到了周末，我便到普林斯顿看友云。总的来说，在纽约的日子是颇为适意的。

可是，到了12月底，我便要返回加州。我陪友云飞往洛杉矶，到大型科技公司TRW（后被诺斯罗普·格鲁曼公司兼并）求职。过程很顺利，不久她便被雇用了。

在此之后，友云回到普林斯顿，而我则返回斯坦福，继续埋首于卡拉比猜想之中，我意识到破解已近在咫尺，巅峰已经在望，只差跨过最后的障碍，只要再坚持一下，就能登上顶峰。

不过，另一件事我也时刻记挂在心上。1976年夏天，斯坦福春季学期过后，我到普林斯顿看望友云，此行的目的就是向她求婚，这距离伯克利图书馆那刻骨铭心的一瞥已有五年半了。在这段不短的日子中，我俩的关系有起有落，但足以告慰的是，她答应了。我们正式订婚，弟弟成栋从石溪来到普林斯顿，我们一起吃晚饭庆祝。

友云不仅答应了我的求婚，她也接受了TRW的工作，工作从这年秋天开始，即是说，我们要搬到洛杉矶去了。为了此事，我接触了UCLA的朋友、几何学者罗伯特·格林，说希望到那里访问一年，我的斯隆学者奖金足以支付秋季学期的薪金，希望大学能支付冬天和春天两个学期，我可以教书。格林说这事容易办，这样友云和我便可以在洛杉矶住在一起了。她知道我这么快就把事办好之后很惊讶，要知道，那段日子找教职并不容易。直到如今，我还是很感激格林的帮忙，UCLA的工作环境很理想。

我一直留在普林斯顿，到了7月初，友云和她实验室中的同事告别。我们收拾行装，和她爸爸妈妈一起，打算做一次横跨美国之行。第一站到了首都华盛顿，正赶上庆祝美国建国二百周年的国庆烟火表演。当时和百万群众在一起，很多人满怀激情，欢呼喧闹，我们欣赏了国家广场的烟火，华盛顿纪念碑和国会大厦成了璀璨烟火的背景，更显壮观。

接着，我们开车去波士顿探访友云的表姐，她的丈夫刚刚过世。这是我第一次到这个城市，觉得挺不错，没想到不久之后会以此为家，至今生活了四十多年。

接着我们在纽约州的伊萨卡停下来，去看友云的另一位表亲。之后我们便开始横跨美国的旅程，路上风光不绝，令友云的父母目不暇接。我们到了黄石国家公园，沿着落基山脉向南到了大峡谷，之后我们在亚利桑那州的弗拉格斯塔夫市上了40号州际公路，一直开到加州的巴斯托市，然后转上15号州际公路到达洛杉矶。沿途风景极其壮观，我当时正沉醉于爱情的甜蜜之中，向往着未来的婚姻，心情尤为兴奋。

然而，在差不多整个旅程之中，我的心思不时悄悄移向数学。在驾车时，我想到一个拓扑学上的古老难题庞加莱猜想，至今没有人能找到解决它的途径。原来的庞加莱猜想和如何在拓扑上刻画球面有关，猜想断言任何“紧”的三维曲面（或流形）在拓扑的意义上等价于球面的条件是：在这曲面上任一闭曲线能在连续的变形下缩成一点。所谓“紧”是指这曲面只占着有限有界的空间。满足上述条件的曲面叫“单连通”，或是说，它不像甜甜圈般，有一个或多个的洞。依照这样的定义，猜想可以这样陈述：是否每一个紧而单连通的三维曲面在拓扑上等价于球面？这猜想看起来不是那么难解决，然而自从1904年提出后，一直没有多大的进展。

大家或者以为我会把精力放在卡拉比猜想上，毕竟这猜想占据了我的心思好多年了。我对它特别关注，乃因它较为普遍，而且能帮助人们找到一大类未知的流形。但我一直喜欢同时考虑几个题目，当一个题目过不去时，便可以转到另外一个上去。如果这些题目具有某些共通之处，那么从某题目中得到的新想法，或许可以应用到原来的题目上去。

况且，解决卡拉比猜想关键的零阶估计，需要用纸和笔做大量的计算，试问双手放在驾驶盘上的我，如何能安全和有效地做计算呢？这就是我会选一个较具思考性的题目的原因，庞加莱猜想是个好的选择，这样我脑子中负责数学的部分就不用闲下来了。具体如何求解这个猜想还有待探索，或者，目前能做的只是幻想一番。这样，至少在路上也有些思想性的东西可做。

这次从普林斯顿到南加州的长途旅程，我们总共开了六千多公里的车。在整个旅程中，我的心中总离不开庞加莱猜想（在第十一章中会详细展开）。很遗憾地跟大家说，在此期间并没有突破，但我相信几何分析会在其中发挥作用，未来的发展将会印证我这想法。

7月中旬我们到了洛杉矶，我们先租了一个三室公寓，同时也在找其他房子，时间并不多。我们的婚礼已定在9月初，必须在这个大日子前找到。不久，我们在圣费尔南多谷的塞普尔韦达（Sepulveda，以前是农业区）找到一个地方，那里离海颇远，到UCLA开车也要花些时间，交通顺畅时需半小时。但“交通顺畅”和“洛杉矶”两词是很难共存的，故此一般要超过一小时，而友云要到在雷东多海滩的TRW上班，时间还要长一点。当然，如果能找到更方便的地方就好了，可是当时这间首先入眼的房子是我勉强能负担而又能提供所需设施的唯一选择。

然后我们就忙得一团糟了，在一个多月的日子中，既要收拾新房子，又要筹备婚礼。我开车到处走，购置旧家具和其他基本用品，而友云则准备她的新娘礼服及其他婚礼上的有关事宜。她的父母和我们在一起，我母亲和弟弟成栋则在婚礼前十天左右到达，母亲从香港飞过来，而成栋则从哈佛来。他几个月前在石溪取得数学博士学位，现在在哈佛当本杰明·皮尔斯讲师。

婚礼于1976年9月4日举行，礼毕即和亲友午宴。事前跟陈先生说了结婚的事，因为将会从简，没有想过他会出席，结果他和师母都来了，我十分高兴。友人罗伯特·格林和布鲁斯·本内特也来了，还有母亲住在加州的表亲夫妇。

友云和我原先计划到卡特琳娜岛度蜜月的，但我们高估了洛杉矶的交通，结果赶不上渡轮，只好去了圣迭戈。那儿也不错，我们享受了一段美好的时光，但时光很短暂，两天后便要上班了。

回到研究工作上，一如既往，我感到十分兴奋。由于友云和我、她父母和我母亲全住在一起，生活上难免有些摩擦，工作顿时成了我的避难所。我尽量把自己关在书房，把全部心血都倾注在卡拉比猜想上。一两个星期之内零阶估计完成了，于是整个问题亦解决了。我如释重负，十分高兴，但也惊诧最后的那几步比预期顺利。

有人问我花了六年时间，断断续续地工作，最后证明了猜想有何感想。也不知为什么，也许是父亲精神的感召吧，我想到五十年前去世的学者王国维。王国维撷取宋词的片段来描述成就大事时的三段经历。开始时，“昨夜西风凋碧树，独上高楼，望尽天涯路”；然后是，“衣带渐宽终不悔，为伊消得人憔悴”；到了最后，“蓦然回首，那人却在，灯火阑珊处”。

这三个阶段，简洁而又富诗意地概括了证明卡拉比猜想时我的心路历程。开始时，要找到一个制高点，对整个问题有了通透的理解；然后不眠不休、废寝忘餐地工作；最后，灵光一闪，突然看到了完成证明的途径。

或是由于王国维的文章，我又记起宋词的另一名句：“落花人独立，微雨燕双飞。”它精确地捕捉了解决卡拉比猜想之后我的心情。句子描写的，乃是暮春园林的情景。这个意象出现在脑海之中，乃因解决了这个数学问题后，不知何故令我对大自然有了一种新的认知和感受。想到这句子，感受与自然契合，正如飞行中的双燕般合二为一。

这只是在感性的层面上而言，在理性的层面上，我还未能完全说胜利。三年前曾错误地证明猜想是不对的，这次不能重蹈覆辙。我用上了四种不同的方法，小心翼翼地把证明检查了一遍又一遍。我跟自己说，如果这次再错的话，就放弃数学改行，就是去养鸭也行。我也找别人替我看，将一份文稿寄给了卡拉比，接着又安排去宾夕法尼亚大学访问。

我与UCLA的同事戴维·吉泽克尔早在高研院的时候便认识了，他告诉我哈佛的代数几何学家戴维·芒福德要来演讲，我开了两小时车到加州大学欧文分校他演讲的地方。听杰出学者的演讲，虽远也值得。芒福德讲的主要是一条在代数几何中出现的“不等式”，数学中所谓不等式是指某项小于或大于另一项。原来的不等式是约十年前由莱顿大学的安东尼厄斯·凡·德文（Antonius van de Ven）提出的，但芒福德特别提到俄国数学家费奥多尔·博戈莫洛夫（Fedor Bogomolov）最近有关的工作。

听着听着，我突然发觉曾见过这不等式，就在最初尝试反证卡拉比猜想时，我可以肯定它可以表达成芒福德写出来的样子。演讲后，我立即就跟他说，能证明他提出来的东西。但我很肯定当时他并不相信。我太年轻，而且在代数几何界又寂寂无名。回家后，我把计算重新再做一遍，发现一模一样的不等式，在构造卡拉比猜想的反例时确实出现过；现在猜想的正确性建立了，则其推论也是对的。这意味着我证明了芒福德提出的不等式。现在这条不等式通称为博戈莫洛夫-宫冈-丘不等式（Bogomolov-Miyaoka-Yau inequality）。关于这不等式还有一个未解决的问题，就是当式中的不等号变成等号时会是什么情况，我的证明能够说明在什么情况下才能有等号。等号的刻画又能导出另一个著名问题的答案，这个问题可追溯至1930年代，称为塞维里猜想。

第二天，我给芒福德写了封信，把论证说了一遍。他把这信给同事菲利普·格里菲思（Phillip Griffiths）看了，两人都觉得论证合理。破解的消息传得很快，开始时，大家对不等式和塞维里猜想的兴奋程度比对卡拉比猜想的还要高，纵使我反复指出卡拉比猜想是更重要的结果。

罗伯特·格林在UCLA的办公室就在我隔壁，他和数学界许多人一样很赞赏这项工作。由于工作就在他的学校完成，他就更加兴奋了。但是，好些代数几何学者对两个代数几何上著名的猜想同时被破解并不高兴，因为我并未用到任何这领域中的标准方法。但芒福德和其他人不一样，他思想开放，两年后哈佛要聘请我，部分原因或许在此。

这件工作使我一夜成名，至少是声望高了，各种机会接踵而至。麻省理工的艾沙道尔·辛格这时候问我可否从11月开始到麻省理工访问一个月，那时我仍然拿着斯隆学者奖，不用教书，于是接受了他的邀请。

到麻省理工前，我在费城稍事停留，去看望卡拉比和其他人，把证明详细演示一次，系里的杰里·卡斯丹（Jerry Kazdan）做了一份详细的笔记。令人失望的是，在我不知悉的情况下，他把笔记给法国数学家蒂埃里·奥班（Thierry Aubin）看了。奥班曾独立地证明了卡拉比猜想的一个特殊情况，但有了卡斯丹的笔记之后，他便宣称证明了这个猜想。幸好后来卡斯丹把事情讲清楚，在一篇公开发表的注记中，说明他于“1976年12月在一场演讲中，知道了丘解决卡拉比猜想的方法，并做了详细的笔记。然后在与奥班一起主持的讨论班中讨论了笔记，并做了适当的推广”。这样一来，卡斯丹避免了可能由此衍生的令人烦厌的争论。

跟卡拉比谈完之后，他说证明看来很不错。卡拉比是卓越的几何学家，却不是偏微分方程的专家，他提议不如一起找尼伦伯格谈谈。我们三人都有空的日子，竟是圣诞节当天，于是约好那天在纽约见面。卡拉比宣称他一生中只有这一次圣诞日有工作在身，纵使他和尼伦伯格都是犹太人。我也从来不过圣诞，我们三人能够在这一天作竟日之会，其因在此。

在费城短暂逗留后，我便去了波士顿，中途在纽黑文的耶鲁停留了一下。辛格虽然是请我去麻省理工的人，但他当时有些私人事务要处理，常常不在波士顿，因此在停留期间，我们只见过一次面吃晚饭，但这次晚饭有意想不到的结果。辛格当时正和迈克尔·阿提耶和奈杰尔·希钦（我在高研院的朋友）合作，研究杨-米尔斯方程的特殊解，这些方程在粒子物理学中很重要。辛格十分重视物理和数学的统一，我也受到他的影响。几年之后，也着手从事研究杨-米尔斯方程的解了。我和卡伦·乌伦贝克在这方面的文章被认为是代数几何中举足轻重的工作，那要感谢辛格给我指对了方向。

除了和辛格吃了一顿饭外，我在麻省理工基本上是一个人过，周围也没有什么几何专家。他们给我一个小小的公寓，到系里只是步行的距离，我花了大部分时间把卡拉比猜想的证明写出来。雪愈积愈深了，从窗口向外望，景色很美。文章写完后，我打算把它投到柯朗所出版的《纯粹数学和应用数学通讯》。莫泽、尼伦伯格和其他的柯朗所人对我一直很好，故此把文章投到那里以示谢意。我亦完成了一份简短公报，略去技术细节，刊登在1977年的《国家科学院通讯》上。陈先生是国家科学院备受尊敬的院士，我的文章是经由他送出去的，分量自然有所提升。

哈佛，从麻省理工沿路往下走两三公里便到了。他们请我给卡拉比猜想的证明做一系列的报告。哈佛的人，包括芒德福、格里菲思、广中平佑、访问学者安德烈·托多罗夫（Andrey Todorov）等，除了事务缠身的辛格外，似乎都比麻省理工的人对卡拉比猜想更感兴趣，所以我逗留在哈佛的时间更多，哈佛甚至请我在麻省理工的工作结束后到那里再待一个月。

我仍然记得在稍后时间发生的，和代数几何学者广中平佑的一段有趣对话，谈及亚裔在美国从事数学研究的情况。生于日本的广中平佑，1970年在哈佛时拿了菲尔兹奖。他指出："亚裔在美国好的大学拿到终身教席，要比在二流大学拿终身教席来得容易，因为在二流大学里，研究不是排在首位的，工作的升迁和其他因素有关，例如高尔夫球的水平。"对于从未拿起一支高尔夫球杆的我来说，这话令我松了一口气。只要在自己的专业上出类拔萃，就不用靠运动上位了，运动恐怕永远不会成为我的强项。

已说过了，我喜欢哈佛，尤其是数学系内同事的融洽，令人羡慕。圣诞快来了，我前往纽约和卡拉比、尼伦伯格赴那命运攸关的约会。那天雪不停地下，除了中途到唐人街吃饭外，我们整天都在尼伦伯格的办公室内，把证明再次推演。圣诞日只有唐人街的饭馆还照常营业。到了天将黑时，我的证明犹是屹立不倒，大家都没有发现任何漏洞。卡拉比和尼伦伯格说他们会再仔细看，但至今都没有发现任何问题。

上面说过，证明卡拉比猜想的简略版本发表于1977年，而详尽的版本则见于一年之后。那整整一天的聚会确立了证明的正确性，卡拉比宣称那是他一生中最美好的圣诞礼物，我也有同感。1976年就借这美好的音符作结。除了一事，暌违了两个月，我十分挂念友云，是时候回到洛杉矶，在温暖的南加州阳光下与她重聚了。

也许值得再回顾一下，卡拉比猜想的证明成就了什么。首先，它说明了非线性偏微分方程和几何学结合起来，会产生很好的效果，过去几年努力工作，即是基于这样的看法。其次，它证明了一大类由卡拉比猜测的多维空间的存在性，这些空间具有种种特殊的属性，是以前从未发现过的。最后，它找到了无物质时爱因斯坦方程的一个解，而且是迄今所知最大的一族解。

从1915年爱因斯坦提出广义相对论开始，正如物理学和计算机专家安德鲁·汉森所言："我们一直努力寻找满足这条复杂方程的流形，或所谓爱因斯坦空间。多年来，求解并不是容易的事。但现在，奇妙而简明地，一下子在任意维数上都找到了。它们很多，甚至可能有无限多个，每个都满足爱因斯坦方程。"

有时候，一条定理的证明标志着一个篇章的终结。举例来说，大数学家希尔伯特于1900年提出的"希尔伯特第五问题"，到1952年便完全解决了，其中哈佛的安德鲁·格利森出了不少力。整个证明牵涉不少精妙的步骤，但它没有诱发新的研究，反而把这领域中大部分有趣的问题都解决了，可接着做的事情并不多。

打从一开始，我便知道卡拉比猜想不一样，因为它连通着几何学的某一区域，深入而又宽广。这猜想的破解打开了一个缺口，带我们走进了亟待开拓的数学领域。这并不是一厢情愿，而是基于我证明的方式。回忆一下，开始时我尝试构造反例来说明猜想不对，但，如果猜想是对的，事实上也证明了，那么这些反例也是对的了，于是它们都各自成为定理了。是以我在证明猜想的公报中，也附上了五条在代数几何学上有关定理的证明。其中最重要的结果，上面讲过，乃是悬空超过四十年的塞维里猜想的证明。此外，五六条代数几何中没那么重要的问题也解决了。总而言之，曾被视为“好到难以置信”的猜想，其结论竟比原先认为的还要好。

这还不是整个故事的全部，我心中深处有种异常的感觉，觉得卡拉比猜想及其证明，除了和爱因斯坦的广义相对论有关之外，还和物理其他方面有着重要的联系。我对这种联系毫无头绪，只是坚信一定是有的。过了整整八年，物理学者才找到这种和“卡拉比-丘定理”的联系，但这样的等待是值得的。

第六章　故里难通

半生书剑添蓬鬓，古井清泉解百忧。
恋恋中情无限意，蕉乡云水绕心头。
——《回乡有感》选句，2018年

少年时最喜爱的小说是《红楼梦》，相信和我有同感者不乏其人，一般都认为这是中国最伟大的小说。曹雪芹于18世纪中期开始写作这书，可能于1763年他死后由别人续成。《红楼梦》讲述贾府的兴亡，逐渐艰涩的命运平行于清王朝的衰败。这是一部浩瀚的长篇，在五卷一百廿回几千页中，主流和支线互相交织，构成极度繁复的画卷。我从十岁开始阅读这小说，被书中对18世纪中国人生活和社会的描绘所深深吸引。

我在为这巨著的爱情主线感动的同时，也对它描写的阶级冲突有切肤之感。当时家道中落，但自命书香世家，当居贫而志坚。当时意想不到的，却是这小说的结构，后来竟然影响了我对数学的看法。书中情节千丝万缕，角色层出不穷，要花时间和眼力，始能把情节和人物联系起来，形成纷沓而又浑成的整体。

我看待数学，尤其是几何分析便类此。到了1977年，我已证明了好几条定理，往后更多了几条。大部分定理看来彼此之间并无关联，然而渐渐可以看出，几何分析中有某种结构，能够把这些不相干的定理联系起来。其实，整个数学领域亦复如此。数学有很多不同的分支，乍一看毫无关系，但当你站得足够远再看，就会知道它们都是一棵大树的各部分，就如《红楼梦》中贾府各人的宗谱关系一样。我努力思考，希望对整棵数学大树有整体的认识，同时亦专注于几何分析这刚发芽的新枝，它正从微分几何这更粗更长的老枝中冒出来。

说到这里，还未提到我自视为最重要的成就，即卡拉比猜想的证明及由此导出的若干定理。总体来看，它们是几何分析的第一场胜仗，充分地表明了新方法的潜力。

1950年代，日本数学家小平邦彦等人，发展了利用线性微分方程来解决几何难题的方法。小平参考了前人，包括赫尔曼·外尔(Hermann Weyl)和威廉·霍奇(William Hodge)的工作，其他人如阿提耶和辛格等接着亦做出了极重要的贡献。我则提出利用非线性微分方程，使以往线性方法束手无策的几何难题，看到破解的曙光。

总的来说，几年以来，我的努力提升了几何分析的地位，激励了其他研究者利用几何分析去解题，或至少认真地考虑如何去运用它。开始时，我和一些志同道合的友人埋头苦干，待得到了一些有意思的结果后，加入的人便愈来愈多了。

其中一项富有成果的合作，纯粹出于一次偶然的相遇。1976年圣诞日，我在纽约见过卡拉比和尼伦伯格后回到加州，在UCLA数学系意外地碰到比尔·米克斯，一个早在伯克利就认识的朋友。我们聊了一会，很快便发觉大家都对极小曲面甚感兴趣，于是有了合作的打算。

米克斯在讲授三维流形，我先去听了他的课。课上他提到德恩引理，立时引起我的共鸣，我对这个结果早就感兴趣了。20世纪初，德国数学家马克思·德恩（Max Dehn）提出了这样的结果：如果浸入三维空间的一个圆盘上含有一奇点，即曲面在某点或自相交，或折叠，或具其他异常状态，则在它附近，可用一相同边值但不具奇点的圆盘替代之。这个引理在三维空间的理论中极为重要，不幸的是德恩的证明出现了问题。1956年，普林斯顿的希腊数学家赫里斯托斯·帕帕基里亚科普洛斯（Christos Papakyriakopoulos）给出了正确的证明，约翰·米尔诺用以下的打油诗描述其成就：

The perfidious lemma of Dehn
drove many a good man insane
but Christos Pap-
akyriakop-
oulos proved it without any pain.

（译文）
何德恩之困惑兮，引理证而履险，
君子坐堂求解兮，心疯狂而意癫。
希腊有士来援兮，帕基里亚科普*，
洛斯殆得天授兮，题解出乎瞬间。

米克斯和我找到了德恩引理的一个加强版本，并利用里面使用

* 此处缩写并拆分了帕帕基里亚科普洛斯的名字。

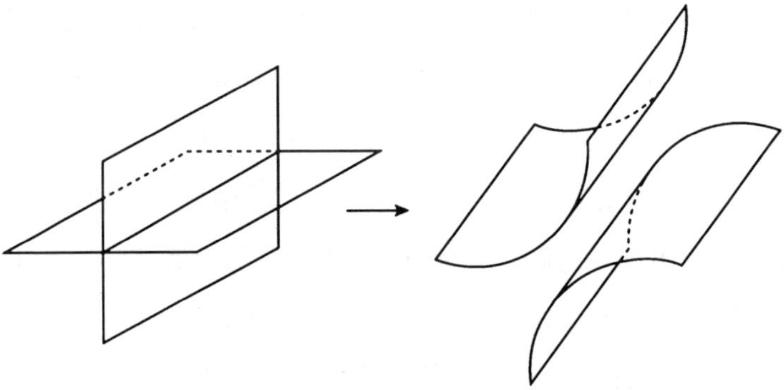

作者和米克斯证明的德恩引理给出简化或化解自相交曲面的技巧，使原来曲面变成没有自相交、折叠或其他奇点的曲面。（原图引自顾险峰和殷晓田）

的技巧，证明了一个著名的猜想：当边界是凸曲线时，杰西·道格拉斯（Jesse Douglas）极小曲面不含奇点。道格拉斯于1936年获颁首届菲尔兹奖。

这个加强版的德恩引理，后来成为破解一个屹立四十年的拓扑问题的关键，这个问题叫史密斯猜想，它是在1939年由美国拓扑学者保罗·史密斯（Paul Smith）提出的。要知道我们身处的三维空间，当然可以围绕着一根直轴旋转，使得只有直轴上的点是不动的。这类似平面上的旋转只有一点不动，又如大厅或书房内放置的地球仪，旋转时只有南北两极不动。史密斯却考虑三维空间有没有其他的“旋转”，令不动的轴心像一条打了结的绳子。史密斯断言这是没有可能的，这看来再清楚不过，你如何能把球绕着打结的轴转呢？可是要证明它，光用我们的结果还不够，还得加上其他人包括卡梅伦·戈丹（Cameron Gordan）和比尔·瑟斯顿等人的研究结果，才能证明猜想在三维空间中成立。据我所知，利用极小曲面为工具来解决拓扑上的问题，这是第一次。在这次成功的驱使下，很多人开始利用这些想法来证明其他拓扑问题。

我喜欢和米克斯合作，一部分的原因，是他从数学中获得如此多的快乐。不少行家看到他吊儿郎当的生活方式，便错认他是个轻浮的人，从而忽视他一流的成就，没有给他恰如其分的待遇。伯克利要请一位几何学者，我替他写了推荐信，但他还是拿不到那个终身教席，其因在此。然而米克斯毫不在乎，依然故我，对自己的能力毫不怀疑。有次他跟我说："如果我想认真去解决一个数学难题，我一定能把它解掉，至今从未有过例外。"

1977年上半年，我们继续在UCLA合作，直到他的教学任务完结为止。之后他就跑到里约热内卢当访问教授去了，还在巴西从事某些商业（和浪漫）的活动。结果生意算盘没有打响，爱情方面却有收获。他跟两位女性纠缠在一起，最后和其中一位结了婚。

米克斯热爱数学，我也见过其他热爱数学的美国人。他们研究数学，只为其中的快乐，对其他东西懒得一顾。然而，很多中国人不过视数学为一份好工作。数学对他们而言，只是手段而非目的，是工作而非真爱，故此罕见如此的激情。

米克斯和我同样热爱几何分析。他把我们将心力倾注于此视为一场豪赌，幸好这次我们赢的远远超出了预期。解决了卡拉比猜想和发表了其他文章后，我逐渐收到颇多的聘书。萨洛蒙·博克纳（Salomon Bochner）是卡拉比的老师，他想吸引我到莱斯大学去，但我对休斯敦兴趣不大。前面说过，项武忠不久前才说普林斯顿没办公室给我，现在却又打电话来，说他代表普林斯顿数学系聘请我，语气和一年前大不相同。平心而论，这是很好的机会，但我还是谢绝了，部分是因妻子在西岸工作得颇为愉快。

UCLA也有兴趣聘请我，只是我头一个学期的学生教学评估非常糟糕，他们因此遇到困难。那班上有一大群念经济或文科的学生，他们对数学毫无兴趣，在课堂上高声交谈，有时甚至盖过讲课的声音。我决定采取行动，宣称会做突击测验。这不过是要他们专心上课的手法，事实上也从未试过。这群学生的学业因而突飞猛进，却仍然非常讨厌我。到了课程结束之后，他们的成绩都出乎意料地不错。（正如塞缪尔·约翰逊所言："悬疑使人专注。"）这些学生从来就不喜欢我，是以他们对我的教学评估也很负面，最后要靠一些斯坦福的研究生，告诉UCLA数学系我教书的能力很好。

我的终身教席仍然在斯坦福，如果要在加州大学所有分校中选择，我只愿意去母校伯克利。那时正在伯克利访问的辛格和陈先生都分别专程来到洛杉矶，想说服我离开斯坦福到伯克利去。陈先生出了很大的气力，说可以给我"第六级"正教授的位置，对一个三十岁还不到的年轻人来说，这是个很高的职级了。通常只有多封非常有力的推荐信，教授才能擢升到那个等级。有些人在系里工作多年，还未能攀到那位置，而我一个相对新的人却能得到如此的待遇，他们心里自然有些不爽了。

友云仍然在洛杉矶的TRW工作，湾区那边并无合心意的职位，因此决定眼下不做大的变动。我留在斯坦福，只是回到伯克利当一年的访问教授，那是1977年到1978年的事了。母亲和我留在伯克利，友云和她父母则留在洛杉矶。郑绍远用他的斯隆奖学金来了伯克利，而孙理察则刚从斯坦福拿了博士，也到伯克利当讲师来了。如此一来，合该有运，我最亲密的工作伙伴都聚在一起了。

稍后我也开始跟李伟光合作。他也是陈先生的弟子，来自香港的富家子，开一部有型的阿尔法·罗密欧。陈先生让他开车送我四处去，好使我开心。米克斯也从巴西来了，说要和我工作好几个星期。他常常来我家吃饭，理察也是如此。母亲煮得一手好菜，在下的厨艺则尚待磨炼。

有一晚，我邀请了某些大佬过来吃饭，其中就有斯蒂芬·斯梅尔(Stephen Smale)，他十年前因证明了高维的庞加莱猜想而拿了菲尔兹奖。仍在系里访问的辛格来了。理察来了。米克斯也出现了，还带上一位刚认识的赤脚女士。他对带上一位不请自来的客人若无其事，丝毫不感尴尬，正说明了加州人跟东岸人的差异，这种情况在比较拘谨和贵族化的哈佛永远不会发生。母亲有时会被这些唐突的行为弄得不知所措，但到了最后，却能处之泰然，不让菜品的品质丝毫受损。

1977年深秋的一天傍晚，理察和我从伯克利的办公室回家吃饭，在途中我们对正质量猜想有了新想法。前面已经说过，正质量猜想是我1973年在斯坦福的一个会议上，从罗伯特·杰勒西的演讲那儿知道的，它是爱因斯坦想要解决的重要问题。这个猜想断言在一个孤立的引力系统，包括我们见到的星云，总质量或总能量必须是正的。很多包括杰勒西在内的物理学家对这命题深信不疑，故此他向几何学者下战书，挑战他们能否证明这个广义相对论中的老问题。

另一方面，有些几何学者如格罗莫夫却极力辩称，正质量猜想在最一般的情况下不可能成立。我可不会这么容易相信这些反话，就此罢手，我认为此中大有可为，且亦隐隐约约知道如何做。

在广义相对论中，人们研究时空中每一点（粗略而言，宇宙中每一点）的曲率，这是一套高度非线性的理论。我们想要证明的，说到底就是时空中每一点的物质密度都是正的时候，它的总能量也是正的。理察和我都觉得几何分析中的非线性方法，尤其是来自极小曲面的技巧，能对解决这猜想有所帮助。这些方法从来没有应用到这问题上，原因一点也不稀奇。正质量猜想跟最小曲面乍一看毫无共通之处，但我们有一种预感，依稀觉得后者正是解决猜想有效的解析工具。

碰过一些钉子后，我们归结出包含两步的方案：首先证明一个时空的纯量曲率点点为正时，它的总质量必为正；其次是构造一个纯量曲率点点为正的时空，它的质量和我们的宇宙一样。把这两者结合起来，即可知这新构造的时空具有正的总质量，是以我们所处的星云系统，质量也是正的。

1978年春，理察和我利用这个方法，先解决了猜想的一个特殊情况，即所谓时轴对称的情况，这是杰勒西原来就提出的。我们采用反证法，简单而言，假如孤立空间的总质量是负时，我们可在这空间中构造一个极小面积曲面，利用宇宙间物质密度非负的事实，可推导出这曲面的曲率必须为0，从而得出“这个空间必须是平坦的”这一矛盾结论。于是，我们证明了时空在时轴对称而又是非平坦时，空间的总质量必须大于0。这是正质量猜想中极为重要的一步。

然而，很多物理学者认定我们摘不掉时轴对称的假设。布兰代斯大学的斯坦利·德塞尔（Stanley Deser）和拉里·斯马特（Larry Smart）当时在哈佛访问，他们说除非在一般情况下证明了正质量猜想，否则这猜想不可能视为解决。其实在1978年夏天，访问伯克利一年后回到斯坦福，理察和我重拾这项目，我们借用了韩国物理学家 P. S. Jung 所研究的一条非线性方程，观察到它和我们考虑的极小曲面方程有相似之处。利用这方程，我们最终把整个猜想归结到早已证明的特殊情况上去。

证明了最一般的情况具有深远的意义。当宇宙的能量是正时，它意味着能量永远在零值之上，即它具有下界。另一方面，当总体能量取负值时，它并没有下界，能量可以持续地递减而不停止，这样宇宙会变得很不稳定，最后分崩离析。如此结局，以“困扰”二字来形容，还嫌不足。如果说，理察和我的证明拯救了整个宇宙，未免夸张了些，但它的确沿这方向前进了一步。这项工作可以视为几何分析的一个主要成就，它亦显示出这科目在数学中大有可为。求解这问题时发展出来的诸多工具至今还在使用，有些人甚至相信，这些工具和证明本身同样重要。

虽然如此，当我们的文章在1979年发表时，并没有引起许多物理学者的附和，或许里面的非线性计算令他们却步，甚至许多数学家也有同感。马里兰大学的物理学者胡比乐是我的中学校友，后来在高研院我还参加了他领导的毛泽东思想研读小组。他和许多研究者一样，完全不相信我们的证明。他在约翰·惠勒的指导下取得博士学位，惠勒是广义相对论方面数一数二的权威。比乐直截了当地说："数学家怎可能证明这样重要的物理问题？"然而，经过四十多年，我们的证明依然屹立不倒。而这件工作的可信性，也因1978年8月斯蒂芬·霍金邀请我到剑桥访问而迅速提升。

我愉快地接受了邀请，并打算在赴剑桥的途中顺道应邀访问巴黎、罗马和赫尔辛基，并在赫尔辛基的国际数学家大会上演说。但这次旅程并不顺利，英国领事馆不久前取消我的香港身份证，理由是我拿了美国绿卡。于是我变成了无国籍的人，我不是任何国家的公民，只是美国的合法居民而已。由这段日子到1990年成为美国公民为止，我是个不折不扣的无国之民，夹在两个国家和两种文化之间。因此之故，海外旅行常常带来极大的困扰。我要先用"白卡"申请离开美国，如果程序有少许错漏，或许不能返回美国。

我拿不到去意大利的签证，只好把罗马从行程中删去。其实我已付了"额外的费用"给意大利领事，他本来说是可以搞定的，但最后还是不行。同样的情况在我再要去意大利时又重复了一次，付了额外的费用，却拿不到签证。另外有一次，迈克尔·阿提耶邀请我到威尔士，在伦敦数学学会的年会上演讲。当拿着白卡通过伦敦的海关时，他们给我诸多为难。他们如此问："你到英国干什么？"我答道此行是为观光。"打算去哪里？"我答道："去威尔士。"关员说道："很明显那里不是观光的地方。"问到最后，我说我会和友人希钦教授一起去威尔士，希钦是牛津的名教授，至此我才被放行。总的来说，拿白卡旅游教人十分头痛。

回到1978年的8月，我拿到法国、德国和芬兰的签证，最后也到了英国与霍金和他的同事见面。我停留的第一站是巴黎，在法国高等科学研究所（IHES）我跟布吉尼翁、尼古拉斯·凯珀（Nicolaas Kuiper）和其他数学家见面。

我也遇见劳森，他从石溪来此地访问。我告诉他正质量定理的一些后续工作，其中包括有关具正纯量曲率流形的定理，以及理察和我有关这类流形结构的深入研究。特别地，我提到利用米尔诺和其他人引入的割补技巧，足以构造一大类几何上相似的三维流形。这种方法在数学上称为割补手术（surgery），因为它和人体器官的移植相似。它的基本想法是先把流形的某一部分（如一球面）移除，然后接上其他东西（如不同位置或维数的嵌入球面），手术前后不改流形纯量曲率为正的性质。这一点很要紧，因为我们可以大量利用拓扑的方法，来构造这纯量曲率为正的空间。在广义相对论中，由于物质密度必须为正，理察和我证明了黑洞以外的空间都存在纯量曲率为正的黎曼尺度，所以上述的拓扑方法可以用来了解宇宙的拓扑性质。

我们同时也证明了，如果拿两个同是三维的具正纯量曲率的流形，即如两个不同的宇宙，用一根管子或一座桥连在一起，可以造出一个新的三维流形或宇宙，其纯量曲率保持为正值。我详细地把方法跟劳森解释了，并且阐明如何在正纯量曲率空间中去完成割补手术的方法。

一年后即1979年，理察和我的文章发表在一份名声稍逊的学刊《数学手稿》上。文中阐述的割补手术方法，后来成了研究具有正纯量曲率的流形的重要工具。现在大家都知道，每当割补手术使用得当，很多拓扑结果都会水到渠成。我们并没有在上文中探讨这些性质，毕竟当时的兴趣在于正质量猜想和更一般的广义相对论上。

在这期间，劳森和格罗莫夫合作，探讨这种割补蕴含的拓扑性质。他们的文章紧接我们的论文，发表于《数学年刊》上。

几何学家凯珀当时是IHES的院长，他邀请我和罗伯特·康奈利一起吃饭。来自康奈尔的康奈利一年前有一个重要的发现。当时他在研究大数学家欧拉于1766年提出的问题："在空间中封闭的形体，除非把它撕开，否则它是不会变形的。"三维空间中的封闭曲面有"可塑"的概念；如果曲面能连续地变形，而其内在结构包括它的几何却始终不变的话，则称该曲面为可塑的曲面。

试以一简单例子说明这概念。把一张平放的纸逐渐卷起来成一圆筒，在这过程中纸作为一个曲面不断地在改变，但它的几何是不变的，事关纸上两点在曲面上的距离，无论它是扁平或管状时，都没有改变。在这个例子中，纸张是可塑（但不是封闭）的。

1813年，法国数学家奥古斯丁-路易·柯西（Augustin-Louis Cauchy）论证三维空间中的凸多面体具有"刚性"，即是非可塑的。多面体由若干个多边形接合而成。凸多面体即其表面每点皆向外突出，如一个充了气的足球。可是，凹的多面体，如泄了气的足球，原则上是可塑的。

1977年，康奈利找到了第一个可塑的闭多面体，它由18个三角形作为面构成。每个三角形都是坚实不可拗弯的，但每一对相接的三角形的边就像铰链，可以向外或向内弯曲。就如前面例子中的纸张，多面体表面任何两点之间的最短距离，和这些三角形接边拗出或拗入无关。康奈利的多面体具可塑性，欧拉两个多世纪前的命题，数学家一直找不到的例子，终于给找出来了。其后康奈利和其他人更进一步，证明这些多面体虽然不断变形，体积却保持不变。

这个多面体后来被称为康奈利球面。他带了一个模型到巴黎，凯珀很喜欢这个模型。不久之后，他和当时也在IHES的皮埃尔·德利涅（Pierre Deligne）修改了它，又得到另外一种可塑的、具有18个面的多面体。

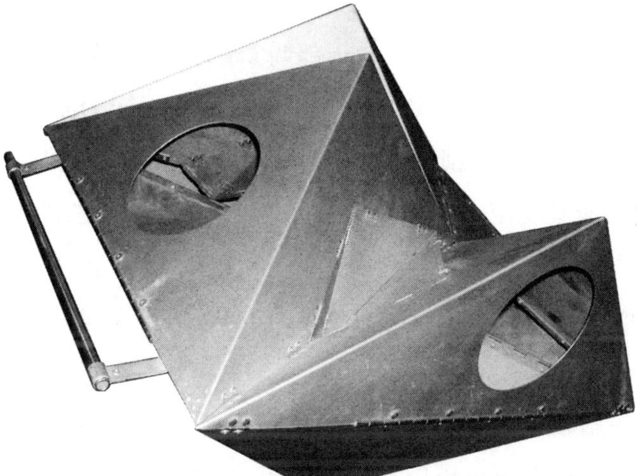

1760年代欧拉猜测所有多面体都具有刚性，但到了1970年中期，罗伯特·康奈利找到一个反例，即一个可塑的多面体。这类多面体必须是非凸的，并具有某些特殊的几何属性。这个建于IHES的“康奈利球面”建基于康奈利较早前的工作。其后，人们找到了更简单的可塑多面体。（感谢让-皮埃尔·布吉尼翁和IHES，图片引自康奈利和西蒙·格斯特的新书*Frameworks, Tensegrities and Symmetry: Understanding Stable Structures*）

在访问期间，凯珀邀请我、康奈利和美国数学家肯·里贝（Ken Ribet）一起去探访巴黎的艺术家，把康奈利的模型也拿上了。我们十分惊讶地发现，这些艺术家早就创造了可塑的多面体，并且制成了雕像。纵使并未正式学过几何，他们对几何具有极深刻的体会。艺术家和数学家的出发点大异其趣，方法截然不同，然而大家追求的都是美。恐怕创造美丽之物，或揭露大自然隐藏之美，乃是人类的通性，和职业与国籍并无关系。

那次逛巴黎挑起我的兴趣，虽然IHES离巴黎三十多公里之遥，我尽可能往城里走走。一天晚上，我和一位在IHES的斯坦福研究生在巴黎溜达，我们打算去看一部叫《希特勒》的电影，怎料在街上碰到法国数学家伯纳德·圣多纳（Bernard Saint Dona），他建议我们和他一起去听歌剧。可是，那位研究生坚持要看电影。失望的圣多纳只能慨叹两个美国来的乡巴佬，竟为了看一部讲述疯子和暴君的电影，而放弃城中更高雅的表演艺术。不过也要辩解一下，我稍后也参观了不少出色的博物馆，而且以后每次到巴黎，也会这样做。

下一站到了波恩，希策布鲁赫邀请我做报告。弗里德里希·希策布鲁赫是伟大的代数几何学家，我很钦佩他的工作，并从他的书《代数几何中的拓扑方法》中首次认识陈类。在波恩我还结识了斯特凡·希尔德布兰特（Stefan Hildebrandt）和威廉·克林根贝格（Wilhelm Klingenberg），他们后来都向我推荐过很出色的学生。我也有幸周游德国其他充满数学史迹的名城，德国是数学巨人高斯、黎曼、希尔伯特等人的家乡，它丰富的数学传统令人难忘。

我从波恩乘火车到法兰克福，打算从那里再乘飞机到赫尔辛基，参加国际数学家大会。邻座是同样前往大会的日本数学家盐田彻治，途中我们交谈了颇长的时间，其中谈到汉字。盐田坚定认为汉字完全没有用，部分原因是它不能用于打字机。我则持反对意见。争辩虽然时而变得激烈，但始终没有过火。三十五年后在东京重遇盐田，喜见他终于改变了看法，承认汉字确是具有一定价值的了。

1978年芬兰之旅，我受邀在国际数学家大会发表主题演说。除我之外，发表主题演说的还有拉斯·阿尔福斯（Lars Ahlfors）、罗伯特·朗兰兹（Robert Langlands）、罗杰·彭罗斯（Roger Penrose）和安德雷·韦依。我当时只有二十九岁，是所有人中最年轻的。

就在大会召开前几天，斯坦福那边传来可怕的消息，一个精神错乱的研究生西奥多·斯特莱尔斯基（Theodore Streleski），闯进了卡雷尔·德莱乌（Karel deLeeuw）教授的办公室，用锤子杀害了他。德莱乌是三个孩子的父亲，为人和善，他的办公室距我的只有两门之遥。他的被杀是个惨剧，与会者闻此莫不痛惜。大会还是如期举行，只是不免蒙上一层哀伤的气氛。

我打算把主题演讲作为几何分析的导引，当时这科目仍未广为人知。我尝试解释它的理念及阐述其发展，指出非线性微分方程如何能应用于几何。但是一看见讲演厅这么大时，之前的准备就明显不足以应付了。我一直以为自己能在黑板前讲话，就像教书一般，但讲堂是如此之大，在黑板前讲话实在不行。斯坦福聘萧荫堂时我出了点力，他那时已鼎鼎有名，也要在会上做报告。在普林斯顿当研究生时，他曾替米尔诺的书准备奇点的图像。他拔刀相助，替我的演讲配了些图。

一个生于美国但住在加拿大已久的数论学者比尔·卡斯尔曼（Bill Casselman）也帮了忙，他把腕表借给了我，让我在演讲时能知道时间，不要过时。一待讲完，卡斯尔曼就一个箭步冲上来，我以为他听完演讲后心情激动，要祝贺我或要问些问题——原来他只是要把腕表拿回去。

多年后，他对这次大会最清晰的记忆不是我的演讲，也不是他自己的报告（《实约化群的Jacquet 模式》），而是那位每天早餐时为我们服务的、身高一米八以上的金发芬兰女郎。

无论如何，我的讲话在一些人心中留下印象。大会结束之后，我从赫尔辛基飞往伦敦，打算跟霍金见面。在飞机上，我坐在陈先生的旁边，他的另一边则是李普曼·伯斯（Lipman Bers），一位来自哥伦比亚大学的知名数学家。他带点嘲讽地恭维说，我的演讲是“整个会议次佳的演讲”，而瑟斯顿的演讲“三维空间的几何和拓扑”才是最好的演讲。我同意这位伯克利同窗的工作十分重要，但同时也对自己报告的工作深有同感，不过对于演讲技巧的名次并不看重。

霍金早已由于他关于黑洞，尤其是黑洞辐射（或称霍金辐射）的研究，而成为闻名全球的科学家，我很期望跟他会晤。到了剑桥的第一个早晨，我们就在大学房舍外面的花园见面。他向我提了不少有关正质量猜想的问题，由一位学生担任传译。因患上ALS即肌肉萎缩性侧索硬化症，他说的话已难以分辨了。

当时霍金还只三十五六岁，精力充沛，思维敏捷如电，只是行动因疾病带来的肌肉退化而愈形不便。心知见面机会之可贵，我亦在他可应付的情况下，向他请教。霍金机智而富吸引力，治学出色，这次见面我获益匪浅。（霍金于2018年3月逝世，我和世界其他人一起悼念他。他告诉全世界，纵使躯体残损，一个人依然能够有如此的成就，以及圆满的人生。）

先前理察和我证明了三维空间的正质量猜想，霍金却对这个猜想的四维版本深感兴趣，事关广义相对论中时空是四维的，空间三维，另加上一维的时间。霍金正和他物理系的同事加里·吉本斯（Gary Gibbons）发展一套叫欧氏量子重力的崭新引力理论。在这理论中，时间变成了空间的一部分，他们想知道这样子构造出来的四维空间，其能量是否为正。是以霍金亟欲了解理察和我原来的证明，能否适用于高维的情况。

我一下子不能回答这问题，只是心中在想，把原来的做法稍微改动一下，看看能不能成功。回到斯坦福后，我立即和理察埋首工作。几个月之后，我们成功地证明了四维的正质量猜想，很高兴能和霍金一起分享这结果。

理察和我也着手考虑霍金和彭罗斯早在1960年代末到1970年代初的工作。在一系列文章中，他们精确地描述了在广义相对论中奇点产生的条件。奇点指时空中的一点，诸如黑洞的中央，那里的重力、曲率和质量密度通通变成无限大。利用几何论证，霍金和彭罗斯证明了拘束曲面（trapped surface）的出现必然导致奇点。拘束曲面是正在崩塌中的曲面，它的“墙壁”向内收缩，迅速使面积趋于零，同时曲率趋于无限大。

理察和我更进一步，着手寻找拘束曲面出现的条件。经过一番努力，利用与霍金和彭罗斯非常不同的几何方法，我们证明了如果某区域的密度是中子星的一到两倍时，拘束曲面就必然会出现。顾名思义，中子星差不多全由中子构成，它是宇宙中最细小但密度最高的星体，比水的一百万兆倍还要密。换句话说，一茶匙那么多分量的中子星物质，重量已经超过十亿吨，比吉萨的大金字塔还要重五百倍。

把我们的结果与霍金和彭罗斯先前的结果合并起来，就得到黑洞必然产生的条件。* 换句话说，我们利用数学证明了当物质分布的密度足够大时，黑洞必然产生，这个结果比由观察找到它们要来得早。到了今天，天体物理学家认识到黑洞是十分常见的东西，差不多所有大的星系，其中心都隐藏着大大的黑洞。依我看来，证明黑洞的存在，是几何学对探索宇宙的重要贡献。

我们完成正质量猜想的工作后，我住在邻近斯坦福的自置小屋子，母亲来与我同住。友云搬到圣迭戈去，她在拉霍亚一间叫"物理动力"的小公司找了份工作。我们把洛杉矶的房子卖了，随即在圣迭戈北面三十多公里的德尔马买了房子，友云和她的父母住了进去。各自和自己的父母住在一起，读者或觉得有点奇怪，但对中国家庭来说，却不值得大惊小怪。

我这一年在伯克利，是访问性质，主要是试试看我能不能够适应

---

* 2020年，彭罗斯因在"黑洞产生机制"上的研究贡献获得诺贝尔物理学奖，然而没有人注意到这个命题的最后一步是由我们完成的。

伯克利的环境。陈先生希望我能在伯克利长留下去，这当然是我的荣耀，伯克利的慷慨。他甚至强调，只要我留下来，我就是他的继承人。

当时，陈先生、辛格和卡尔文·穆尔(Calvin Moore)正在进行一项大计，就是要在伯克利建立一个新的数学中心，即数学科学研究所(MSRI)，它部分由国家科学基金(NSF)资助。筹建中心的主要阻力来自普林斯顿，他们认为NSF如要出资支持建立中心，它必须建在最好、声誉最隆的地方，即普林斯顿是也。但是普林斯顿已经有一个历史悠久的高等研究院，所以美国政府不应当浪费金钱在其他地方再建立新的研究院。芝加哥大学的桑德斯·马克·莱恩(Saunders Mac Lane)也加入竞争，他们四处游说，以求达到目的。到了最后，还是陈先生、辛格和穆尔赢了。1982年，MSRI在伯克利成立了，陈先生出任首任所长。他跟我说，如果我愿意留在伯克利，我应该会接任所长的位置。

但人生非事事如愿，伯克利并不适合我。部分原因是我仍想把精力投放在数学研究上。况且，我觉得行政事务非常琐碎。进一步说，要管理或参与管理一个主要的数学中心，必然会牵涉到很多人事上的互动，我对此兴趣索然。伯克利数学系的规模虽然很大，人才济济，但研究(我有兴趣的)非线性偏微分方程和几何的人并不多。理察的讲师任期将要结束了，就要到柯朗所去了。我曾提议伯克利聘请利昂·西蒙，他当时在明尼苏达大学，陈先生却说不行，系方当时正把焦点放在其他领域上。

1978年春，我婉转地跟陈先生说，不会留在伯克利了。伯克利的人兴趣不在我的领域，而我需要和一群志同道合的人合作。斯坦福数学系更适合我的口味，我能更方便地做研究，训练学生。在伯克利我不会开心，创造性也会受到损害。

陈先生却大不以为然，他说我若留在伯克利，以后可以接他的班。他的提议确实难以拒绝，我感谢他在伯克利为我做的一切。从我到伯克利做学生开始，一直维护我，提拔我。但我当时更有兴趣从事研究，让工作本身提高自己的影响力，而非领导别人，相信这便是陈先生与我的基本分歧了。这时陈先生已到了六十多快七十了，他懂得利用上层的力量，由上而下地推动数学的发展。而我呢，我还未到三十，对权势没有兴趣，只愿意在基层，或更确切地说，在纸上留下我的影响，一支笔和一部打字机便是我的主要工具。

我先后三次跟他说要离开伯克利，但他拒绝相信。我不想他不开心，但经过多月的反复考虑，我最终下定决心离开。

从这刻开始，陈先生对我有了不同的看法。虽然我感到在此之前，已经有人在挑拨生事，离间我们。记得几个月前一次晚餐，项武义在我和陈先生面前，谈起陈先生最近的一次中国之行。他问陈先生有没有跟别人说，我在解决了卡拉比猜想之后，成就已超过他了呢？陈先生听了之后非常意外，一下子脸都红了。我如坐针毡，浑身不舒服。虽然我极力解释先生的工作对我来说，高山仰止，怎敢比较，但还是怕陈先生怀疑我在他背后有此想法。有些人想尽办法使陈先生反对我，这只是一个在我面前发生的例子而已。

1978年秋季，我回到斯坦福，随即和刚来的萧荫堂合作，我们很快便解决了一个复几何中的重要问题：弗兰克尔猜想。我们的证明以偏微分方程为工具，而日本数学家森重文则完全用代数几何的方法，证明了更广泛的结果。萧和我相处得不错，只是他喜欢较劲，这种性格最终要为我俩的关系付出代价。

那段日子我忙得不可开交。1979年3月底4月初，李伟光安排了郑绍远、理察和我到夏威夷参加一个会议，开会为主，观光为辅。虽然对会议的主题“拉普勒斯算子的几何”极感兴趣，我们也不忘尽情享受夏威夷的风光。在瓦胡岛（Oahu）愉快地开了四天会后，我们便到了奇景处处的可爱岛（Kauai）观光。理察利用休息的时间，掌握了用石头把椰子打下来的技巧，椰子掉下来后，我们便面对破开椰子的难题。很遗憾地告诉大家，即使深谙拓扑学，我们也对破开椰子坚硬的外壳束手无策，最终只能丢开方程式而改用开山刀了。

回程时，恰巧碰到联合航空罢工，我们只好租了间公寓再住几天。有一晚有小偷企图潜入作案，郑绍远说我的鼾声太大，最终把小偷吓退了。

罢工结束之后，我从檀香山飞波士顿，在哈佛做了一个有关正质量猜想的报告。我住在麻省理工偏微分方程学者理查德·梅尔罗斯（Richard Melrose）的家中，虽然离我的生日还有好几个星期，我们还是一起庆祝三十岁生日，之后飞回圣迭戈，快快乐乐地在4月4日和友云庆祝我真正的生日。

隐约之中有些大事在发展，瑞士数学家阿尔芒·博雷尔从1957年开始就在高研院。他邀请我在高研院组织一个几何分析的“专题年”，从1979年秋季直到次年的春季，我可以借着这机会，把所有有关这科目的关键人物都聚在一起。但这不仅是选择适当的人的问题，我还要考虑如何安排各种活动，俾使达到最大的成效。负责一年期的活动是千载难逢的机会，但要花颇多心思在它的流程中。

刻不容缓，我立即着手筹备了。

1979年那么特别还有另外一个原因，中国当时刚刚对外开放，著名学者华罗庚教授邀请我到北京的中国科学院数学研究所做一系列的演讲，就从该年的5月底开始。众所周知，华罗庚跟我的老师陈省身不和已久，但是他们都是我尊敬的数学大师。对我来说，回国意义重大，毕竟自从婴儿时离开汕头，到如今已经三十年了，终于可以见到盼望已久的祖国了。除了我以外，还有不少出国已久的海外学者和专家，也踏上回归故里的旅程了。

我的计划是先到中国访问几个星期，到了8月，就到高研院开始那为期一年的几何分析年。当飞机在北京着陆时，我心潮澎湃，就在飞机旁，俯身触摸祖国的泥土。这是个激动人心的时刻。纵使离开中国已久，对往事已全无记忆，但祖国一直在我的生命中占据着重要的地位。

我在数学所做了有关几何分析和其他方面的几个报告，又抽空在北京附近观光，长城、故宫、避暑山庄等著名景点我都去了。这些地方虽是初次亲临，却仿佛旧识。此行收获甚丰，感触极大，既有喜，也有悲。当时老百姓普遍贫穷，教育又不普及，生活可不容易。我虽然被视为上宾，却未能视而不见。

在科学院的演讲十分顺利，只是在访问期间发生了一件不愉快的事情。事情是这样的，吴文俊在法国留学，以在代数拓扑学中引进“吴类”成名。他曾经受过陈先生的栽培，长期跟华罗庚不和，他们之间的矛盾导致中国科学院数学所的分裂。当时吴正在创立一个新的独立于数学所的数学研究中心，即系统科学研究所。数学所

1979年，游览北京颐和园。

是由华创立的，作为一个纯数学的拓扑学者，对应用数学所知不多，却去建立系统所，确使人大惑不解，由此可见华、吴矛盾之深了。

一天，有个曾师事吴文俊的学者登门求见，并出示他写的一篇论文。我没时间细看文章，只是随口说它不错。但吴即向有关领导报告，说我认为这学者做出了重要的工作，值得拿一个国家级的奖项。华的一些同事，对此感到不快，觉得这人的工作不值得这个奖项。他们找到了萧荫堂。萧坚持要我上书，纠正我客气话导致的错误。我本无意做这种烦恼事，只是经过萧多次游说后，才勉强上书说明，这项工作不值得国家级的奖项。事情在最后关头才起波折，这位学者当然甚为不快，为一年后一次激烈的争辩埋下伏线。

行程之前，华罗庚的弟子陆启铿问我，访问北京后有何计划。

起先我没有主意，于是和朋友商讨。“你当然要去父亲的老家看看，还要祭拜先人。”一个生于中国内地的朋友这样说。于是我告诉陆，希望能到蕉岭看看先父的出生地，和祖辈扎根八百多年的地方。（根据推算，我们这一辈乃是蕉岭丘氏第二十三代子孙。）怎料这个颇为简单的要求，却被一些理由婉拒了。开始时是说那乡镇在地图上已不复存在，接着又说因国防的理由那一区不接待外宾，总之是诸多推托搪塞，真正的原因耐人寻味。我只不过是依朋友的提议想回乡一趟，这是合情合理的要求啊。

事情拖了好些日子，最后他们答应我去蕉岭探访，由中国科学院数学所的王光寅教授陪同。我们绕道，先在桂林稍事停留。桂林是中国南方著名的风景区。我们在桂林乘船游了一小段，欣赏那儿绝美的喀斯特地貌，雄奇的石山矗立江边，峭壁上树木丰茂，郁郁苍苍。

王为人和气，是旅游良伴，但此行的安排亦不无突兀之处。由于我是国家级的“贵宾”，休憩的房间比他的好；外出吃饭时，我们也分桌坐，我的食物要比他的精美。心知受到殷勤的接待，但对他们这种做法，心中着实感到不是味儿。

游罢桂林，我们乘飞机到了广州，见到了我的远房亲戚，她丈夫是当地的大学教授。在其他人的帮忙下，他们夫妇设蛇宴为我洗尘，席间有蛇羹、炸蛇等，都是老广的拿手菜式。我从前在香港吃过一点蛇肉，但是这次是大规模的蛇宴。开始时，心中不无惴惴，但很快便克服了，味道还真不赖。

蛇宴之后，主人家向我请托，看能不能帮他们儿子到美国申请大学，这类的请求很快便见怪不怪了。我犹豫了一下，毕竟并不认识那孩子，不知他的数学能力如何。最后，我给他出了一些测试题，看看他的长处在哪里，结果发现他不怎么行。我提议他到北京先学习半年，由我认识的人辅导，如果表现理想，会推荐他到斯坦福。自以为这是颇合理的方案，主人家却另有想法。他们后来找到别的途径把儿子送往美国，阴差阳错，他竟成为理察的学生。但这个年轻人终究没有成为成功的数学家，依我看，他并没有把精力贯注在这个学科上。也许这是一种文化现象，一些中国学生读研究生时，都没有花工夫做学问，挣钱乃是念书的主要目的，而研习某科某目则为其次。数学上，他们只关注细小的问题，得到一丁点儿结果便急急发表，以此作为升职升等从而加薪的凭借。

在这次和以后多次中国之旅中，我遇见整整一代的青年数学家，或将来的数学家，他们尚缺乏基本训练，也缺乏动机。很多人一知道我不会立时向美国的研究院推荐这些学生时便生气，其实我深知他们不能通过博士资格考试。这类情况已烦得生厌，但还是不停地出现。

王和我一起从广州坐车去梅州，我母亲的出生地。那天晚上见了些亲戚，次日早上即驱车往蕉岭。司机在未浇柏油的路面上走了差不多半个小时，路上都是新净黄色的沙子，看来有点奇怪。在《绿野仙踪》中，“沿着黄砖路走”是探险者的口号，现在我们却是沿着黄沙路走，我从来未见过如此道路。

几年之后，这个疑团才被解开，原来这条铺上沙子的路是全新的，专门为我的来访建造。我为此颇为内疚，自忖不是什么大人物，

1979年，与乡亲合影。

1979年，在蕉岭与亲戚及乡亲合影。

只是个三十岁的中国人，在细小的微分几何世界外不为人知。至于一开始为何不想我去蕉岭，以及在途中拖延，我一下子明白了，他们是要争取时间把路修好。

这是个小小的乡镇，在此之前连一条像样的路也没有，所以没有酒店一点也不奇怪。我在一间宾馆安顿，里面的蚊子比客人还要多。床上盖着蚊帐，但蚊子藏在帐内叮人，整晚皆是嗡嗡的攻击声。宾馆外的大钟到了清晨五点便发出巨响，把附近的所有人都吵醒了。我辗转反侧，一夜未睡好。

第二天，到祖父和先祖的坟前扫墓。（父亲葬在香港。）之后去了父亲出生并且和母亲住过的房子看看。房子残破得很，地下铺着尘土，不，更精确地说是一片泥泞。很多亲戚陪着我到处走，我不认识他们，但总觉得应该请他们吃一顿。他们为我杀了一头牛，花了我三百元人民币（以当时币值算只约十四美元）。那时候在中国，牛不是要杀就杀的，你要说它已经无力下田才能动手。到了开席，他们先给我夹来一大块白花花的肥膏，据说这最金贵的部位，是专门留给最尊贵客人（或付钞者）享用的。客气一点说，这肉不大对头，我用筷子碰了一下，沉吟不语。

一大群小孩在四周喧闹跑动，他们都没穿鞋子。小孩没有大人喝止时，通常都是蛮开心的，他们衣衫破旧，面色也不太好。付了牛肉钱后，口袋中还剩下两百元人民币，于是每个亲戚都给十元。不过来者愈来愈多，只能给五元、一元，直至花光为止。有些人拿得多，有些人拿得少，有些人拿不到，乡亲们起了争执。后来，家乡的人前来请求帮忙者众，但绝大部分我都无能为力，这也引起不少怨言。

总的来说，回归故国非我原来想象的一样。之前对农村的田园生活过于理想化，奈何残酷的现实却显示，这还是个尚未完全摆脱贫穷的国家。中国传统过于重视血缘关系，从而对亲戚诸多索求，令人失望。当然，这种传统也有好处，至少在困难时，大家会互助扶持，但过犹不及，走到反面就不好了。

在美国，一般人都知道有些事情应当适可而止，过分的求请可以免提。但是在中国传统里，据在下所见，求请有时会失去底线。只要你是他的亲戚，你便有义务去帮他，不管难易或对错，也不管场合。在蕉岭的乡下也好，在学术界的殿堂也好，事例层出不穷，我早已司空见惯。

我对这些做法不以为然，而这种态度不时也招惹麻烦。但更甚者，是这种心态对整个社会的影响。单位之间互相依赖变成一种文化，人们丧失了自己事情自己办的心态，总是想着别人来帮忙。

我带着复杂的心情回到美国。一方面我终于踏足故土，到过中国；另一方面，我对中国的想法变得更现实一点。中国要在生活程度和教育水平上追上西方，还有一大段路要走。这时“文化大革命”结束没几年，经过这段风雨飘摇的日子，中国可谓“一穷二白”。距离困难时期还不到二十年，人们在美国还在以“中国小孩还在挨饿”的说法，教育美国小孩要吃蔬菜，不要浪费食物，这也如实地道出当时中国的困境。

面对极度艰巨的挑战，在一片住着差不多十亿人的土地上，我对一个人能发挥什么作用一筹莫展。但，我还是希望能竭力相助，哪怕是一丝一毫都好。只要大家共同努力，众志成城，也许有一天能有所成就，扭转乾坤。

第七章　斯年堪纪

偃仰左右寻，始得月皎洁。
皓月映冰心，冰心不可夺。

——《剑桥中秋佳节感怀》选句，2016年协同效应指出两种或多种事物的相互作用，成效会多于每个独立事物成效的总和，或是各独立事物根本不能产生任何结果。协同效应在自然界比比皆是，例如，两个氢原子和一个氧原子结合生成一氧化二氢（H_2O），即水，构成地球表面71%。水十分神奇，它能维持生命，但是把氢和氧分开，这些神奇作用就消失得无影无踪了。蜜蜂和蚂蚁亦是如此。个别的蜜蜂或蚂蚁能做的事情有限，只有它们联合起来，才能完成种种任务。神经元亦复如此。一个神经元做不到什么，但当一千亿个神经元由一百兆个突触联结起来之后，便形成了大脑，其功能非当今科技所能仿效，简直望尘莫及。

人类的活动也依赖协同效应，17世纪中期新阿姆斯特丹，即后来易名为纽约的殖民城市，其突击拯救队扑灭了火灾。三百五十年后，我期望在普林斯顿的几何分析年中集思广益，利用协同效应来解决一些数学上的难题，当然这不再是生死攸关的紧急问题了。

回顾历史，数学上的突破皆来自个人或小组的合作，重要的难题从来不靠成立委员会，把工作分拆，然后摊派开去如做作业般完成。纵使如此，我仍然相信，把不同领域但相关的精英聚在一起做思想交流，仍然是可取的。他们会有充足的空间和资源，依照兴趣而进行研究，不受时间的约束。回顾自己的工作，也得益于类似的环境。期望从1979年9月到1980年4月的八个月内，能得到丰硕的结果。我会尽力使这个几何分析专题年，变成名副其实的“特殊年”。

我邀请了好些出色的学者参加这专题年，他们大部分会访问一段日子，中心人物包括卡拉比、郑绍远、孙理察、西蒙和卡伦·乌伦贝克，还有奥班、布吉尼翁、罗伯特·布莱恩特（Robert Bryant）、多丽丝·菲舍尔-科尔布里（Doris Fischer-Colbrie）和李伟光。好几位我的研究生，包括安德烈斯·特雷贝里斯（Andrejs Treibergs）以及高研院的菲尔兹奖得主恩里科·邦别里（Enrico Bombieri）也来了。短程访问的则有杰夫·奇格（Jeff Cheeger）、斯特凡·希尔德布兰特、劳森、尼伦伯格、彭罗斯、马尔科姆·佩里（Malcolm Perry）和萧荫堂。

按照博雷尔的说法，这是高研院历来主办规模最大的数学计划。虽然高研院指派他来共同领导整个计划，他却放手让我干。我安排了每个星期举办三个研讨班：微分几何、极小曲面、其他题目（以广义相对论和物理数学为主）各一，后者由彭罗斯和霍金的学生佩里负责。博雷尔曾说，数学家跟物理学家在这水平的合作，恐怕是研究所创所以来前所未见的。

差不多所有演讲者都由我邀请，有的早已参加了专题年。正如预期，我们成功营造了一种畅所欲言、无所不谈的气氛。出于对数学的激情，而非受到什么压力，大家努力工作。很多当时完成的工作，都在会上报告，这是我乐于见到的。专题年以我的报告开始，在演讲中对整个几何分析做了概括性的描述。接着卡拉比谈了他最近有关凯勒流形的工作，这类流形和卡拉比猜想有着密切的关系。布吉尼翁和劳森谈到杨-米尔斯场的几何属性。彭罗斯谈到经典广义相对论中一些和几何有关的悬而未决的问题，相信会引起几何学者的兴趣。理察和我在这期间证明了庞加莱猜想的一个变体，那是有关带正里奇曲率的非紧三维空间的。

当然，这里的人专注于数学，但也不忘忙中取乐，营造出今天所说的工作和生活的平衡，令人精神抖擞，我敢说还提高了工作效率。我们不时外出就餐，星期六早上玩排球。我们也打乒乓球，邦别里比我强，但他打不过西蒙，每次输了球，他都能找出些新的借口，如手臂痛呀，手腕僵硬呀，等等，不一而足。

陆启铿是华罗庚手下，中科院数学所的副所长。在专题年期间，他到了高研院，打算访问几个星期。他在多复变函数论中有过出色的工作。作为华最出色的一个弟子，他不幸也牵扯进华、陈的争斗之中。1979年，他安排了我的“回家”之旅，所以这次我也以介绍他参观纽约市为回报，郑绍远和萧荫堂比较熟悉纽约，全程由他们当向导。

他们在四十二街溜达，带他看了音乐剧《噢！加尔各塔！》。这剧中有不少裸体场面，一众演员不穿衣服大解放，演着男女爱做的事儿。这类题材公开演出，在中国固然闻所未闻，就是在美国也颇招人非议。郑绍远担忧这剧会令他不快，幸好出人意表地，他竟能欣赏这出长寿的百老汇歌舞剧。

高研院数学大楼通常一派肃穆，但现在颇有些大型派对，酣饮狂舞。别人告诉我，不知巧合还是别的原因，这类狂欢中最酣畅者，竟发生在我的两房公寓，当我到外地之时。这也难怪，毕竟和我同住的是一个研究生，趁着我不在时，总会大开门户，大家的心情会特别轻松。

1979年秋天，我应邀到康奈尔做报告，很期望跟那里的理查德·汉密尔顿见面，他并没有参加普林斯顿的专题年。他正开始从事"里奇流"(Ricci flow)的研究，这是个雄心万丈而又非常困难的工作。在几何流中，人们研究空间或曲面细微连续的形变。举例来说，我们可以通过充气，使泄气的棒球变回完美的球体。同样，我们可以利用微分方程来诱导几何对象发生形变，毕竟说到底，微分方程所描述的，就是一种无限小的形变。汉密尔顿开创的里奇流是一种形变的过程，使在复杂空间或曲面中，大范围或"全局"的不规则性变得光滑。然而在这个过程中，一些小范围或"局部"的不规则却可能会出现。故此，这套理论最大的困难，在于弄清楚这些在形变过程中形成的不规则点，它们如何出现及应该如何处理，或干脆就找出一些条件保证它们不会形成。

这个想法固然绝妙，但有关的微分方程(后来称为汉密尔顿方程)则非常难以对付。我对如何克服这方程的种种困难并无把握，但汉密尔顿以一往无前的精神，坚毅地工作了几十年，不久之后他就得到惊人的进展。多年来我一直紧贴他的工作，与他紧密联系，而且定期向他推荐研究生和博士后。

除了高研院的专题年外，1979年还发生了几件事，使这一年对我来说变成名副其实的“特殊”。我被选为加州年度科学家，这是首次有数学家获此殊荣，我也是这奖项二十多年来最年轻的得奖者。迈克尔·斯蒂尔早在斯坦福当研究生时已和我很熟，他提议我添置一套正式的礼服，不要再去租了。他说，这是个开始，你今后还有一大堆机会要穿呢。我依他的话买了一套礼服。果然两年后的1981年，美国科学院颁奖给我，这个奖叫卡蒂奖（Carty Award），直到今天只有三位数学家拿到过这奖项。当时我在普林斯顿当教授，就穿上这礼服，和母亲、弟弟一起到华盛顿出席颁奖礼。以后我体形渐丰，这礼服再也穿不下了。

起初，我对成为年度科学家没有什么感觉，这个奖闻所未闻。我甚至跟斯蒂尔说，一个小小的委员会，怎能真正评价别人的工作呢。又不无自大地继续说，只有历史才能下定论。但另一方面，母亲笑得合不拢嘴，她和住在加州的表亲一起出席了授奖仪式。她经过多年的辛劳，把我养育成人，现在还出人头地，想到这里，我也由衷地开心起来了。

另一件值得纪念的，是1979年底，有一天博雷尔突然走进我的办公室，告诉我哈佛要给我下聘书（其后知道是真的），但不要迫不及待地答应，高研院也会给我下聘书（后来知道也是真的）。此外，香港的友人也传来消息，说香港中文大学准备在来年向我颁赠荣誉学位，这也是好消息，尤其是我在母校从来没有获颁本科学位。

然而，从香港传来的也有不好的消息。大哥成煜跟脑癌搏斗了差不多十年，近来情况恶化了。他本来在杂货店工作，现在住进了医院。X光显示肿瘤生长在大脑深处，外科医生也束手无策。我在当年12月到香港看望他两星期，了解到他得到的和得不到的治疗。

我们都不满意治疗他的医生，他不肯把医疗记录给我们选定的外科医生看，于是我决定把大哥送到美国治疗。可是，事情说时容易办时难，头一次申请签证未能成功。我向高研院的高层求助，他们找了一个新泽西州的众议员替我们出头，但是也不得要领。

于是我请求当时崇基书院的副院长芮陶庵帮忙，他儿子芮效俭是美国外交部的高官，后来出任美国驻华大使。芮陶庵替我写了一封情词并茂的信，可是他的儿子和领事馆依然不为所动。

柳暗花明，友人辛格当时是美国总统的科学顾问，他和一位国务院的高级官员是网球球友。通过这位朋友的帮助，我哥终于拿到了美国的签证。

差不多同时，高研院果然如博雷尔所言，给我送来了终身教授的聘书。这一下子为难了。我喜欢斯坦福，同时也对哈佛印象深刻。见过拉乌尔·博特、广中平佑、芒福德和哈佛其他睿智的学者，你很难不见贤思齐。当然，高研院也有辉煌的过去，教授的阵容也超强，它总是把研究放在首位，加之过去得到的大量成就，高研院被全球数学家视为就算不是最好，也是最好的几个地方之一。

最后，我决定留在高研院，其中一个原因是它数学部中有博雷尔、哈里什–钱德拉（Harish-Chandra）、米尔诺和阿特勒·塞尔伯格（Atle Selberg）等杰出人物，在那里我有宾至如归之感。而且，高研院的所长哈里·伍尔夫（Harry Woolf）原任约翰斯·霍普金斯医学院的院长，他跟我保证，我哥能到巴尔的摩的约翰斯·霍普金斯医院医治。当时霍普金斯神经外科的主管是名医唐林·朗（Donlin

Long)，他愿意主诊，部分是由于他对我哥的病例感兴趣，而且和他的研究计划相符合。更有甚者，成煜的治疗基本上免费。这样难得的机会当然要好好把握，我至今还感谢朗大夫把他的诊金免了。我们决定一旦他的签证落实后，便立即出发。后来他于1980年夏末到达美国。

回到原来的话题，几何分析专题年于4月结束了，好几位与会者都向我提议，整理一份这学科中的公开问题。记得十年前，我刚当了一年的研究生，陈先生出席尼斯的国际数学家大会。他在演讲中讨论了好些悬而未决的问题，以期借着破解它们，从而开辟新的数学领域。我清楚记得，他说这样做对同行大有帮助，也记得美国发明家查尔斯·凯特林（Charles Kettering）曾说："问题问得好，就是成功的一半。"

因此之故，我提了一百二十个问题。这些问题大多数曾在演讲中论及，大部分问题是我想出来的，别人的也有，有的甚至早见于文献之中。无论如何，这些问题流播很快，差不多每个工作和几何分析有关的人都知晓。到了今天，其中约三十个已完全或部分解决，其他的都得到广泛的关注。我清楚明白这些局限于几何一角的问题，绝不能与1900年希尔伯特提出的二十三个问题比肩，后者在数学上的影响至为深远。无论如何，这些问题在几何分析中确能引起关注，刺激研究活动。因此之故，在这个高研院规划结束的时刻发表它们，也算是适当的闭幕词吧。

高研院计划结束之后那个夏天，我和妻子在圣迭戈休息了好几个月。到了8月，我们便一起到中国去了，陈先生在北京办了一个会，我应邀参加。友云和我打算看望亲友，并四处走走，之后我会到香港陪伴患病的兄长赴美。

陈先生组织的微分方程和微分几何会议在北京的友谊宾馆召开，好些大人物如阿提耶、邦别里、尼伦伯格、博特、拉尔斯·戈丁（Lars Gårding）、拉尔斯·赫尔曼德（Lars Hörmander），当然还有他自己也都来了。当时中国不及现在发达，这个会议可说花费不菲。陈先生的目的，乃是向中国的学生和研究人员显示几何的吸引力。他了解到中国迫切需要派遣学生和学者到海外学习，是以和海外研究机关建立联系至为重要，故此把伯克利理论及应用数学中心的主任默里·普罗特（Murray Protter）也请来了。

1980年，与拉乌尔·博特（右）及拉尔斯·戈丁（后）同游长城。

为了显示整个会议级别的尊贵，车子载着我和妻子以及其他同行人员从机场驶向酒店时，总是沿着马路的中线走，其他的车辆只能回避两旁。幸好当时北京路上的车子不多，我们的车子不断鸣笛，驱使大量自行车让出路来。

我把几个月前在高研院讲过的公开问题再次讲了一遍，希望它们在中国数学家当中能引发一些回响，后来知道确实有效。陈先生安排了一些不错的在北京城内外的观光节目。很不幸，这次访问却因一次不愉快的会面而扫了兴。吴文俊的门人又登门求见了，他咄咄逼人地要求我推荐他拿一个重要的奖项，我拒绝了，大家便争吵起来，愈来愈激烈，以致我的血压飙升，差不多要昏倒了。经此可怕的一幕，当地负责接待的老一辈数学家小心翼翼，不让我再受到不速之客的骚扰。

一天晚上，陈先生在晚饭后，请了十位受邀来华的重要客人参加茶会。他先请各人坐下来，听取大家对中国数学现状的看法。他批评华罗庚领导的数学所，尽管那是中国数学主要活动之处，并敦促把它关掉。他提议在座十人联名上书，吁请中国政府把数学所永远关闭，话毕全场鸦雀无声，于是他又重复说了一遍。

最后，我打破缄默，说：我们都是中国请来的客人，我们只是来访问，不宜喧宾夺主，这样做不恰当。博特同意我的看法，其他人也纷纷表态支持，对陈先生的提法都不愿沾手。

回顾一下，我怀疑陈先生的动作，实质上是在反击1977年美国国家科学院（NAS）的一份关于中国数学现状的报告。这报告以小册子的形式出现，编者中有芝加哥大学的数学家桑德斯・马克・莱恩，他曾带领一个由美国数学家组成的代表团，在成书前的一年到中国访问。马克·莱恩带领的理论和应用数学代表团，特别提到陈景润关于哥德巴赫猜想和华林问题的工作，还有杨乐和张广厚有关值分布理论的贡献，这些研究人员皆出自数学所。他们的事迹在中国家喻户晓，深入人心，连小学课本也教导小孩要努力学习，以陈叔叔、杨叔叔和张叔叔为榜样。

依我琢磨，陈先生想用一封信反击NAS的报告，由十位他请来的北京的著名数学家联署，说明数学所及所里人其实不行。

在北京，时间并没有通通花在数学还有和各种手段打交道上，友云和我见了一些想移民美国的亲戚，我们没法子帮忙。在这次旅程中，类似的要求陆续提出，但都被我们委婉地推掉了。

会议结束后不多久，友云和我便到了上海。黄浦江是长江的支流，它流经上海。我们在黄浦江畔闲逛，只见数以千计的成双男女在江边凭栏，喁喁细语，形成一道奇异的风景。他们没有钱光顾饭店，其实，就算有钱，你还需要有许可证，当时叫粮票的，才能从食店买到食物，这是“文化大革命”过后不久的现象。友云和我都爱散步，我们在著名的外滩，沿着风景美丽的黄浦江溜达，看着其他人谈恋爱。

接着我们到了杭州，杭州在上海的西南约一百六十公里。我们在风景如画的西湖乘船游览，还到了名刹古寺参观，可惜它们都在“文化大革命”中被破坏殆尽。一片又一片的狼藉残垣，是那个狂飙时代的标志。不到几个十年，这些美丽而富含历史的建筑物被拆卸，代之以难看的水泥结构，美之名曰进步。

友云在旅程中已怀孕，并开始有反应了。开始晨吐时，她决定先回圣迭戈，而我则南下香港。我到领事馆替兄长拿签证，领事馆的官员并不愿意放行，反对的理由填满两三公分厚的文件。但由于来自高层的命令，一切都给推翻了。若是真的如此，我只能感谢辛格和他的朋友，可幸辛格打的是网球，而不是曲棍球或板球呢。

回美的机票可不便宜，我得买三个连在一排的座位，好使成煜能躺下来。我们先飞旧金山，然后转飞芝加哥，母亲和我们一起从芝加哥飞往巴尔的摩。数学家王彬是我中学同学，他当时在约翰斯·霍普金斯大学访问。他来机场接我们，直接把兄长送到医院去了。母亲和我在医院附近找了一套公寓，这不是个很好的小区，母亲一句英语也不会说，但她懂如何坐公交车到医院看儿子。我必须赶回普林斯顿，马上要在高研院上班了。

不久，我又赶回巴尔的摩看望兄长。朗大夫花了十个小时进行手术。肿瘤生长在大脑的中部，因此非常复杂。手术后的康复过程漫长，我哥最终可以稍稍步行，但平衡还是不很好。他的颅骨曾被移除，因此必须长期戴头盔来保护。

成煜出院后，母亲和他住在普林斯顿刺槐径那套我购置的房子里，当时那是郊区的一条普通的街道，现在已属高档住宅区了。

由于兄长不分日夜需要别人照顾，母亲绝大部分时间留在家中。郑绍远和王彬等友人得空会上门跟她打麻将，以打发时间解闷，我在时也会加入战圈。多年后，这再简单不过的事，竟在互联网上惹来了一连串对我的人身攻击，指责我逼学生陪母亲打“麻雀”。当时我正在责问某弟子在学术上的一些不当行为，这些流言就出现了。流言明显与事实不符，这些朋友自愿来访乃是出于好意，他们是成年人，又不是我的学生。麻将共一百四十四张牌，估计世界上有几亿人在玩这桌上游戏。我竟要为这样的事申辩，说起来也啼笑皆非。

回到我较喜欢的现实世界吧。博雷尔要求我把专题年的讲话和文章编为两册，一册和微分几何有关，另一册则是极小曲面，由普林斯顿大学出版社出版。我把两册都差不多编完了，可以付印。六十多页有关几何分析的导引，主要是在霍普金斯医院等候时写好的。我主编的有关微分几何的那册于1982年面世，有关极小曲面的那册，我也已经准备好了。但是有一天，邦别里跑到我的办公室来，要求他做主编。我将全部收集来的文章交给他，没有想到他拖了两年，才原封不动地交给出版社。由于长期的推迟，很多作者对我颇有微词。

就在这个时候，我忽然闯进了编辑及出版数学学刊的陌生世界中。1980年，我同意出任《微分几何学杂志》(以下简称*JDG*) 的主编。它的创刊兼首任编辑，来自理海大学的熊全治教授出生于中国，是陈先生的朋友。

*JDG*于1967年面世，是第一份专注于数学某单一而非所有领域的学刊。学刊的开局很好，刊登了莫尔斯、阿提耶、辛格、米尔诺和其他重量级人物的文章。米尔诺的论文《有关曲率和基本群的一个注记》于1968年发表在该学刊的第二期，我当时正在伯克利念研究生二年级，这篇论文给我很深的印象。

不过，到了我接手时，学刊的情况却不太好。虽然我的专长是微分几何，并因此受托执掌学刊，但对主办数学学刊全无经验。我曾对是否接受这个任务犹豫不决，不过陈先生、卡拉比和尼伦伯格都鼓励我，熊全治明智地提议加强阵容，把菲利普·格里菲思和劳森都请进编委会中。

我一直努力使自己和数学的重要进展不脱节，在微分几何的领域尤其如此。现在，更有新的动机这样做，我无时无刻不在留意有什么文章适合*JDG*。友云和我会在圣迭戈度过夏天的日子，因此之故，UCSD给了我一个办公室。在多次访问中，我认识了迈克尔·弗里德曼（Michael Freedman）。那时弗里德曼还是系里的年轻小伙子，正在努力破解四维空间的庞加莱猜想。我们曾经多次讨论这问题，有时就在他家后院的游泳池里面或者旁边。

普林斯顿的好些拓扑学者对弗里德曼的方法不以为然。他们倾向于运用米尔诺创立的割补手术技巧，我却对弗里德曼的方案感兴趣。他利用一种叫必应拓扑（Bing topology）的方法。当工作接近尾声时，我问他结果可否在*JDG*上发表，他同意了。

普林斯顿的人很快便发觉他们要错失成果了。他们断言，文章应该在普林斯顿出版的《数学年刊》上发表，这是天下第一的数学学刊。那里的拓扑学家比尔·布劳德（Bill Browder）以及他的同事项武忠都打电话给我，说拓扑学中最好的文章应该在最好的学刊，即《数学年刊》上发表，这才是正路。但我不为所动，平静地解释说，已经跟弗里德曼谈过多次了，这是他的决定。如他要撤回文章，我会二话不说立即应允。在最后关头，我跟弗里德曼说，他的文章对*JDG*十分重要，会大大提升学刊的地位，由此也对微分几何这科目有利。

这些话最后令弗里德曼没有改变初衷。他的论文《四维流形的拓扑》于1982年发表于*JDG*，并凭此文获得菲尔兹奖。为了此事，普林斯顿大学《数学年刊》那些人对在下颇有微词，纵使我在高研院上班，离大学只有不到两公里。

甚至是伯克利的拓扑学者罗比翁·柯比（Robion Kirby），他和此事无直接关系，也对我处理弗里德曼论文一事表示不满。世界中颇有些人，一见别人用非标准的方法来解决问题，心中就不爽。柯比属于那种领地意识很强的人，他要赶走所有入侵者。我对这种态度不以为然，这样做太小气了，同时也不符合数学的求真精神。过去我曾多次和这类心态的人发生摩擦，自己不免也受到损伤。但我不会向现实低头，尤其是当传统的方法毫无效果之时。

在1982年，*JDG*发表了另一篇重要论文，即克利福德·陶布斯有关杨–米尔斯场论的文章。再过了一年，学刊又刊登了西蒙·唐纳森（Simon Donaldson）的重磅文章，这篇文章最终使作者获得菲尔兹奖。同一年即1983年，*JDG*又刊登了爱德华·威滕的论文《超对称和莫尔斯理论》，此文影响深远。开始时，有些几何学者对它嗤之以鼻，我找的三位审稿人一致提议退稿，但作为主编，我推翻了他们的决定。现在回头看，很高兴当时做对了。这篇论文不只在数学和物理上具有重大的影响，同时它的刊登也提升了*JDG*的地位。学刊在我接手时已到了山穷水尽的地步，几年之间发生了一百八十度的转变，现在它已是一本核心学刊了。

学刊主编的新职并不妨碍我在高研院的研究工作。我收了一批优秀的研究生，第一位是来自澳洲的罗伯特·巴特尼克（Robert Bartnik），而我的第一个博士后于尔根·约斯特（Jürgen Jost）则是斯特凡·希尔德布兰特的博士，他头脑非常灵活。过去二十多年，他一直在莱比锡的马克斯·普朗克数学研究所担任所长。

我让学生组织了一个研讨班。有些上了年纪的同事却嘀嘀咕咕，他们认为高研院只需要高级研讨班，讨论最新的进展。但我不这样看，培育后进也应该是研讨班的目的。他们又投诉学生讨论所引起的嘈杂声，其实最吵闹之处只在我办公室方圆之地、学生聚集之所。这使我回忆起小时在香港，邻居也曾因父亲教授自己和附近的小孩诗词而抱怨。人常常为这样或那样的事情恼怒，但无论如何，年轻人对学习数学或诗词的热情，都不应当是抱怨的理由。

有个天资聪颖的华裔研究生，他父亲替他找指导老师，最后在阿提耶的推荐下找到了我。项武忠当时任普林斯顿数学系的系主任，他知道后颇为不满，说："你从高研院过来，把我们的好学生都抢走了！"我平静地告诉他，我没有抢走或硬逼他，是他自己跑来跟我的。

争吵发生在一次晚餐席上，当时我们在乔·科恩家中做客吃饭。科恩虽是数学系的人，却十分赞成学生跑到所里找指导老师，因此整件事有些好笑。后来我跟博雷尔谈及此事，他亦有类似的经验，并指出数学系和研究所之间存在着竞争。

但是这位研究生碰了钉子，他在资格口试中被刷下来了。我向考试委员会中的一位成员查问他答错了什么，他说该考生答不出辛几何和力学的联系。我请教当时负责研究生事务的代数几何专家尼克·卡茨（Nick Katz），他说这道题他也不大了解。从历史上看，辛几何（微分几何的一个分支）导源于牛顿的运动定律，而这些定律正是经典力学的基础。这种联系始于1830年代威廉·罗恩·汉密尔顿（William Rowan Hamilton）的观察，他发现物体的位置和动量存在一种深刻的数学对称。差不多一个半世纪之后，辛几何已经发展到这个地步，大家都忘了它的根源其实来自经典力学，就好像大家也许不知道保妥适原是眼药，而万艾可则是降血压用的。

我据此要求重考。乔·科恩和我再给他口试，这回他的表现不错。但是，那次不及格对他是很大的挫折。他回家休养了半年，再回来跟我念完了博士，现在事业还不错。

莫毅明生于香港，1980年来到普林斯顿，当时刚刚从斯坦福拿到博士学位，师从萧荫堂。他到来不久之后，我们开始合作，一同研究萧跟我在专题年中的工作之后衍生的问题。当时我们研究非紧的凯勒流形，这种流形是无穷无界的，故难以处理。我们找到一种方法将之闭合起来，用以考察它在无限远处的结构。博雷尔、芒福德、让-皮埃尔·塞尔（Jean-Pierre Serre）、卡尔·路德维希·西格尔（Carl Ludvig Siegel）等人利用代数方法来考虑这类问题；而我则创新用解析的方法，通过微分方程和各种几何方法来处理。萧和我首次对一个重要的特殊情况，即在流形具有强负曲率时，解决了问题。

大概一年后，华罗庚的弟子钟家庆来访问普林斯顿。我提议他跟莫毅明一起，研究某些复几何上的问题。在我的指导下，他们进展良好，并得到一些有趣的结果。可是，正如前面说过，萧喜欢和我竞争较量，当他知道我在指导莫和钟的合作，有时也加入时，就紧张起来了，他建议莫不要和我合作。从那一刻开始直到现在，我再没有和萧或他的弟子合作。这样的结局使我不快。萧荫堂是位卓越的数学家，我们曾一起做了些好的工作，如果能继续下去该多好啊。

在这期间，我和萧荫堂又另有瓜葛。彼得·萨那克（Peter

Sarnark）是菲尔兹奖得主保罗·科恩（Paul Cohen）的学生，毕业之后一直留在斯坦福。科恩希望在短短几年之内将他提升为正教授，这是十分不寻常的，萧托我向普林斯顿的同事朗兰兹寻求专业意见。我不想应允，一方面我不认识萨那克，另一方面我不熟知萨那克专精的那类数论。可是萧找了我多次，我不得不向朗兰兹求助。萨那克毕业没几年，朗兰兹并没有觉得萨那克的工作有多了不起，这是可以理解的，于是我把这些颇为草率的意见转告了萧。

不久之后，就传来在斯坦福的一次系务会议上，有人说我反对萨那克的升职。真相是我什么都没说过，只是在反复的要求下，转达了朗兰兹的某些初步看法而已。这样一来，得罪了一向和我关系不错的科恩，另一方面也搞砸了和萨那克的关系，他们都说升职一事由我一锤定音。虽然其后萨那克和我还是客客气气的，但从这件事中，我上了宝贵的一课。就是在学术上，人际关系十分微妙，有时还会被人在背后捅一刀。此后对不相干的事情，我总是“避之大吉”，但于这方面只算是部分成功而已。

1981年3月21日，我赶上最后一班飞机前往圣迭戈，友云通知我孩子可能要比预期早出生。长子明诚在我抵达医院八个小时后出世。友云生产的过程非常不顺利，阵痛持续了二十四小时。她忍受了巨大的痛楚，坚决不吃任何药物以免胎儿受影响，最后婴儿平平安安地生了下来。当婴儿最后露出头来，哭叫并睁开眼睛四望时，我们都开心得说不出话来。

我尽量逗留在圣迭戈，然后赶回高研院完成学期最后那几个星期。幸好友云的母亲来了，帮忙照顾这个胖娃娃，直到夏天我回到圣迭戈为止。我俩都是照料婴儿的新手，我对自己的耐性也感到吃惊。数学上我躁动急于求进，顷刻也不能停下来，现在却可以花上几个小时，抱着明诚什么也不做，非常满足（只要他不高声哭闹）。这种宁谧的感觉似乎有些神秘，或许只因我念的是数学而非生物学吧。

当然，还是要回到普林斯顿工作，这是忙碌而又多姿多彩的一年。数学家卡伦·乌伦贝克来访三天，我们夜以继日地研究有关埃尔米特–杨–米尔斯（Hermitian-Yang-Mills）方程的数学，它是量子场论的中心，粒子物理的基础。

汉密尔顿出其不意地通知我，他研究里奇流终于有了初步的突破。他证明了庞加莱猜想的一个特殊情况，即对所有具有正里奇曲率的三维紧流形，庞加莱猜想成立。他的攻略进展得如此顺利，令人喜出望外。这项工作美丽而激动人心，结果要比两年前理察和我得到的强得多。尤有进者，他似乎找到一把能打开从未开启之门的钥匙，我立刻意识到，汉密尔顿的路走下去会开花结果。

我请他来高研院做了一系列的演讲，同时也花了大量时间，和他探讨里奇流的潜力。我跟他说，这些技巧可以借用来证明三维空间的庞加莱猜想，这是自20世纪以来就悬而未解的老大难题。同样的方法，也足以解决比尔·瑟斯顿的几何化猜想，把三维的拓扑空间分成八大类。瑟斯顿的猜想包含着三维的庞加莱猜想，是以证明前者，后者会随之成立。想到这里，我连忙让三个弟子：日本的板东重稔、中国的曹怀东和美国的周培能（Ben Chow）立即着手研究里奇流。

汉密尔顿从康奈尔来访一个星期。他离开后，数学部的大秘书气炸了，因为汉密尔顿把公寓弄得一团糟，清洁工花了很长的时间才清理干净。另一方面，他的演讲十分有意思，汉密尔顿、我的学生还有我自己从这时开始合作。总的来说，这是一次超成功的访问，汉密尔顿虽然给清洁工添了不少麻烦，却给数学家提供了极丰富的远景，我和我的学生都兴奋地接受了挑战，探索这远景。

1975年我在柯朗所访问时，于尔根·莫泽对我很好，后来他去了苏黎世的联邦理工学院（ETH）。他邀请我于1981年秋到那里访问两周，并在国际数学联合会讲学，博士后于尔根·约斯特陪我同行。有他在一切都很方便，他来自德国，而我不懂德语。除了数学活动外，约斯特和我在山中健行，所传不虚，瑞士的风景确是美不胜收。

在苏黎世的时候，有晚我受邀出席在一家高级餐厅的晚宴，同席者除莫泽外，还有出生于印度的数学家科马拉沃路·钱德拉锡克朗（Komaravolu Chandrasekharan），他有份创办苏黎世研究所的数学部。二人皆是国际数学联合会的高层，后者在1970年代曾任联盟的主席，而莫泽则是后任主席。钱德拉锡克朗催促我坐在餐厅某一座位，并说好几个坐上那座位的人，后来都拿了菲尔兹奖。我不好猜他话中玄机，他似乎知道了某些消息，而我仍蒙在鼓里。

不用在这方面多费心神，我不久便遇到许多别的事情。1981年秋，物理学者加里·霍罗威茨成为我的博士后，虽然在高研院其职位是助手。他跟芝加哥大学的罗伯特·杰勒西，有志于推广两年前理察和我证明的正质量猜想。他到了高研院不久，便与普林斯顿的佩里合作，但开始时我对他们的合作一无所知。

质量这概念在经典力学中清楚明白，但在广义相对论中却不然。由于其中方程的非线性，质量变得异常复杂。在大部分的情况下，质量只能够在孤立的系统的极远处，本质上是无限远的情况下，才能有定义。而且，“质量”也有不同的定义，不同的场合采用不同的定义。在一些情况中，甚至没有公认的定义。故此，一旦你在爱因斯坦的理论里说质量，就无可避免地身陷泥沼，寸步难行。

理察和我的证明中，质量是指所谓ADM质量，因其引进者理查德·阿诺维特（Richard Arnowitt）、斯坦利·德塞尔（Stanley Deser）和查尔斯·米斯纳（Charles Misner）而得名，这定义严格而广泛为人们所接受。（事实上，在比较不严格的状况下，这个定义爱因斯坦本人早就提出了，他也希望知道，在这个定义下质量为正值。）霍罗威茨和佩里则希望把证明推广至邦迪（Bondi）质量，这种质量的定义没那么清楚，很多物理学者认为它等于ADM质量减掉由引力波所带走的能量。引力波即重力的辐射，爱因斯坦于1916年预言重力辐射的存在；一百年后，人们利用激光干涉引力波天文台（LIGO）的观测结果，证实了他的预言。

正质量猜想指出每个物理系统的能量必为正，即是说其ADM质量不会被引力辐射完全带走，所以邦迪质量亦应取正值，这就是理察和我致力去证明的。

上面说过，我并不知道霍罗威茨和佩里正在合作，直到有次巴特尼克漫不经心地提到，他们的工作已接近尾声。我对霍罗威茨不跟我说的做法有些不快，但也以这消息作为动力，和理察赶快把工作完成。

当时理察在柯朗所，次日早上到了他那里。我们不休止地工作，直到晚上六点半才把所有计算完成。这时才突然想起当晚弗朗索瓦·特雷夫（François Trèves）在家中请吃饭，而我正是晚宴的主客。主人是有名的法国数学家，他正在罗格斯大学任教。要出席晚餐是不可能的了，晚餐已经开始了，而我距离新布朗斯维克还有一小时的车程。主人家早在两个月前就跟我讲，而且中间还提过数次，这次失约令我尴尬不已。

三十五年后直到现在，我还在为这次爽约深深抱歉。但当时除了在电话上说了多次对不起外，还能做什么呢，我留下来和理察把工作完成。我们的论文《邦迪质量为正的证明》数月后在《物理评论》发表，紧接着的是霍罗威茨和佩里的文章《引力能量不能变负》。这两篇文章给宇宙的稳定性提出进一步的证据，同时亦保证了它不会崩塌。

这次我竟和自己的助手竞争，是不是有点儿奇怪呢？不是的。据个人经验，在数学或其他科学领域，当你正倾注心力从事某项工作，突然发现别人在同一个问题上已占先机，于是受驱使而奋力向前，这是司空见惯的事。只要不牵涉抄袭或其他不当的行为，竞争是有益的。事实上，有竞争，才有进步。

差不多同时，我认识了高志勇。他来自复旦大学，得到杨振宁的帮助来了石溪，正跟随劳森攻读博士学位。我们合作，解决了一个令几何学者困惑已久的重要问题，那是有关负里奇曲率的。简单来说，就是能否构造出具负里奇曲率的单连通（即没有洞）的流形。里奇曲率跟宇宙常数有关，后者包含在爱因斯坦方程之中，和宇宙自大爆炸后的加速膨胀有关。负里奇曲率对应于负宇宙常数，这是和膨胀的宇宙相容的。

高志勇和我利用瑟斯顿早前的一些成果，构造了一个具有这些性质的流形，实际上它是个三维球面。我认为这是一项非凡的成就，为此替他写了封极强烈的推荐信，使他最终在莱斯大学取得终身教席。

可是，高志勇拿到终身教席后，文章就渐渐少了，数学会议上也愈少见身影，对数学的热诚已减退了，这令我很失望。类似的情况也在其他某些中国学生身上出现，他们热衷于找好工作，对数学却不大热心。或者这是中国教育系统始料不及的后果，过分重视把课程背得滚瓜烂熟，却把做学问的精义丢失了。

1982年4月，高研院的学期结束了，就在庆祝明诚一周岁后几个星期，我飞回圣迭戈，和友云、明诚团聚。这时，弟弟成栋正在高研院访问一年，他打电话来，说收到国际数学联合会寄给我的信，通知我是本届菲尔兹奖三位得奖者之一，得奖工作是卡拉比猜想、正质量猜想、实和复的蒙日-安培方程，我是首位出生于中国的获奖者。其他两位得奖者是IHES的阿兰·科纳（Alain Connes）和普林斯顿的比尔·瑟斯顿，前者的工作是算子代数和其他项目，而后者则“彻底改变了二维及三维拓扑学”。颁奖典礼原本定于1982年在波兰华沙的国际数学家大会上举行，但当时波兰政府正因镇压亲民主的团结工会下了戒严令，有鉴于此，国际数学联合会决定把大会推迟一年。幸运地，戒严令于1983年7月取消，是以一个月之后，国际数学家大会便召开了。

友云向公司请了三个月假，好使1982年秋与明诚和我在一起。她喜欢费城多于普林斯顿，因此我们在卡拉比家不远处找到一间公寓。卡拉比人很好，他把婴儿床和其他育儿物品借给我们，有时甚至花时间替我们准备东西。从公寓到普林斯顿需要一小时的车程，我花了两百美元买了部车子。车子虽陈旧，但仍然可用，只是外貌寒碜了些，而且没有了顶皮。高研院的秘书们都觉得教授开这样子的破车很丢脸，不仅如此，还斗胆把车停在所里的停车场里。

现在明诚是个一岁半大的胖娃，我有时带他到所里的餐厅。一直十分支持我的博雷尔教授，对我不分工作和照顾婴孩的乐趣颇有微词，我知道后，便不再这样做了。普林斯顿是个正经八百的地方，在西岸随意生活了多年，使我和东岸拘谨的社会规范格格不入。

1983年，陈先生在伯克利组织了一个几何分析的计划，4月我到了那里访问三个月。理察和我开了一门几个星期的课，专门讨论有关正纯量曲率流形的一些新定理，以极小曲面作为工具。好几位在石溪的中国研究生告诉我，劳森一位已毕业的学生做了一份详细的笔记，那些笔记可能给格罗莫夫和劳森看了。事关他们不久之后写的一篇论文，理察看了预印本后指出，其中似是袭用了我们的一些想法。理察写了一封申诉信给劳森，他把信寄到伯克利的埃文斯楼的信箱。但信箱封闭了，几个月后信退回给理察，到那时再寄信已来不及了，事情只好不了了之。由此可见，说到底，数学也是讲究竞争的。

次子正熙于1983年6月出生，再一次欢欣喜悦。新生命的来临永远令人振奋，激动犹如初次。不过，两个月后，友云和我把孩子留给岳母照料，一同赴华沙参加菲尔兹奖的颁奖典礼。在华沙，游行示威仍然持续，瑟斯顿告诫我不要接受记者的访问，我无所谓，很多记者不懂英语，我根本不明白他们在说什么。

典礼过后，萧荫堂、项武忠及其他人，邀请友云和我去喝一杯，其间谈到一个话题，最后导致某些对我而言尤其严重的后果，真的是始料不及。

萧、项两人都强烈反对陈先生和格里菲思筹划中的录取中国学生赴美留学的计划。此计划参照“中美联合培养物理类研究生计划”（CUSPEA）这个由诺贝尔物理奖得主李政道几年前创办的著名计划，目的是帮助中国的物理学生考取美国和加拿大的研究院。“文革”后，学校的成绩单、老师的推荐信和类似的文件都难以找到，同时也不见得可信。于是李政道（当时在哥伦比亚大学）就和其他美国物理学者设计了一项考试，每年挑选优秀中国学生赴海外留学。

陈先生也想对数学学生按方抓药，由于实验设备价格高昂，不需做实验的数学学生要比物理学生多得多。萧、项和我对派留学生出国没有异议，但是根据陈先生和格里菲思提出的计划，主要的考官由美国数学学会决定。举例来说，1984年的考试，纯粹数学由格里菲思主考（后来为了要我改变想法，他们坚持将我也拉进来参与这个考试），应用数学则由麻省理工的戴维・本尼（David Benny）负责，代表美国数学学会的教授们对哪个学生到哪所学校行使很大的决定权。

我们对这个中国学生的计划心中不踏实，因为它的规章使权力落到少数外国学者手上。我们三人都认为参加这个计划的学生，与原计划相比，应对择校有更大的自主权，我们倾向让学生直接申请美国的学校，这样选择会较多，并且比较不受美国数学学会的束缚。

我曾前后三次询问陈先生，美国数学学会在计划中的角色是不是他的主意，每次他都否认了，说和此事无关。由此可见，我们对学会原计划的疑问，不应该被视作对陈先生、格里菲思或本尼的攻击，我并没有反对他们。

虽然项、萧和我都十分关注此事，他们还提议不如给中国教育部写信，表明对这计划不同的意见，不过他们这封信始终没有写。几个月后，我和郑绍远、学生曹怀东和正在高研院访问的林长寿再次谈起这事，这次我们坐言起行，起草了一封信，内容基本上和上次跟萧、项谈的差不多。这封信本来是由项、萧和我一起署名的，于是我把信（其实是手写的未定稿）寄给萧，看他有何意见。在没有询问我的情形下，萧迅速将它译成英文，送给格里菲思。不久之后，陈先生也看见了。

听说陈先生对这个草稿大不高兴，他和我的关系也从此走了下坡路。我一向抱着"自反而缩，虽千万人吾往矣"的原则做人，但情况比事实更糟糕，项、萧两人最初和我一同构思上书，此时却加油添醋，使陈先生更加愤怒，而责任却由我一力承担。

此事在中国教育界酿成相当大的风波。国内一众学者为了平息陈先生的愤怒，请求我在第一次口试时，和格里菲思及戴维·本尼一同参加。我也不愿意过分激怒陈先生，同时我参加也表示美国数学学会没有全面控制中国大学生出国。所以我同意参加这一次的口试。

回顾一下整个事件，不无讽刺地，这对我造成长久伤害的事件，竟源自我获得数学界至高无上的菲尔兹奖后一次酒后庆祝的交谈。

赢得奖项固然兴高采烈，却被传来的坏消息泼了一头冷水。就在华沙和妻子与众多宾客把酒言欢之际，兄长成煜又病倒了。送院后，大夫发现他大腿的血管出现了血栓，因此开了薄血药给他。成煜服了薄血药一段日子，不久就脑出血，陷入昏迷，在昏迷了六个月后去世。兄长年轻时即患病，从无机会一展所长，令人痛惜。在华沙时，我不时念及他脆弱的身子，但谁能料到，世事竟会如此发生。

从这次和多年来同行间的摩擦，可见世事从来就不是一帆风顺的，就算拿到菲尔兹奖，人生也不会就此步步高升。地心吸力会发挥作用，拖你后腿，有时甚至拖垮你。

虽然有幸拿到不少奖项，个人对获得数学奖项的感觉却苦乐参半。我从来不为拿奖而工作，坚信做好数学本身就是回报，尤其是工作顺利时。另一方面，努力工作得到认同，自然是开心的事。但得到世人的认可（或者可称之为名声）也有缺失之处。我不再是一个寂寂无名的研究工作者，欢喜时可以整天埋首于数学之中；现在我成了某个权威，句句话都有分量。人们要我对事情发表意见，在政策上、行政上、政治事务上扮演比较重要的角色。如此一来，难免被扯进那些原本与我无关的纷争之中。

首个华人赢得菲尔兹奖的消息传得很快，我在中国瞬间变成民族英雄。但有些人很不高兴，他们五味杂陈，甚至心怀妒忌。或者，他们觉得得菲尔兹奖的应是他们而非本人。

恼怒我者另有一人，理由则完全不同。明诚现在两岁了，每次我离开圣迭戈往普林斯顿时，他都非常不开心。他激烈抗议，用力跺着地，有时甚至把头碰在地上。数学圈子中有些人不喜欢我，对我饱含敌意，我都能处之泰然，但我不能不顾儿子的感受，尤其是表现得如此直接和激烈之时。

或者是后知后觉，到了此刻，事态已再清楚不过，自己住在东岸而把家庭留在西岸是不可能的，必须有所行动，使整个家庭能够团聚。友云不想来普林斯顿，那我只得另觅一枝而栖了。

戴维·芒福德常常来高研院，他和格里菲思在筹办一个代数几何的工作计划。我告诉他正在考虑离开，芒福德把消息告诉哈佛的文理院长亨利·罗索夫斯基（Henry Rosovsky）。他跑到费城我的公寓来，试图说服我去哈佛。罗索夫斯基富于魅力兼且博学，他甚至引用中国名著《三国演义》的某些段落，来说明我到哈佛去的好处。现在已无法详细记得他说的理由，还有他如何把我跑到哈佛，和一千七百年前汉末三国争雄的故事联系起来。反正他说得天花乱坠，头头是道，使我怦然心动。然而，底牌却是，哈佛只能付我现在薪水的四分之三，这就没法子了。当时的经济状况是：友云和我有两个孩子要照顾，再加上她父母、我母亲和已病入膏肓的兄长，有鉴于此，只能再一次婉拒哈佛的好意。

离开斯坦福时，我十分难过，罗伯特·奥塞曼、系主任汉斯·塞缪尔森和许多人待我都很好，我对斯坦福毫无挑剔之言。但苦思良久，终究认为UCSD才是理想之地，妻子和孩子住的房子就坐落在校园不远处。认识的人当中，以辛格最富人脉，他把我引荐给他的朋友，UCSD的校长理查德·阿特金森（Richard Atkinson），他开出非常吸引人的条件。

我把决定跟博雷尔说了，他体谅地向高研院要求，并得到同意，把我的职位保留两年，随时可以回来。UCSD具有其他学校不能比拟的优点，首先也是最重要的，是我的家在那里，而且友云在圣迭戈有份颇为惬意的工作。其次，大学答应让我在系里聘请两位额外的研究人员，好使我能和理想的人合作。对我而言，这点十分重要，理察答应从伯克利搬过来，而汉密尔顿也愿意离开康奈尔，我们会形成一个很强的团队。汉密尔顿深信 UCSD 能提供一个理想的环境，让他好好地发展里奇流的理论。他视圣迭戈为理想之地还有一个另外的原因：他是个狂热的冲浪者和帆船手，热爱亲近海洋，而在吉尔曼路的UCSD数学大楼，按直线距离算，离海滩不过一公里多而已。

虽然高研院对我而言是安逸之所，但不足之处是不易招研究生，个人一直认为和年轻人交流不只是健康而且必要，它令你思想保持活跃，源源不绝的研究生也令研究源源不绝。在规模大如UCSD的学校，找学生并非难事。

再者，汉密尔顿、理察和我已形成几何分析的核心，德国几何学家格哈德·赫伊斯肯（Gerhard Huisken）不久也会来当访问教授。我开始有了这样的想法，就是请来更多的高手。圣迭戈自诩有着全世界最好的天气，我要把它建成数学家的乐土。

弗里德曼还在UCSD，四维流形的工作之后荣誉纷至沓来，那里也有好几位有成就的人。既然得到大学管理层的鼓励，我即着手在数学系大展拳脚，对可能出现的烦恼，要面对的阻力，以及潜在的争吵视而不见。此刻回顾，我应该明智地只管好自己的研究。不过，人有时要从诸般挫折中学习；而对我而言，无论是吉是凶，事情都不会是一帆风顺的。

第八章　弦筹共融

少年十五遇罡风，不畏闲言不畏穷。
二十学成羽毛丰，冲天无惧效冥鸿。
三十论剑畴林丛，横跨两域世罕同。
四十镜对卡丘中，算学物理得共融。
五十重谈时与空，相对论叹造化工。
六十疏发未成翁，老骥伏枥立新功。

——《六七述怀》，2016年

1984年，我决定从美国东岸迁往西岸。起程前，有几件事情要办，其中一件是应著名数学家杨乐的邀请访问中国。当时杨乐正要出任中科院数学所的所长，不久之后，又出任数学及系统科学所的首任所长。国内的学生都亲切地叫他杨叔叔。在内地旅行，认识他非常有用。有一次，他送我到机场赶飞机，怎料登机柜台已经关了。杨叔叔向地勤保安表露身份，保安立即向他敬礼，说:“您是杨乐，我们在课本上读过您的故事，您和您的朋友进去吧。”

这次行程我把母亲也带上了，希望旅行能舒缓她的丧子之痛。此行的主要目的是让母亲散心，她一直照顾兄长，如今兄长去世，她悲恸不已。我们逛了些景点，也见了些亲戚，她的精神好了一点。

此行另一个目的，是招一些出色的学生到 UCSD 去当我的研究生。但愿这些学生能有机会，像我二十岁时去伯克利一样，面对耳目一新的数学天地。我1969年赴美时，中国还在经历“文革”的浩劫。神州大地，民不聊生，大学教授和知识分子都下放劳动，学术研究都停顿了。到了1980年中，情况开始改变，但中国仍然非常贫穷，大学的水平和西方比较相差甚远。我能尽一把力的，就是把具潜质的中国研究生、博士后、教授等带到美国的顶尖学府，使他们能够接触到尖端研究，并参与其中。

在这次旅程中，我从复旦大学招了李骏，北京大学招了田刚，中科院招了施皖雄和郑方洋，此后四人各自学有所成，都在美国的大学当上教授。

在北京的时候，我还到医院探望华罗庚，当时他因严重的心脏问题住院。他看来颇为憔悴，并被一些丑闻所困扰。虽然他断然否认了，但谣言挥之不去。华先生认定是他的对手在煽风点火，但他没有直接责怪谁。

他曾在给我的信中暗示这场争斗，其中引用了杜甫的诗，“王杨卢骆当时体，轻薄为文哂未休。尔曹身与名俱灭，不废江河万古流”，以此来说明杰出的诗人时常在比拼。似乎华先生相信他和对手之间的竞争，在有生之年也不会完结，和这诗所说的一样。

在令人烦厌的故事没完没了的同时，教人兴奋和富含成果的篇章也开始了。我在高研院时的助手加里·霍罗威茨是物理学者，上面说过，我常常找物理学者当博士后或助手，借以掌握物理学的最新进展，让思想能于物理和数学相交的领域中驰骋。在霍罗威茨两年的任期中，我和他谈过几次卡拉比猜想，物理学者安德鲁·斯特鲁明格和威滕也曾在场。我说猜想的证明，动机来自物理，具体是真空即不具物质的空间之中，重力仍会存在。我肯定这在物理上十分重要，虽然不知其具体所指为何，但开始时他们似乎不大感兴趣。

1984年，我离开高研院后情况改变了，斯特鲁明格和霍罗威茨也离开了高研院，到了加州大学圣巴巴拉分校。斯特鲁明格和菲利普·坎德拉斯一起研究新兴流行的弦理论，坎德拉斯是来自得克萨斯大学的物理学家和数学家。弦理论大胆地试图把20世纪最成功的两套物理理论，即量子力学和广义相对论统一起来。这两套理论各具特征，看起来并不兼容。细小物体或粒子运动时，重力极其微弱，量子力学能精确地描述个中情况；而当形态和质量极大时重力很强，这时广义相对论则很合用。但在有些情况中，两个理论皆不适用。比如，在黑洞的内部或宇宙大爆炸时，巨大的质量会挤压成极小，物理学者如把两者硬合在一起进行计算，只能得出乱七八糟的结果。

从1980年代开始到中期，愈来愈多的研究工作者相信弦理论能把这个鸿沟连接起来。基本架构是：物质和能量在最细小、最基本的水平乃是由微细的震动的弦所构成的，而非点状的粒子。在弦理论中，人们进一步假设人类置身的宇宙具有十维，其中三维是熟悉的伸展至无穷的空间，一维是时间，还有六个微形的维数，它们紧紧地卷起来，让人看不见。坎德拉斯和斯特鲁明格及其他人亟欲理解的，乃是这六个缩小的或所谓“紧化”的几何。换句话说，这六个维数以怎样的形式存在？

斯特鲁明格知道他要找一个具有某些特性的流形，它具有一种叫“超对称”的对称性。后来知道，凯勒流形具有超对称性。弦理论要求的最基本流形不带任何物质分布，它们是真空的。这种不带物质的凯勒流形是我构造出来的。超对称是各种各样弦理论必须具备的特征，故此弦理论有时又叫作“超弦理论”。

霍罗威茨和我的关系较密切，对我的工作较为熟悉。斯特鲁明格和他谈过后，打电话给我，问我这些流形存在不存在；存在的话，如何应用到超弦理论上。当时我正坐在妻子在拉霍亚的办公室内，凝视着外面美丽蔚蓝的海洋，它一望无际地伸展到彼岸的中国。此时此刻，仿佛看到这些几何上的创造物也在延伸，不仅和物理结合了，而且还和眼前浩瀚的海洋，甚至和涵盖它的整个宇宙融为一体了。

我告诉斯特鲁明格，根据我得到的种种讯息，这些流形在维数等于六时确实能满足弦理论的要求，这正是他想知道的。稍后斯特鲁明格和威滕见面，后者亦独立地得到类似的结论。他乘飞机来到圣迭戈，花了整整一天的时间跟我讨论如何用代数几何的技巧来构造这些流形。

稍后，坎德拉斯、霍罗威茨、斯特鲁明格和威滕他们四剑合璧，于1985年发表论文《超弦的真空结构》。这篇奠基性的文章被视为"第一次弦革命"的一章，文中论证这多出来的六个维必须隐藏于卡拉比-丘流形之内。这些流形的形状将会决定大自然中什么粒子能够存在，它们的质量、粒子间相互作用的强度和其他种种物理特征。物理学家布莱恩·格林断言："宇宙的密码，也许就刻在卡拉比-丘空间的几何之中。"

人类能用自己的感观去了解的宇宙共有四维，而弦理论却指出宇宙应有十维，只是新添的六维很细小，我们看不见。"真空结构"一文本质上为两者的共容架起了一道桥梁。除此之外，加上其他新近的发展，尤其是物理学家迈克尔·格林（Michael Green）和约翰·施瓦茨（John Schwarz）的工作，一时之间，弦理论闹得沸沸扬

六维的五次卡拉比-丘流形的三维切片。(感谢印第安纳大学的安德鲁·汉森供图)

扬。大家都期望，这套理论能够把物理统一起来，完成爱因斯坦生命最后三十年未竟的工作。

我也感染了“弦热”，一方面因卡拉比-丘空间在整个理论中担当了重要的角色，另一方面，当时很多物理学者都不熟悉理论背后抽象的几何，因此常常给人问询，要求解释。弦理论促使数学工作者和物理学者大量合作，这现象一直持续了好多年。我给推到风浪尖端，亲眼看到在物理和数学上的非凡进展，实在是激动人心。

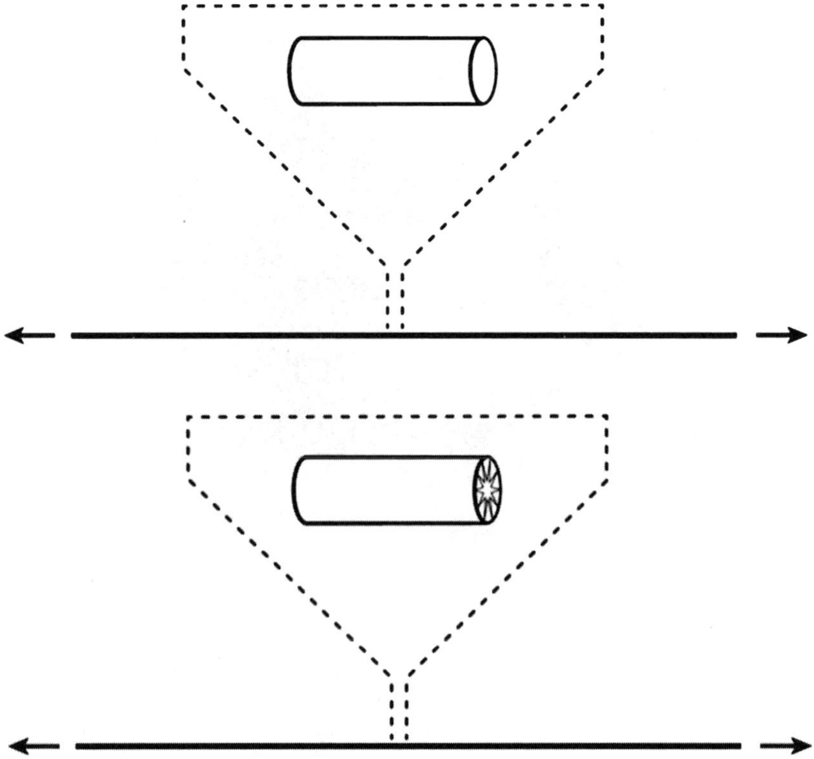

试想象，四维的时空如一条直线，向两端无限延伸。直线是没有厚度的，但如用放大镜去看却不然。它拥有一个额外的维数，那就是截面圆的直径，见上图。弦理论采取了相同“额外维”的观点，而且更进一步，见下图。仔细检视我们身处的四维时空，可见有一个六维的卡拉比–丘流形蜷缩在内。无论如何把线切开，皆可见其中深藏的卡拉比–丘流形，而所有这些流形都是一样的。（原图引自顾险峰和殷晓田）

卡拉比-丘这个名词是由坎德拉斯和他的合作者在三十年前率先叫起来的。搜索此词，相关的讯息有四十万条。更进一步，“卡拉比-丘”也是2001年一出话剧的剧名。而“卡拉比-丘空间”则是底特律乐队“多普勒效应”一张专辑的名字。意大利艺术家弗朗西斯科·马丁也有几幅作品，标题中含有“卡拉比-丘”这个词。伍迪·艾伦2003年在《纽约客》上发表的故事，里面提到一位女士的微笑，“向上弯形成卡拉比-丘的形状”。这名称如此普遍，有时也产生错觉，卡拉比是否也是我的名字？我并不介意，我钦佩卡拉比的创造能力，很荣幸能和他并称。卡拉比也说：“我很高兴我的名字和丘永远连在一起。”

有一个问题斯特鲁明格和威滕都觉得很重要，那就是有多少个卡拉比-丘空间。1984年斯特鲁明格就向我提出这个问题，他心中希望只有一个，那么一切都会变得顺利。当时我只知道有两个卡拉比-丘流形，过了不久又找到了几个。从建构这些流形的方法看，例子会有更多。我估计卡拉比-丘流形有上万个，不同的流形对应弦理论方程不同的解，并具有不同的拓扑结构。现在，我们知道，卡拉比-丘流形比我原先的想象还要多许多。我曾提出这样的猜想，就是六维（或复三维）的卡拉比-丘空间只有有限个（但数目也不少）。

回到1984年弦理论才刚刚起步时，当时斯特鲁明格对我的回答感到沮丧。从理论家的观点看，只要有一个或仅仅几个这样的流形，一切都会变得简单。1985年在伊利诺伊州的阿贡国家实验室召开了早期弦理论的主要会议，我在会上向大批物理学者宣布了这个消息，使大家的狂热冷却了一点。

这次会议中，所有弦理论的领军人物和其他领域的高手都来了。他们做报告，提交论文，其中包括戴维·格罗斯和赫拉尔杜斯·霍夫特（Gerard 't Hooft）两位未来的诺贝尔物理学奖的得主。上面提过的格林、施瓦茨和威滕也来了。我也提交了有关卡拉比-丘空几何的论文，题目很专业，叫《具零里奇曲率的紧三维凯勒流形》，题目中的凯勒流形是复流形，三维复流形的实维数等于6，符合弦理论的要求。

到阿贡开会之前，霍罗威茨、斯特鲁明格和威滕问我能否找到一个欧拉数为+6或−6的卡拉比-丘流形。欧拉数（或欧拉特征）是把拓扑空间分类的简易方法，它是个可正可负的整数，人们用它来测试两个拓扑空间是否等价。试看一个简单的例子，四面体或

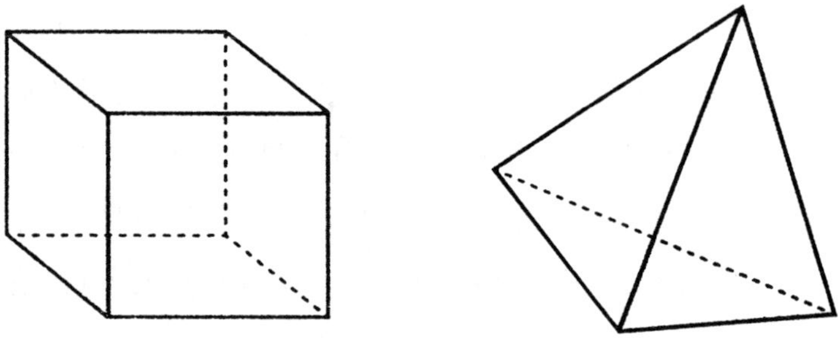

欧拉数或欧拉特征原来是用来分类多面体的，后来发现也可用来描述更复杂的拓扑空间（包括卡拉比-丘流形）。对多面体来说，欧拉特征由公式 $F+V-E$ 给出，其中 F 为面的数目，V 为顶点的数目，E 为棱边的数目。用这简明的公式，即知正立方体的欧拉特征为 $6+8-12=2$。四面体则为 $4+4-6=2$。1750 年欧拉首先发现所有凸多面体的欧拉特征皆等于2。

“三角形金字塔”含有四个三角形的面，它的欧拉数为2，即由面的数目(4)加上顶点的数目(4)，然后减去棱边的数目(6)而成。

威滕说明了粒子类别的数目必须等于流形欧拉数绝对值的一半。因此，物理界的友人都希望能找到一个欧拉数为+6或−6的卡拉比-丘流形。一个欧拉数绝对值为6的流形，刚好能导致三大类粒子，这是现代物理的“标准模型”中的基本特征。

弦理论学者的宏图大计，首先是要说明如何从弦理论推导出物理学界众所周知的“标准模型”，然后始能更进一步。可是，坎德拉斯他们利用的卡拉比-丘流形只能导出四类粒子，虽然离三不远，但还不够。相差了一类是严重的偏差，就像在电影《小鬼当家》中，一个小孩给弄丢了，情况必须尽快解决。

出发前往阿贡之前，我没有时间考虑这个问题。在从圣迭戈飞往芝加哥途中，我在飞机上开始思考，到达奥黑尔国际机场前，就找到了一个欧拉数为−6的卡拉比-丘流形。我巴不得立刻把消息传开去，但在这样做之前必须先找人送我到会场。有个人上前和我打招呼，我以为他就是大会安排的司机。可是上车后才知道他从来未闻阿贡实验室，当然亦不知它在哪里。四十多公里的路程，绕道而行，车资竟花了五十美元，而且已经是狠狠地杀了价。

我在这次会议上的讲话反响很好。我曾参加过很多科学上的集会，尤以这次的印象最为深刻。大会弥漫着一片激动的气氛，充满乐观的情绪。与会者对大会主题的专注亦使人难忘，他们不仅把自己的工作成果和大家分享，而且对于同一个主题，天大的主题，竭尽心力去破解它。媒体方面也派人来了，他们字字留心，大家都有这样的想法，科学研究到了一个万众期待的关键时刻，这将是场影响深远的会议。

要长久地保持这种激情是不可能的，可是弦理论的终极目标是如此恢宏，就算真的能完全实现，也要花上很多年的时间。理论刚开始时，大家都满怀希望，想要创造一套包罗万象的理论，可是迄今还未成功，亦可能永远不会完全成事。纵然如此，弦理论对物理和数学已有了许多意想不到的贡献，就算弦理论终究成不了大自然的终极理论，至少它是迈向这方向的一步。到了现在，这套理论已有许多有趣的结果，使人们赞叹不已。所以，就算到了最后，弦理论达不成人们原来对它的指望，我们也不能视之为失败，毕竟弦理论引发出来的数学发展可以说是划时代的。

而我个人，则带着雀跃的心情从阿贡实验室回到圣迭戈，急不可待地投入弦理论的研究。我请了一个物理学博士后布赖恩·哈特菲尔德（Brian Hatfield），他的博士论文和弦理论有关。那年我有十五个研究生，我跟他们讲述如何构造卡拉比-丘流形，那是在往芝加哥的飞机上想到的。学生田刚指出这方法能用来构造更多欧拉数为–6的流形，稍后确实也造出来了。不过，后来发现这些所谓新的流形，虽然看来非常不同，其实它们都可以由我找到的那个流形通过形变产生，因此它们和原来的流形在拓扑上是等价的。

卡拉比-丘流形既然对弦理论和数学大有用处，我便继续研究这些流形的诸般性质，更编辑了一本名为《弦理论的数学》的书。然而，正如在前面说过，我很少在同一时间只专注一事，弦理论并没有占据我全部的心思，我仍然希望在几何分析上多做点工作。事实上，弦理论中用上的卡拉比–丘流形便出自几何分析，我的“同伙”理察和汉密尔顿都在UCSD，大家一起在这方面努力。

理察和我继续合作，例如研究正纯量曲率流形的分类，还有紧流形的山边问题（Yamabe Problem）。理察努力攻克后面的课题，终于在1984年成功了，这是他的一项主要成就。1982 年我们在高研院讲课，现在到了圣迭戈便继续下去。在这课上讲述的是我们原创的工作，其中包含尚未发表的想法。有时我们工作过了午夜，为的就是准备次日的课。

我们要找人好好做笔记，把课上的内容保存下来，以便最终整理成两本书：《微分几何讲义》和《调和映射讲义》，打算几年后出版。由于总希望帮助中国的学者来美国访问，让他们既能体验一下研究的气氛，同时又能挣点钱，我便向杨乐打听有无适当的人选。中科院有位姓许的研究人员毛遂自荐。为了这份差事，我付了超过一年的酬劳给他，后来才知犯了大错。许对数学虽然不算外行，却追不上我们的进度，很多时候听不明白，可他又不愿意向理察或我求教。有时，他会私底下问我的学生，但他们对他并不友好，或许觉得他年纪太大，又或许他们不愿花时间。

最后，他整理出来的讲义全无价值，这对理察和我是一大打击。我们并没有把所有东西记下来，到了发现许的讲义不能用时，要重新再做一次为时已晚了。

到了许要向中科院呈交进展报告时，事情变得更糟了。为了掩饰未能把工作做妥，他把报告变成对我的攻击，说我图谋反对陈先生，又说我想营结他所谓的“丘党”，专门和我的老师作对。其做法是如此拙劣，中科院的人都看出他无中生有。杨乐知道后非常意外，他把许的报告信件给我看了，并且对派遣他来一事道歉，不久许就回去了。

或是命中注定，时不时就遇上这类疯狂的事。幸好，上天做出补偿，我在UCSD工作开展得很顺利。一直以来，我都喜欢理察在我身边一起工作，我们的兴趣和思想方式都很合拍，合作非常成功，他是我最好的合作者。弗里德曼不久前才完成有关四维庞加莱猜想的著名论文，他有时也参与讨论，带来新鲜感和独到的见解。

汉密尔顿的办公室就在我的旁边，我们常常聊天，这样的安排可真不错。我们谈到了一年多前我和李伟光的工作，那叫李-丘不等式。伟光和我研究了一条和几何流有关的方程，它描述热或其他变量在曲面上随着时间变化的传播。我告诉汉密尔顿，"李-丘估计"可以用来研究里奇流中可能形成的奇点，奇点就是在空间某处挤压成的尖刺或折叠，更重要的是，它可以用来把奇点光滑化。我说服他这方法对于求解三维的庞加莱猜想或许是关键的一步。不过，要用上李-丘不等式，先要把它推广到更复杂、更非线性的里奇流上去。

汉密尔顿花了差不多六年时间才把工作完成了，这是求解庞加莱猜想道路上关键的一步。我的好几位学生，包括曹怀东和周培能，都跟随汉密尔顿研究里奇流中的问题。

我有位老同学是香港一个基金的受托人。得到他的赞助，1985年夏天我在UCSD主办了一个计划，旨在训练来自中国的学者做研究。前来的学生、博士后和学者差不多有四十人，汉密尔顿、理察、弗里德曼、我和其他人都讲了课。大部分参加计划的人都说获益良多，其中来自台湾清华大学的阮希石和我合作，写了一篇利用环面法（toric method）来构造卡拉比-丘流形的论文。这方法是芒福德引入的，但是用这种方法来构造卡拉比-丘流形，我们大概是最早的。希石后来当了我的博士后，我帮助他在台湾“中研院”的数学研究所找到工作。

大部分与会的人都觉得此行收获甚丰。来访的目的虽是数学，但大家还是会挤出时间在沙滩上玩排球，这就是圣迭戈的好处，普林斯顿和哈佛都比不上呢。

在这期间，我接待了不少访客，他们不只来自亚洲，还有来自欧洲、美国本土和其他地方的。圣母大学的王必敏来了，在香港时我们都念同一所中学，兼且同样出生于汕头。刚到圣迭戈的第一年，他就来请教做研究的题目。我把和乌伦贝克合作有关杨-米尔斯方程的手稿拿给他看，并说看完后可以谈谈如何利用其中的想法做下去。（这论文是我得意之作，它刊登于1986年的《纯粹数学和应用数学通讯》，八年之前，我解决卡拉比猜想的文章也刊登在这学刊上。）当时他正在休年假，我说他可以待在圣迭戈，杨-米尔斯方程中还有一些有趣的问题，可以一起试做看看。可惜，王早已安排了在年假时到哈佛和萧荫堂一起工作。

碰巧，曾跟我当过博士后的钟家庆正在哈佛访问萧荫堂。他打电话给我，说萧非常生气，事关他发觉田刚用了他的一个结果，这结果是他1985年在哥伦比亚大学的一次会议中提出的。会议之后约一年，萧在给我的信中说:“我看不出你的学生的演算有多独立”，他认为田的文章，“把我在公开讲座中发表过的方法，改头换面变成了自己的东西”。

为了弄清楚是否原创和先后次序，萧说要看看田刚的原稿。我对这点有保留，同时也不想逼田这样做。由于此事关系着一个勤奋年轻人的一生前途，即使我对于整件事情将信将疑，我还是采取宽容的态度。

为了消弭双方的分歧，我对萧提议，可否让田就这个题目在哈佛大学的研讨班上公开讲一次，其他人可以从中判别，可惜萧并未因这提议而息怒。根据别人的说法，萧后来跟其他人说，丘利用学生来攻击他，当然这是全无根据的。萧就此事愤愤不平了好几年，比我想的还更严重。但是到了后来，我亦发现他对田的看法，不见得是全部错误的。

除了这类小故事外，圣迭戈一切安好如常。1985年我获得麦克阿瑟奖，这完全是意料之外的，可说是惊喜。《洛杉矶时报》的一篇报道说，我在微分几何的工作“如此复杂，就算他的同事也一头雾水”。一年前，同一报纸曾报道在下受聘于UCSD，今天的报道可以视为那篇报道的升级版。当时，同一位记者写道，丘研究的数学基本上是无用的。他曾问我在几何方面的工作对社会有何作用。我跟他说，长远而言，纯粹数学对社会有很大的影响，但短期不容易看见。例如，它大概不能用来开关车库的门。对这个记者来说，很明显，这和“无用”就只有一步之遥了。无论如何，拿到麦克阿瑟奖是件喜事，十分荣幸能和其他出类拔萃的人物共享此殊荣，他们包括保护儿童基金会的主席玛丽安·赖特·埃德尔曼（Marian Wright

Edelman)、著名文学评论家哈罗德·布鲁姆(Harold Bloom)、科学家和作家贾雷德·戴蒙德(Jared Diamond),还有舞蹈家和编舞家梅尔塞·坎宁安(Merce Cunningham)及保罗·泰勒(Paul Taylor)。这个奖还有奖金,却之不恭,我决定把钱储起来,供孩子以后上大学用。

圣迭戈的生活在其他方面也相当惬意,我有时间陪小孩,带他们到海洋世界和圣迭戈动物园,大家都很开心,有时感到活在"美国梦"中。这里气候宜人,阳光充沛,沙滩海浪近在咫尺。

UCSD既有大批用功的研究生,加上围绕在核心的同事,发展的前景一片光明。据说数学系还可以多雇十五个资深或资浅的同事,我试图推动聘请自己认识并信任的人,包括西蒙和乌伦贝克,还有李米特里奥斯·赫里斯托祖卢(Demetrios Christodoulou),后者研究广义相对论,不久便声名大噪了。

在UCSD一切看来都很顺利,正当千帆并举之际,奈何碰上系内人事斗争这拦路虎,出现了阻滞。我的愿景不为其他人接受,虽说属意我强化整个数学系,但他们对聘请西蒙、乌伦贝克和赫里斯托祖卢没多大兴趣,也许是我的支持话语太率直。如此一来,我和同事之间产生了摩擦。

就在这时候,弗里德曼打电话来,UCSD刚刚升他为查尔斯·李·鲍威尔讲座教授。当时已是1985年的下半年,我正在哥伦比亚大学参加会议,和丹尼斯·沙利文在一起,沙利文是纽约城市大学的阿尔伯特·爱因斯坦讲座教授(迄今还是)。弗里德曼想知道自己会不会在明年拿到菲尔兹奖,他以为我们两人会知道,但事实上我们对此一无所知。情急之下,弗里德曼说他比我更值得拿菲尔兹奖，因为在解决庞加莱猜想时，他用了五个原创的想法，而我解卡拉比猜想时只用了一个。差不多一年之后，1986年8月，弗里德曼果真拿了菲尔兹奖，可说是实至名归。

我又被卷入了一个颇为无聊的倡议，就是在UCSD建立一个应用数学中心，这计划并不以大团圆为结局。数学研究中心（MRC）自1956年成立以来，基地一直设在威斯康星大学的麦迪逊分校，它是由美国军方和大学合办的。中心所在的斯特林楼于1970年在学生"反越战反军方"的运动中被炸毁，一个物理学家死了，另外三人受伤了，这些都不是MRC的人。

到了80年代中期，军方决定把中心搬到别处去，UCSD希望中心建在他们那里。他们请我帮忙竞投。我个人虽然和这计划没有关系，但也愿意伸出援手。可是当要动笔草拟计划书时，事情便触了礁，系里的应用数学家没法把材料组合起来，写成一个具说服力的计划书。我非应用数学家，写作技巧也不算强，如果由在下动笔，先要征求专家的意见。普林斯顿的马丁·克鲁斯卡（Martin Kruskal）、柯朗研究所的保罗·加拉贝迪安（Paul Garabedian）和纽约州立大学石溪分校的詹姆斯·格利姆（James Glimm）都是我请教的对象，也是我试图通过引入这个所来聘请的名教授，他们都表示有兴趣。这样一来，便惹怒了系内应用数学的同事，他们对我找外援甚为不快。他们也许认为这些都是纯数学家，而我只喜欢聘请纯数的人。说到最后，他们再不要我过问系里有关应用数学的事务了。

举例来说，戴维·多诺霍（David Donoho）是位崭露头角的年轻统计学者，刚刚从哈佛毕业。同事理查德·奥尔森（Richard

Olshen）是搞统计的，他很想聘多诺霍，跑来问我意见，我说这主意不错。奥尔森接着跟莫里·罗森布拉特（Murray Rosenblatt）说，我非常希望聘请多诺霍。罗森布拉特是系内有关统计和概率论最资深的专家，他听了后十分不高兴，要我停止干预系内种种有关统计学的人事决定。

应用数学组中反对我的人不少，他们抗议校方倚重我去军方求建数学中心。为了缓和矛盾，原是基本粒子物理学家的副校长哈罗德·蒂乔（Harod Ticho）决定把整个计划移交给斯克里普斯海洋研究所的约翰·迈尔斯（John Miles），这个研究所隶属于UCSD。不过，蒂乔仍然希望我能代表学校继续去游说。我拒绝了，指出我的兴趣只在于利用这个计划来加强数学系，不会花费时间和精力把中心建于海洋研究所。

很明显，我和UCSD的关系从此有了裂痕，很多应用数学的同事反对聘请西蒙和乌伦贝克，理由是先前已聘了理察和汉密尔顿，这已经足够了。我跟蒂乔说我在系里缺乏在家的感觉，可能会离开，有些人却说我在玩加薪的把戏，纵使我说的都是实话。

在招募人才的事务上出现各种分歧时，蒂乔找弗里德曼和我一起用午膳，希望能厘清系里的情况。蒂乔问弗里德曼系里可有什么困难，弗里德曼答道他看不出有什么不对劲。那即是说，如果真的有什么不对劲，那也是丘的问题，跟数学系无关。我感到有些孤立无援。到了午餐快完结时，我觉得留在圣迭戈已是没有指望的了。

UCSD 方面却传来不少谣言，一个是由当时的数学系主任散播的，他说学校将我薪水大幅增加到五十万美金一年。另一个谣言据说来自校长阿特金森，他多次在校务会议上解释为什么我会离开UCSD，原因是我要求解散数学系，然后将之重建为世界一流的研究中心。当然这两件都是子虚乌有的事，却对我的名誉造成了一定的损失。

最后我离开了，从美国大陆的一端跑到另一端。离开这个美丽的、号称全球气候最宜人的地方，我不无遗憾；而且，在UCSD建立一个很强的数学系这一理想也功败垂成了。同事中有好些人并不乐意见此，或者说，不乐意在我手中见此。这也无话可说，有的人留恋过去的安逸，并不认同要把UCSD建成世界级的数学系，其他人也许有不同的愿景，或对发展数学系的方案抱着异议。我想起了那老掉牙的笑话，“换电灯泡需要几个人？”一个就够了，“但是要电灯泡想被更换才行”。

汉密尔顿多待了几年，找到一个能满足他两个至爱即数学和冲浪的地方，自然乐不思蜀。1996年，他到了哥伦比亚大学，那儿的长岛是个颇为不错的冲浪区，但无法和南加州比拟。理察1987年离开了UCSD，重新回到斯坦福去了。

而我呢，得到幸运之神的眷顾，也找到一个新的落脚点。1986年下半年，我在伯克利见到拉乌尔·博特，他不但是个杰出的数学家，为人也和善，我一直很欣赏他。他告诉我哈佛要再发聘书的消息，这已经是第三次要聘我了，也不肯定有没有第四次。我告诉他目前在UCSD的困境。他说哈佛虽然渴望我加入，但我应该从长计议，不要感情用事，贸然下决定。

1987年初，我到了哈佛跟数学系系主任巴里·马祖尔会晤，他非常亲切。我们寒暄了一会，待我心情放松了些，他便带我引见文理学院的院长迈克尔·斯彭斯（Michael Spence），后来他赢得了诺贝尔的经济学奖。斯彭斯很友善，尽量令我有宾至如归之感。他的妻子乃是梁启超的外孙女，我久仰梁任公大名，很佩服他。哈佛给出的薪水没有UCSD那么多，但能提供很好的房屋贷款，从而弥补了薪水的不足。

我觉得哈佛的职位十分吸引人。而令我下决心的是，麻省理工的林肯实验室愿意给友云一份有关应用物理的工作，她可以在那里从事她最爱做的研究。我接受了哈佛的聘书。自1987年开始，过去三十多年我都在哈佛度过。诚然，这么多年，不一定天天都快乐，但总的来说是美好的日子，或者谚语说得对，“第三次，便顺意”。

第九章　适彼乐土

卅年几何，方程创结构，分析至善美。
二纪物理，弦膜超对称，量子造精微。

——《几何与物理》，2000年

哈佛大学号称“全美历史最悠久的高等教育机构”，听起来有点造作。然而，它确实和其他学校不同。1987年7月我初临此地，瞬即感受到那凝结在空气中的历史感。环顾数学系近邻的古老大楼，建于1718年的马萨诸塞楼，还有建于1766年的哈佛楼，可以肯定自己已经加入了一个饱含传统、比美国建国还要早一个半世纪的大学。起初，我对哈佛的种种传闻所知不多，其后便尽力去了解哈佛先贤的贡献。

“书院”建于1636年，土地出于一位当地官员约翰·哈佛（John Harvard）的遗赠。同时送出的，还有四百卷藏书的图书馆。到了今天，整所大学的藏书已达一千七百万本。在原来图书馆的书架上，数学书并不算多。而且在学校早期的课程里，数学也非必修，正如历史学者塞缪尔·埃利奥特·莫里森（Samuel Eliot Morison）所言:“算术和几何，只适合机械工，并不属于学者。”

建校后差不多一百年，即到了1720—1730年之间，哈佛才开始教授代数。又过了约一个世纪，才开始有了数学的研究。1832年，一位二十三岁的导师本杰明·皮尔斯（Benjamen Pierce）发表了一项有关完全数的研究成果。所谓完全数，如 6 和 28，是指那些因子之和等于自身的正整数，我们有 6=1+2+3，28=1+2+4+7+14。可是，皮尔斯并未得到时人的赞赏。当时，教师的职责只在教学和撰写教材，而非证明定理。

这种情况到了1890年初，才开始起了急剧的变化。两位在欧洲受教育的学者威廉·福格·奥斯古德（William Fogg Osgood）和马克西姆·博谢（Maxime Bocher）来到哈佛任教，最终升为正教授。他们把“现代”的概念引进学校，在数学系内培养出一种做研究的文化。百年后我到来时，这传统已根深蒂固了。

数学在20世纪进展良多，新的数学领域如范畴理论、朗兰兹纲领、几何分析等都出现了。在物理方面，早在1900年代初期，就目睹了量子力学和广义相对论的惊人成就，其后更有尝试把两者统一起来的弦理论。当时，我的心思正倾注在弦理论上。友人辛格也对这理论深感兴趣，他在麻省理工的办公室和我的只有三公里之遥。交游广阔的他说可以帮我向能源部申请一些经费，用来雇一些这方面的博士后。

阿瑟·贾菲（Arthur Jaffe）刚刚接任系主任，他提议把请求写成一份计划书，如果事成，就把钱平分来用，我同意了。

能源部要求贾菲和我一同到华盛顿，亲自讲解计划书。我们有半个小时讲解的时间，贾菲说他先讲十五分钟，然后轮到我。可是他的讲话超时了，只留下五分钟给我。无论如何，我们拿到了资助。

约有十二个研究生随我从圣迭戈来到了波士顿。其中四个，李骏、施皖雄、田刚和郑方洋进了哈佛，其他人分别安排到附近的学校，包括布兰代斯大学、麻省理工、东北大学等，我仍旧当他们的论文导师。

哈佛数学系内有拉乌尔·博特、安德鲁·格利森、迪克·格罗斯、广中平佑、乔治·麦凯（George Mackay）、巴里·马祖尔、戴维·芒福德、维尔弗里德·施密德、什洛莫·斯滕伯格、约翰·泰特（John Tate）、克利福德·陶布斯等名家，人才济济，星光熠熠，令人肃然起敬。不久之后，我就被一批中国来的学者和学生围得团团转。他们人数太多，以至于给别人留下我只收中国学生的错觉。其实我约有三分之一的学生不是华裔，能进入哈佛的学生都非凡品，我都愿意纳入门下。

虽然如此，我的中国学生如此之多，还是引起了美国中央情报局的注意。中情局每隔一段时间，就会打电话来问我一些问题。我回答说我的学生和访客在研究卡拉比-丘流形、里奇流、杨-米尔斯场论等，不一而足。这些内容实在提不起他们的兴趣。问了几年后，中情局就作罢了。明显地，情报局的官员认为国家安全没有受到威胁，而几何分析也不在他们管辖的范围之内。

自从我有记忆以来，差不多追溯到不情愿地被称作“冬菇”的日子，生活总是匆匆忙忙的。一大批研究生令我忙得不可开交，在新地方又建立了新的流程。下午四点前完成所有授课，然后到托儿中心接正熙，再到贝尔蒙特的小学接明诚，明诚现在六岁了。我们住在贝尔蒙特，剑桥旁边的一个小镇。下课后跟小孩玩一回，然后教他们一些中国诗歌，但他们并不很感兴趣。

我花了不少时间培养田刚。一般来说，他每星期来我家三次，每次都和我一起工作数小时，这是自圣迭戈就开始的习惯。我觉得他很用功，对他有很高的期许，故此鞭策甚勤，可惜最后弄巧成拙。我怀疑是否他太心急于成名，不免走上侥幸的歪路。我亦发现，有些人你愈给他援手，他却愈来愈不满，总觉得你待他今不如昔，或者有意漠视你替他所做过的事，从而凸显其成就乃自己独力奋斗的结果。这和借钱给朋友相似，他借后就翻脸不认人了，只因看见你就令他或她想起那笔债。

可是回到1987年，田和我还是很亲近的。1988年他拿了博士，我替他写了一封措辞极强的推荐信。虽然听某大学有人说萧荫堂在背后说了些话，但普林斯顿还是请了他。无意借着支持田刚来和萧荫堂作对，我只不过想扶自己的学生一把，帮他迈开事业第一步，毕竟帮助刚毕业的学生，是再自然不过的事。

但到了后来，当我知道萧确是嗅出了一点不对劲时，已经为时已晚了。几年之后，田刚说他找到解决丘猜想的途径，这当然是十分有意思的发展。（田有时把自己的名字放上去，称之为“丘-田-唐纳森猜想”。）1993年，有一次跟辛格聊天，我特别提到田的成就。辛格当时刚刚升为“学院教授”，这是麻省理工最高的荣誉，他在校内的影响力亦罕有其匹。由于他的推荐，麻省理工很快就给田刚下了聘书，他愉快地接受了。

可是1995年到了麻省理工数学系时，他声称破解丘猜想的论文还没有写出来。事实上，直到2015年9月即整整二十年时间，他都没有在互联网上传过猜想的完整证明。最后，他的证明面世时，已比另一个上传的证明晚了相当长的时间。这个完整的证明是陈秀雄、西蒙·唐纳森和孙崧三人做出来的。二十年过去了，回想起来，当时跟辛格谈话时，我真不该如此轻率。

这两篇论文在几何学界却引起很大的纷争。田刚在2012年10月25日在石溪的一次讲话中宣布他可以证明我的猜想，却没有提到证明的内容，但是唐纳森等人也随即宣布了他们的工作，同时在2012年11月19日将他们第一篇文章放在网上。田刚在20日也赶紧将他的文章传上网。(但是在2013年1月28日，他又添加了十五页的修正。)专家一般都认为田刚还是没有完成他的证明，所以陈、唐纳森和孙把不忿公之于世，从“原创性、先后性和数学的正确性”三方面反驳田刚的宣称。田的讲话“欠缺详情”，并且指出，他们看不见“任何证据足以说明，田在石溪那次讲话时就具有完成整个证明的能力”。当时人们能看见在田的工作中，含有“严重的漏洞和错误”，而其后田所做的许多修改和添加，“重现了我们先前引入的想法和技巧，而这些想法和技巧都是早已公开的”。

唐纳森才华横溢，声誉极隆，兼且是公认的谦谦君子。我不认为有任何人，包括田本人，能有力地反驳唐纳森等三人对他的指控。

我讲过头了，现在还是回到1988年底至1989年初。我应邀加入了美国国家科学基金会(NSF)的评委会，工作是甄别谁能获得国家科学基金会在几何方面的研究基金，其他委员包括罗伯特·布莱恩特、滕楚莲等人。到了开会时，我没有讲什么话，部分原因是避嫌，NSF不允许委员讨论自己同事、学生和合作者的计划书。由于很多人都属于这几个范畴，我只好在他们讨论这些计划书时离席。到我回来时，很惊讶地发现，评委会对其中一些计划书的评语颇为尖刻，而且也有不公允的地方。

事情过去后一段日子，我在加州大学尔湾分校碰到滕楚莲，她在那儿教书。她跟我说我在会上对那些申请书的批评太刻薄了，NSF 以后也不会找我当评委了。她的话令我大吃一惊，开会时我不比其他人多说话啊。她又说道："你一出现，大家都战战兢兢的，不敢说话了。"

我对滕的说法有所保留，但有一点她是对的：NSF 再没有找我当几何方面基金的评委了。我从此事中得到好些教训。首先，别人需要的话，他可说你这样那样，你却百口莫辩。其次，有时间坐在那里，一脸漠然，或瞪着眼睛，不用开口，已有奇效，姑勿论是好是坏。

1990 年，由于发生车祸，我被卷进刑事案件（之后由法院判决无罪），居留权可能出现大问题。为了保护家人的安全，我决定加入美国籍，开始申请成为美国公民。申请时其中一项要做的事，是在波士顿的移民和归化办事处（INS）接受测验。我匆匆前往，并未做太多的准备。那考官问了我一大串问题。例如，他问："你认为美国总统能直接向别国宣战而不通过国会吗？"我说国会一定会通过的，尼克松总统总能找到法子的。考官不同意我的看法，说虽然尼克松做了错事，但他在宣战一事上并没有走快捷方式。

总的来说，一些问题我答得不错，但另外一些则不怎样。那官员取笑我的错误，有些的确是令人发笑。不过，他在我答完后便立即说及格了，不久我便得到了美国公民的身份。

我作为无国籍者已过了颇长的时间，成了美国公民之后，国外旅行顿时变得很方便。但这种突然的身份变动，也令我难以释怀。我对出生地中国仍然怀着强烈的感情，身份上却无凭无证。我曾在

1980年代考虑成为中国公民，并且向华罗庚的大弟子、当时的中国科学院学部委员陆启铿提到这个想法。他和有关部门讨论以后，托人向我解释，时机还未成熟。后来我在美国遇到一些困难，此事就没有再提起了。

我拿到了公民身份后，不久和理察到日本开会。他看见我的新护照，便知道我改换了国籍，于是提名我当美国国家科学院的院士，科学院通过了，这可说是新身份带来的额外惊喜。伊莱·斯坦（Eli Stein）是普林斯顿一位有影响力的分析学者，他对我说，如果你一早入美国籍，八年前你刚得到菲尔兹奖时，便已入选科学院了。

1989年11月到1990年1月期间，格里菲思离开了《微分几何学杂志》的编委会。这份学刊属于理海大学，聘人的事务由杂志的创办人熊全治教授负责。从熊处得知，格里菲思被解除职务后很不爽，并怪罪在下，但本人实在和学刊的人事任命无关。格里菲思在数学界深具影响力，乃美国数学学会和国际数学联合会的活跃分子，是个难缠的对手，可一时不察，又得罪了他。

1990年还有一件事值得一提，那就是美国数学学会的微分几何的夏季国际大会，这次由我、罗伯特·格林、郑绍远三人负责。国际大会共持续三星期，从7月8日到28日在UCLA举行，这是美国数学学会有史以来规模最大的国际会议，参加的学者多达426人，其间共有270场讲座。我们决定把这次会议作为陈先生七十九岁寿辰的献礼（按照中国人的习惯是八十大寿，中国把刚出生的婴儿算作一岁）。我提出设立一个陈奖，由《微分几何学杂志》资助，陈先生也衷心地支持这个想法。可是当公布了这个安排之后，先生却决定把这个奖取消。听说这是他和朋友商量之后的决定，却从来没有跟我说过原因。

这样，这个国际大会如期举行，只是没有陈奖了。我在UCLA旁边租了个大大的公寓，作为一次家庭大团聚的地方。孩子和母亲都来了，还有姐姐成瑶，弟弟成栋和他儿子，两个妹妹成琪、成珂和她们的孩子。这是个大型的喜庆式的家庭聚会，以大量数学为配菜，很对我的胃口。可是母亲病倒了，我们带她去医院，经过一轮检查，发现了恶性肿瘤。当晚她就留院，次日开刀，医生发现癌细胞早已扩散，手术亦无能为力了。

接下来的几个星期，我往返于医院和会议场地，也做学术专题演讲和参加工作会议。在众多与会者的要求下，我做了一系列演讲，内容有关几何分析的一百个公开难题，乃是1979年在高研院专题年那一百二十个难题的延伸或重提。

会议结束后，我跟哈佛的系主任维尔弗里德·施密德商讨，我们的关系一向很不错。他好意帮忙，允许我在秋季的学期休假，好陪伴母亲度过化疗期，并帮助她面对治疗期间种种可能出现的问题。这时，我在加州理工的友人，包括数学系的汤姆·沃尔夫（Tom Wolff）和物理系的约翰·施瓦兹（John Schwarz）、基普·索恩（Kip Thorne），替我申请了一个费尔柴尔德学者身份，好使我能在那里访问。加州理工给费尔柴尔德学者很好的待遇，将校园里一幢漂亮别墅提供给我。但我到加州来的目的是照顾母亲，因此婉言谢绝了这个安排。我决定住在母亲的公寓里，简单打个地铺。

有一段日子，母亲的病况改善了，肿瘤似在消退之中。1991年初，我回到哈佛教学，成瑶则陪伴母亲。但是，到了5月课完了，她的癌细胞又活跃起来了，我立即赶回加州陪伴。我们见了医生，他带来了不幸的预测，已无能为力了。现在，只剩下一个主要的决定，那就是："要不要以必要的手段来维持生命呢？"母亲说不，以巨大的痛苦来稍稍延长那必然到来的一刻并不值得，她只想再一次看看孙儿，我们便让孙儿看她去了。我答应她走后会照顾弟弟妹妹。

母亲于1991年6月2日去世，享年七十，以现代的标准来说是早了些。古语有云："人生七十古来稀。"这句话或者已经过时。美国人的平均寿命是七十六，她没能活过这年纪。

她离开前向亲友道别，感谢他们的支持和关爱。而差不多所有近亲，包括儿女、孙儿，都于弥留的时刻在床边守候。母亲很痛楚，但看见孩子到来后安静了些。眼看所有儿女和他们的孩子们都得到很好的照顾，她神态变得安详。儿孙围绕在旁，她从此亦无牵挂，不久就去世了。

我们花了几天安排葬礼。那个曾经提议我养鸭的大舅住在加州的奥克兰，他没有出席仪式，舅母代表他来了。她对母亲的逝世，并没有任何哀伤的表示。她解释道："我没有早些来，看见垂死的人会令人不快。"在这样的场合说这样的话当然不合礼数，但毕竟这是她的心里话。其他人则神情肃穆。十岁的明诚把我们的悲恸写在信上："今天是非常、非常悲伤的日子，笑声都变成了悲泣。"

母亲葬礼刚过，我们便要决定如何安放她的骨灰。最理想的做法，乃是把骨灰葬在香港，和父亲在一起，可惜未能实现。我们也想过把父亲的骨灰移葬美国，但想深一层，父亲和美国全无渊源，他从未学过英语，也没想过来美国居住。最后，我们在洛杉矶的坟场买了一块小小的土地，把母亲的骨灰葬在那里，近邻有不少炎黄子孙在长眠。有些长辈说，不要葬得这么快，要先等一段日子。我们不懂那些玄妙的传统规矩，到知道时，已经为时已晚了。

只有在这些葬礼事宜都办妥后，才真正感受到丧母的悲恸。我悲痛欲绝，仿佛和父亲过世时相似。只是现在父母皆离我而去，有疑虑时，家中已无长辈可以提供意见，我必须负起维护家族的责任。冷静下来，便知要面对这现实，因为兄弟姊妹散布在不同的地方，很难聚在一起。

细心思考一下母亲最后的日子，我为她大半生辛勤工作、抚养我们而深感歉意。她为家庭差不多献出一切，很少为自己的需要和幸福着想。命蹇的兄长成煜需要她长期照料，几年前才去世。我原来期望母亲能安享晚年，含饴弄孙，闲时打理花草，或是做些赏心的事，但她太命苦了，没机会安享。

母亲是传统的中国妇女。她重男轻女，深信只有儿子才能把家族繁衍下去。她常说我的成就等于她的成就，这是一种异常无私的看法，源自她从小培养的价值观。我全心全意把时间和精力倾注于事业时，深知扬名声、显父母的意义。即是说，愈能有所成就，愈能使父母开怀。父母的付出，激励我努力奋斗，追求卓越。在这方向上，我已不需要进一步的动力。自父亲逝世后，除了少年时荒废了少许日子，我一直在努力。

这时在哈佛，一件令人振奋的工作开展了，它源于我的博士后布莱恩·格林。开始时我没怎么牵涉其中，但不久之后，它成了大热的潮流，很多人包括我都给卷进去了。

格林来到哈佛不久，便和罗恩·普莱泽（Ronen Plesser）合作，后者是物理系卡姆朗·瓦法的研究生。他们在瓦法和其他物理学者包括兰斯·狄克逊（Lance Dixon）、多伦·热普内（Doron Gepner）、沃尔夫冈·莱尔歇（Wolfgang Lerche）、尼古拉斯·沃纳（Nicholas Warner）等人工作的基础上，仔细检视了六维的卡拉比-丘流形。前面说过，这些流形在弦理论中被视为附着在空间上的额外结构。两人把一个卡拉比-丘流形用一种特殊的方式转动，产生了另一个看起来非常不同的卡拉比-丘流形。他们发现这两个流形之间有某种关联，并拥有同样的物理规律。格林和普莱泽称这种现象为“镜像对称”，并就此在1990年发表了一篇论文，两个具有同一物理规律的卡拉比-丘流形被称为“镜像流形”。

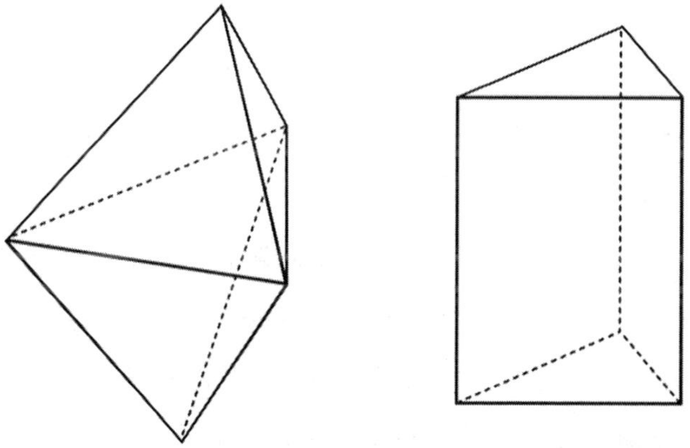

镜像对称的简单例子。双四面体（左）具有5个顶点和6个面，而三棱柱（右）则有6个顶点和5个面。这些常见的多面形可以用来构造卡拉比-丘流形及其镜像，其中组成的多面体，其顶点和面的数目和这个卡拉比-丘流形的内部结构有关。（原图引自顾险峰和殷晓田）

镜像对称是“对偶性”的一例，这种现象在弦理论或物理现象中很常见，相同的物理现象可以用两种看起来完全不相干的图像或模型来描述。这种想法令我想起中国古代哲学中“阴阳”的概念，尤其是道家强调貌似相反力量的互补和统一。对偶性在弦理论及其他方面都有惊人的启示，镜像对称在这方面尤其富有成果。

格林和普莱泽取得突破的一年之后，得克萨斯大学的物理学家菲利普·坎德拉斯和三位合作者保罗·格林（Paul Green）、齐妮娅·德拉奥萨（Xenia de la Ossa）和琳达·帕克斯（Linda Parkes）就检验镜像对称进行了大量计算。在工作的过程中，他们利用镜像对称解决了一个长达百年的在“枚举几何”上的难题。枚举几何的主题是决定在几何空间或曲面上物体的数目。坎德拉斯等人解决的问题，具体来说，是要确定在一个五次三维形（quintic 3-fold）上能放进多少条曲线。这样的流形是最简单的卡拉比-丘流形，所谓五次是指空间由五次多项式的根所构成，而三维指这空间的复维数是3，即实维数为6。

这个难题有时也被称作舒伯特问题。事缘19世纪后期，德国数学家赫尔曼·舒伯特（Hermann Schubert）首先破解了最简单的情况，即在五次三维形上能容纳多少条一次的曲线（即直线）。1986年，数学家谢尔登·卡茨（Sheldon Katz）确定了二次曲线（如圆形）在五次三维形上的数目，这个问题当然更难。坎德拉斯及其合作者攻坚的是更进一步的难题，即决定三次曲线能放进五次三维形的数目。

镜像对称是这样发挥作用的。首先，在原来的五次三维形上，曲线有多少条很难计算，但在它的镜像流形上进行计算则容易得多，而这些镜像流形是格林和普莱泽早前找到的。正如格林所说，镜像对称提供了一种方法，可以“巧妙地重组计算，使一切变得容易”。通过在镜像流形而非在原来的流形上进行计算，坎德拉斯小组最终得到精确的结果：在五次三维形上能放进的三次曲线的数目为317 206 375。

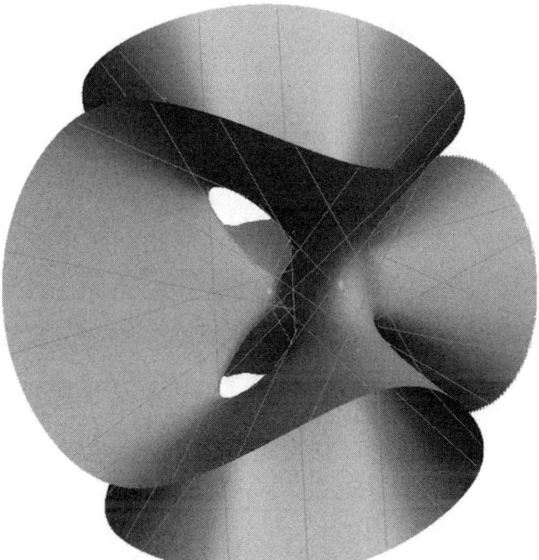

此图旨在说明在曲面上找曲线或直线的一般概念，图中的曲面和文内讨论的不同。图中显示的是19世纪枚举几何的一个著名结果，阿瑟·凯莱（Arthur Cayley）和乔治·萨蒙（George Salmon）证明在三次曲面上刚可容纳27条直线。其后赫尔曼·舒伯特推广了这个结果，后人称之为凯莱–萨蒙定理。（引自理查德·帕莱和3D-XplorMath Consortium，特此鸣谢）

这立即引起我的关注，因为如果他们的结论是正确的话，那便足以说明镜像对称可用于其他枚举几何的问题上了。对我来说，好好搞清楚这个崭新的概念，顿时变成当务之急了。

差不多就在这时，辛格问我可不可以在MSRI举办一个以数学物理为主题的会议。他原来的想法是把主题放在“规范场论”上，这比较接近量子场论和基本粒子。但当前镜像对称的新发展实在令人鼓舞，我提议把主题改变一下。辛格对这题目并不陌生，他刚在哈佛听过格林的演讲。我跟他再多说了一点详情，他立即同意以镜像对称为主题在MSRI搞一个一星期长的会议，时间是1991年5月，并提议我来当会议的主席。

这次会议充满火药味。由于镜像对称早期的工作都是由物理学家如格林、普莱泽、坎德拉斯等人完成的，数学家不大相信这些结果，也不情愿把这些想法用于他们的领域如枚举几何和代数几何上去。说到底，这种犹豫不决的态度，背后源于数学家总觉得物理学家不够严谨。

到了两位挪威数学家盖尔·埃林斯若德（Geir Ellingsrud）和斯泰因·阿里尔·斯特勒默（Stein Arild Strømme）在会上公布了他们对舒伯特问题的答案时，会场气氛一下子高涨起来。他们利用古典的代数工具，推算出答案2 682 549 425，跟物理学家推导的数目相差很远，没有人能肯定哪个才是真正的答案。坎德拉斯、格林和其他镜像对称的拥戴者都不免面带愁容。我用他们的办法重新算了一次，但真的无法找到任何漏洞。但转过头来，不到一个月，埃林斯若德和斯特勒默发现他们用的计算机程序出了错，改正后再算一次，结果得出数字317206375，竟和坎德拉斯他们算的相同！这样，不只对镜像对称，就是对弦理论，大家都投下了信心的一票。

坎德拉斯的工作其实更为广泛，他们找到的不仅仅是有关直线、圆等能放进五次三维形数目的公式，所有次数曲线数目的公式也找到了。这是一个强而有力、包罗万象的命题，对次数等于1、2和3的情况已经证明了，但其他次数还有待证明。1994年底，马克西姆·孔采维奇（Maxim Kontsevich）把这个命题的其中一部分加上数学的想法，提出了个猜想，名之为同态镜像猜想（homological mirror symmetry conjecture）。

其实我一直在思考如何证明由镜像对称得到的舒伯特问题的公式，它和上述的同态镜像猜想具有不同的形式。坎德拉斯和他的合作者只能从物理猜想这个公式，但是没有严格的数学推导，顶多只能算是数学上的一个猜想。和曾做我博士后的连文豪和学生刘克峰探讨过后，我们决定放手一搏。这个题目除了本身的兴趣之外，证明也会赋予由弦理论所引发的镜像对称严格的数学基础，这便是我考究这问题背后的动机。

我们在这问题上的工作引发了一段插曲。1996年3月，在一篇上传于“数学档案”（arXiv）的文章中，伯克利的几何学者亚历山大·吉文特尔（Alexander Givental）声称就镜像猜想做出了证明。连、刘和我很细心地看了文章，但和其他人一样，我们没法搞清楚这篇文章的正确性，深感疑惑。和其他同行谈及此文时，他们大部分都有同感，虽然有些作者的朋友持不同意见，但是他们也没有办法将文章的内容解释清楚。

我们曾请吉文特尔厘清某些至为晦涩的步骤，可是他的回答并不足以重构整个证明，因此我们决定从头开始。一个独立的镜像对称猜想的证明在一年之后面世。有人说吉文特尔的证明是这猜想第一个完整的证明，有人却说我们的证明才是第一个完整的证明，为这事件盖棺定论。我们或者可称这两篇论文的作者一起证明了这猜想。

或许还是有些人要挑起纷争，但是我没有兴趣在这些事情上纠缠不清。我要解决数学上的重要问题，还有更大的困惑待我们去破解。镜像猜想的证明，使坎德拉斯的公式得到证实，可以看到不同次数曲线在五次三维形中的数目并不是随便的，它服从某些巧妙的数学式子，而这些式子却是由所谓镜像对称所启发，由物理学家找到的。这个猜想的证明可以说是一个里程碑，把物理上的直觉结果用另外的方法验证了，但它并没有触及镜像对称的本质。我一直在想如何用几何方法去解释镜像对称这种现象，这个同步进行的工作，在下文将会论及。

1995年，我到意大利的里雅斯特参加了瓦法等人组织的镜像对称会议，在会议上见到爱德华·威滕，他告诉我他和乔·波尔钦斯基（Joe Polchinsky）及其他人在发展一种叫“膜”的新理论。膜指某些特殊种类的各种维数的曲面，如超对称的极小子流形之类，它们的重要性在弦理论和其他物理科目中日渐显现。物理学家对膜理论产生兴趣，理由之一是它大大地推广了弦理论，一维膜或所谓“一膜”，即等于弦。但这理论还有其他基本的对象，二膜状如薄膜或纸张，三膜如三维的空间，诸如此类。如此一来，学者手头研究的对象愈来愈多，理论亦愈丰富了。

威滕谈到了其他物理学者斯特鲁明格、卡特琳·贝克尔（Katrin Becker）、梅拉妮·贝克尔（Melanie Becker）等人对膜理论的一些新想法，并问我这些想法从几何的观点看是否有意义及自然，我对他说那是再自然不过的。过了一会，才想起数学家劳森和F. 里斯·哈维（F. Reese Harvey）早就想到本质上相同的东西，只不过他们称之为特殊拉格朗日圆环（special Lagrangian cycles）而不叫膜罢了。

我开始思考这些特殊拉格朗日圆环，是否和弦理论中的卡拉比-丘流形的内在结构有关。我从意大利回到哈佛后，迅即找到我的博士后埃里克·扎斯诺（Eric Zaslow）展开工作，其中我们取得进展的，是卡拉比-丘流形中的"子流形"，在镜像的卡拉比-丘流形中的对应物是什么。例如，一个三维的车胎，或甜甜圈，在镜像中变成一点。

不久之后，斯特鲁明格来到哈佛的物理系工作。我们三人携手，尝试从几何上赋予镜像对称一个简单明白的解释，其中主要的成就是SYZ（斯特鲁明格-丘-扎斯诺）猜想，其内容是有关镜像对称如何生成，和如何构造镜像流形的。基本的做法是把一个六维的卡拉比-丘流形分拆成一族三维的特殊拉格朗日圆环，然后以一定的方法改变它们，再放回一处。如果一切步骤无误，就可以得到原来流形的镜像流形。斯特鲁明格、扎斯诺和我的方法，廓清了每对镜像流形之间微妙的几何关系，由此给出镜像对称如何起作用的线索。很多人看了我们1996年的文章后，都为如此简洁的方法而感到意外。

斯特鲁明格指出:“有了SYZ猜想，镜像对称的神秘感褪了一层。数学家尤其喜爱它，因为它提供了镜像对称生成的几何图像，而他们可以用这些图像来解释从前弦理论提供的物理看法。”

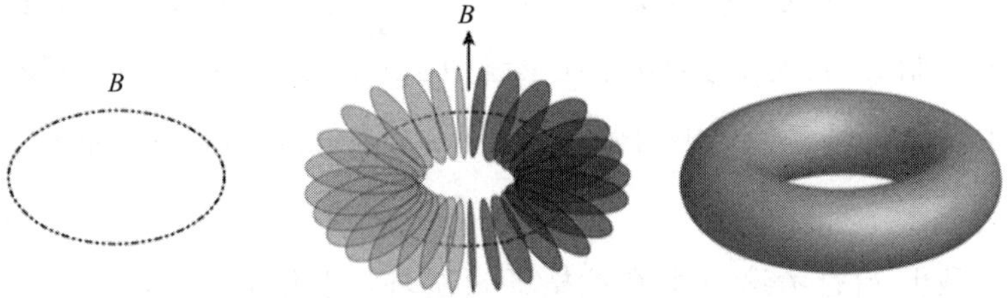

SYZ 猜想，以提出者斯特鲁明格、丘成桐和扎斯诺命名。它描述如何把复杂的卡拉比-丘空间分拆成“子流形”。由于无法画出六维的卡拉比-丘流形，此处显示的是二(实)维的车胎或甜甜圈。构成甜甜圈的子流形是圆，这些圆沿着一条轴排列，这条轴构成空间B，它也是一个圆。空间B上每一点对应于不同的较小的圆，而整个流形(甜甜圈)即由所有这些小圆合成。(原图引自顾险峰和殷晓田)

二十年过去了，猜想的一些特殊情况陆续得到证明，但一般的情况还有待证明。不过，所有迹象都显示，我们提出的方向是正确而且富于成果的。它仍是活跃的题目，你或可相信我的弟子，密歇根大学的季理真所言，这猜想乃是“整整一世代镜像对称工作者的指导原则”。我的另一个弟子梁乃聪持续地发表有关这猜想的美妙论文，并且宣称 SYZ 猜想和数论的朗兰兹纲领同样重要，指引着一代又一代的数学家在融合几何、分析和物理学的工作中努力。由西蒙斯基金会（吉姆·西蒙斯创立）资助的 SYZ 猜想和有关的“同态镜像对称”工作坊，每年都会举办好几次，哈佛、伯克利、布兰代斯、哥伦比亚、石溪、宾夕法尼亚、迈阿密等大学和法国的IHES，都有人来参加。

我的同行连文豪说："过去几年，镜像对称的几何方面和代数方面渐渐走近了，把镜像对称用一条（复杂的）公式来表达的工作渐见成果。"

镜像对称对枚举几何、代数几何及其他很多数学分析都有惊人的、出乎意料的巨大影响。现在世界各地都常常召开有关镜像对称和镜对猜想的数学会议。数学舞台这精彩的一角来自弦理论，以及我的博士后格林和合作者普莱泽在1980年代后期的工作。回想起来，令人感到欣慰。虽然迄今，弦理论还未被公认为"无所不包的理论"，但它的应用已见于数学和物理的许多领域之中，在那些领域的研究正方兴未艾。想到这儿已令人激动，何况是身居其中呢。

斯特鲁明格在1997年到了哈佛的物理系。我开始对他十年前引入的一系列方程感兴趣，这些方程和弦理论中的一些更广泛的解有关，并不局限于卡拉比-丘流形。卡拉比-丘流形是凯勒的，意味着它拥有一种内在的对称，但斯特鲁明格方程对非凯勒的流形也成立，我们对这类流形所知甚少。可以探索新的事物，这便是它把我吸引住的地方。在代数几何中，研究凯勒几何的工具甚多，但非凯勒几何的工具则甚为缺乏，可说仍是一片不毛之地。

致力于这方面的研究，也是因为数学是测试弦理论正确性的一个好方法。由于牵涉的能量出奇地高和距离极度地接近，时至今日，人们仍无法设计实验来检测这个理论。故此，现在采取的做法是，假定它是对的，然后看看它能推演出什么数学的结果；如果推演出来的数学结果是合理的，则一开始时做出的假定便有些谱。当然，最终还是要从大自然中寻求答案，即以实验检测，但至少数学能告诉你走的方向大致对不对。直到今天，弦理论在数学上是没有矛盾的。

斯特鲁明格的方程并不容易处理，不过弄了多年后，终于，我先和学生李骏（斯坦福教授），继与傅吉祥（曾任哈佛博士后，现为复旦大学教授）合作，找到了一些重要的解。

傅的工作经多年才修成正果，他不屈不挠，终获成功。中国的学者来美国当博士后研究员，一般都急于求成，文章愈多愈好。（这种情绪，必须指出，并不限于中国学者，“不发表，便消亡”的心态对整个学术界都不利，恢宏或冒险的研究都不敢涉足了。）傅和我工作了两年，我们证明了方程有解。但是仔细检视后，发现别人发表的方程里面有一个符号搞错了，也就是说我们解决了和原来方程相差了一个负号的方程。我们有点失望，傅两手空空回国，以为白干了一场。可是后来，他重回哈佛，继续奋战，这回我们终于成功了，发表了几篇重要的论文。他也应邀在印度海得拉巴的国际数学家大会上发表演说，从此事业蒸蒸日上。我对他坚持到底的印象甚深，也为他的勇气所感动。

这方面的研究还处于初期阶段，至今我们只能找到斯特鲁明格方程的特殊解。友人梅拉妮·贝克尔是得州A&M大学的弦理论专家，她跟我说，如果我能成功把斯特鲁明格方程的解都找出来，会是比求解卡拉比猜想更伟大的成就。当然，要解决这个难题，无论由我或由别人，成功是没有保证的。而且，卡拉比猜想在数学和物理上的重要性要用好多年才能参透。同样地，对斯特鲁明格方程的工作，就算能完成，也可能要花很长的时间，才能完全了解其中的深意。

1997年12月，我带上友云和孩子们到华盛顿接受美国国家科学奖章。获得科学上的奖章，之前已经说过，既不会影响我的工作，也不会使我更努力。但这次和其他的奖都不同，它受到当时的美国总统克林顿的尊重，颁奖礼在白宫举行。这一届得奖者中，著名的学者有詹姆斯·沃森（James Watson），DNA双螺旋结构的发现者之一。我的两个孩子在学校都读过生物科，能够见到沃森，他们都很兴奋。我们都读过《双螺旋》一书，我觉得这书不错，尤其是沃森说得坦白，只是我对他与弗朗西斯·克里克（Francis Crick）拿走应归功于罗莎琳德·富兰克林（Rosalind Franklin）的功劳，却若无其事的态度不以为然，就算是再伟大的工作，这样做也不光彩啊。

在白宫的盛会上，我碰到罗伯特·温伯格（Robert Weinberg），来自麻省理工的著名癌症专家。我和友云与他们夫妇寒暄了一会，他问我怎样看数学教育，我说这十分重要，但这个领域没有成功的原因，乃是所谓搞数学教育的人垄断了这个领域，而“大部分从事数学教育的人只研究如何教数学，而不讲求数学的内容、目标和意义”。温伯格答道：“我太太就是搞数学教育的。”对话的气氛立时僵起来了。

比尔·克林顿出来讲话之前，副总统阿尔·戈尔给每位得奖者一份证书，我跟戈尔说了些“他是哈佛的毕业生，而我则是哈佛的教授”这类闲谈。但是他似乎听不清楚我在说什么，或是不明白，总之他没有回应。我们等克林顿等了许久，有些客人甚至不耐烦了。到了他最后终于出场时，其人和蔼亲切，片言只语便使四座如沐春风，我想这便是所谓的魅力了。虽然在判断和行为上偶有失误，但克林顿的魅力实在惊人。

以前我拿到的如菲尔兹奖，数学界以外的人所知不多，但这个奖就不同了，媒体都做了报道。孩子们常常说我是地球上最闷蛋的人，我从事的研究又十分烦琐，这次看到父亲竟周旋于名人之间，更不要说美国的总统了。大儿子明诚说，“爸爸常常觉得自己了不起”，到目前为止都拿不出什么证据。但是现在他改观了，他对弟弟正熙说，“或者他确实很行”。

在贝尔蒙特的邻居，是从来不会理睬我的。他们突然在地方新闻上，看到我获奖的消息，才知道这个难以了解又不大和邻人打交道的中国佬，原来非等闲之辈。和许多来自中国的人一样，我和美国这种郊区生活格格不入。我不玩网球和高尔夫球，也不碰美式足球和棒球，除了偶尔交谈外，没有什么和邻人交往的机会。虽然住处近在咫尺，内心却距千里之遥。这个奖并没有改变这种状况，但至少，他们对我的了解会多了一点，至少知道这人有着不平凡的成就。

孩子也常抱怨说他们不适应，虽然我已经努力使他们参与种种“正常”的美式活动，带他们到迪士尼和海洋世界，还有圣迭戈动物园。我带他们到剑桥的新塘影院看电影，到附近的录像带店租流行电影看。我也开车载他们去城中到处走，练习或参加游泳、足球和其他运动的比赛，甚至带他们去滑雪。我整天坐在大楼里面做数学，而他们则在雪坡上滑行。正熙有次说没有孩子来我家玩，因为家中没有足够多的玩具。于是我们花了数百元，购置了各种时下流行的玩意，可是仍然吸引不到别家的孩子来。

虽然如此，两个儿子在学校理科的优异成绩，使他们渐渐受人注意。哈佛的生物学家和免疫学家杰克·斯特鲁明格（Jack Strominger），即吾友安德鲁的父亲，让两个小孩都在他的实验室内工作，一般他是不许中学生这样做的。我没有让他们学数学，不想给予太大的压力，毕竟他们已有一个著名的数学家父亲。人们常常把麻省理工的代数学家迈克尔·阿尔廷（Michael Artin）跟他有名的父亲埃米尔·阿尔廷（Emil Artin）相比较。同样，哈佛的加勒特·伯克霍夫（Garret Birkhoff）也不免跟其父即著名的乔治·戴维·伯克霍夫（George David Birkhoff）相比，他是同时代影响力最大的数学家之一。有个名人父亲并不好过，尤其是对新进者而言。

我想，孩子尝试从事另一理科领域比较好些。他们似乎都对生物学抱有兴趣。他们用在斯特鲁明格实验室从事的研究项目报名参加了全国性的英特尔少年科学天才奖竞赛，明诚进了半决赛。

三年后，正熙在贝尔蒙特市区的GAP服装店打工时，发现全职工作要缴税和长期站立（虽然有免费衣服），之后他也跑到斯特鲁明格的实验室工作了。开始时，他负责清洁实验室，但他说服了一个相识的博士后，得以边清洁边做实验。他的研究项目进展良好，也参加了英特尔的比赛，并且打进了决赛。胜利使他在校内声名大噪，很多女孩子居然注意起他来了。

我收到英特尔科学竞赛的主办方寄来的一封信，说正熙把我名为“我科学生涯中最具影响力”的人，我快慰莫名。我父亲虽非数学家，但我能成为数学家，以他的影响最大，我母亲则是最尽心尽力使我达成志愿的人。我能给儿子起类似的作用，是以感到欣慰。正熙在哈佛主修生物，后在斯坦福医学院取得医学学位，明诚则在哈佛医学院取得博士学位，现在教授微生物学和免疫学。

“扬名声，显父母”乃中国文化中的格言。我亦深知，在培养孩子在科学上的兴趣这方面，从事物理研究的妻子所担当的角色，比我只会更重不会更轻。我们并肩携手努力，对孩子们在学术上的优异表现，深感满意。

第十章　矢志兴中

风吹雨打寻常事，且把锋芒试。
长江不尽浪滔滔，后浪前波共个比天高。
校园春色何堪醉，中有兴亡泪。
敢教硕果出神州，他日士林翘首近春楼。

——《虞美人》，2014年

1998年，明诚中学毕业后，我带着他和友云、正熙到中国游览去了。我们并没有跟随一般人走的路线，局限于北京和上海那些颇为现代化的城市，而是走向偏远的区域，即中国最西北的新疆。这个地区夹在西藏和内蒙古之间，遥远而又美得教人难忘。它壮丽的高山湖泊足可媲美班夫（Banff）的露易斯湖（Lake Louise），而且没有成群结队的游客。我们在那里健行，饱览各种大自然的奇景，之后便乘飞机到了甘肃的城市敦煌。

敦煌以莫高窟（又名千佛洞）闻名于世，它地处城南的悬崖。在这些洞窟之内，曾发现不可胜数的古代经卷、彩塑、壁画和其他文物，有的可追溯至公元4世纪。它们被一车一车地偷偷运走，如今散落在世界各地的博物馆。敦煌地处亚洲最大的戈壁沙漠边缘，我们花了三天横跨它，不时在绿洲上逗留，最后到了兰州。兰州是个古城，曾经是丝绸之路上的贸易重镇。

我们不时带孩子往中国去，希望能够多接触他们的根。1991年，我们曾做了一次更漫长的亚洲之旅，部分是由正熙的一次嘀咕而引起的。他嚷道:“我干吗要学中文？”我没有直接回答他的问

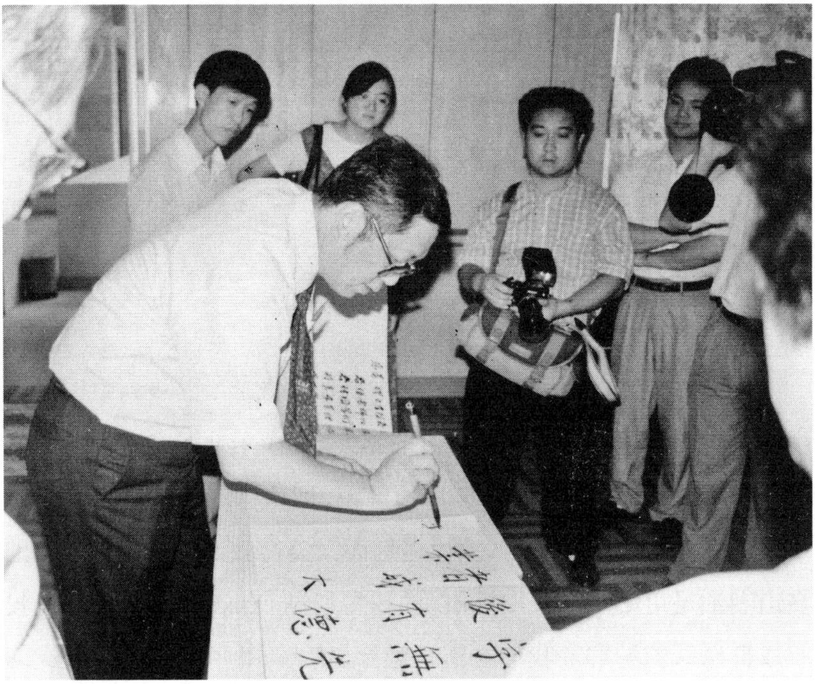

1998年摄于新疆，向学生展示书法。

题，代之以认真的行动。1991—1992年那年的长假，我带着家人到台湾新竹的台湾清华大学访问一年，孩子会在新竹上一年学。友云和我都希望能借这机会，让他们学好中文，同时也对中华文化有较深的认识。

正熙和明诚当时分别要升上二年级和五年级。可是在入学考试中，由于中文水平不理想，因此分别给编入一年级和二年级。我俩坚决要求他们和同龄孩子一起就读，幸好得到当时台湾清华大学校长刘兆玄的支持，最后如愿。对中文程度只有小学一年级的孩子

1992年，和友云，儿子明诚（左）、正熙（右）于首尔观光。

而言，这是个巨大的挑战，他们得花上双倍的努力，始得通过难关。在开始两个月，友云每天都要花上几个小时，替他们恶补中文。

同学之间的压力也很有用，我发现小孩在不能不学习一种语言时，他们很快便会上手。事实上，他们不久便赶上了进度，特别是他们竟在游泳比赛中胜出。想起在美国时，我要拉他们到泳池，逼他们下水；现在情况竟大相径庭，令我惊讶不已。

虽然孩子们顺利适应了新环境，但台湾清华大学数学系的情况非如我当初所料。盛名之下，有部分同事忧虑我巨大的影响力会主宰一切，系内有好几位资深的教授不来听我的讲座，以宣示不屑，有的则用其他方法来贬低我。由于我在纯粹数学上的成就不容挑战，那他们就说只要有我在的一天，就会把学校有限的资源尽占，那么应用数学便遭殃了。类似的说法在圣迭戈也曾浮现，不同的是，刘校长不理这些言论，全力支持我。其实，心知只会在此地逗留一年，我对这种种做法，只有一笑置之。

在台湾清华大学的惊喜，来自我遇到的三位非常出色的台湾大学生：刘艾克、王金龙和王慕道。他们常常花几个小时坐车来听课。他们专心致志于数学的研究，后来都来了哈佛，在我的指导下拿了博士学位。

访问台湾那一年，我多次往返母校香港中文大学。物理学家杨振宁自1986年开始便在那儿兼任教授，他计划在北京建立一个数学研究所。他认为中国要在科学领域中追上世界水平，最容易的莫过于数学。发展数学不似物理或生物那样需要这么多的资源，他有信心能说服人民政府拨出一百万美元，另外的一百万则向私人筹措。他想知道我的意见，以及愿意如何帮忙。

我跟杨先生说他的主意不错，但行动前必须和陈先生商讨。早在1984年，陈先生就在天津的南开大学办了一个数学研究所。要另立新所，必先与他取得共识。我不晓得后来他们见面时，陈先生跟他说了什么，只知道杨再也没提过他的大计，而他对我的态度也戏剧性地发生了变化。

有次早上我看见杨先生，顺口说同一天中午会跟查济民共进午膳。查是香港的富商，跟杨、陈两位都很熟，我打算游说他捐钱给中大建立数学研究所。怎知到了吃饭前一刻，查的秘书打电话来，说情况有变，午膳时查先生不想再谈捐款的事了。我在错愕之余，意识到有人不同意我的观点。

在见查济民之前，中大校长高锟（其后因在电子通信中开发光纤而获诺贝尔物理学奖）提议我在中大办一个数学中心。父亲生前谆谆教诲，作为中国人，有机会要为国家做点事，因此我深感义不容辞。当时国内数学界确实缺乏人才，而且研究的风气亦颇欠缺，我正能在这方面略尽绵力。只有数学知识普及了，并且培养出一大批尖端数学家，中国方能充分利用最新的科技，成为一个真正现代的社会。中心的建立，使附近的优秀人才荟萃，集中培养，由一个中心出发（后来发展为多个中心），长远的目标乃是中国在数学上的成就，能与美国和欧洲并驾齐驱。在向这目标努力迈进的同时，我也找到自己心灵上的安身立命之所，为我在西方的事业和东方的根柢之间找到平衡点。由这时开始，每当哈佛的学期结束后，我大部分暑假都在亚洲度过。一方面为中国培养数学人才，另一方面也得到精神上的慰藉。可是，创办研究中心并非一帆风顺，我也曾遇上一系列的挫折，下文会谈及。

当时香港政府对基本科学兴趣不大，找政府资助有极大的难度。从高校长批了25万美元给我开始，其余的资金我打算找私人募捐。我第一个想到的便是香港赛马会，《华尔街日报》曾说马会是个“超级赚钱机器”。它创立于1884年，是一个垄断了赛马和彩票的非营利机构。当地赌风甚盛，马会创立后更是如此，滚滚不绝的财源使它成为香港最大的纳税者，同时也是最大的慈善家。

1990年香港赛马会捐出了巨款，在俯瞰清水湾的山头建了香港科技大学，占地约60公顷。我到马场去并非把赌注押在马儿上，而是押在数学上，希望找到一些大豪客，要的钱也远远不及马会投资在科技大学的5亿美元之多。要生意人掏腰包捐钱，投放在医疗上也许不是难事，但给数学研究就难多了，毕竟数学离开日常生活颇远。通常我会用数学在工程、计算机和其他科学上的重要性等方面来打动他们。

皇天不负有心人，在一次筹款活动中，我认识了威廉·本特(William Benter)，他对数学的神通早已深有体会。我们不是在马会相遇的，他也不是那里的会员，但他是个职业赌徒，专门赌马，而且十分成功。他利用自己在计算机上的专业知识，很早就从赌博中赚个盆满钵满。他是个不折不扣的美国人，在拉斯维加斯的二十一点赌桌上开启了赌博事业。1984年他到了香港，开始利用计算机软件来预测马匹的名次。不久，他每星期的收入就超过了百万美元。他创办了一个慈善基金，并当上了香港扶轮社的主席。我有幸得到他捐款予中大数学所。他跟我说："丘，我靠数学赚了钱，想捐点钱给数学。"

数学所最重要的基金是从郭鹤年先生那里筹得的。郭先生是香港的富豪，香格里拉酒店集团的老板。我儿时朋友周炳华是位会计师，替郭氏家族工作，他穿针引线，把我介绍给他。郭先生为人非常慷慨，他又介绍李嘉诚给我认识。李是亚洲首富，他出生于潮州，而我则在隔邻的汕头出生。李也捐了一笔钱给数学所。此外，友人陈启宗的叔父陈曾焘，还有蒙民伟也捐了钱，蒙先生在香港开电器行。利氏基金赞助了冠名的讲座教授及其他活动。作为数学家，与众多数字打交道是等闲事，但周旋于这些亿兆富豪之间，要求他们慷慨解囊（虽然他们都很慷慨），却也不是容易的事。

筹款活动搞了多年，终于成功筹得了足够的资金，以供研究所运作和资助学者来访。有人说我筹款时太直接，欠缺技巧，但我时间有限，况且和赞助人吃吃喝喝地酬酢也不是我的风格。我相信人性的善良，故此单刀直入，屡次收到奇效。1993年，香港中文大学数学科学研究所终于成立了。老友郑绍远应邀出任副所长，负责研究所的日常工作，而我则出任所长，直至如今。

纵使郑在数学上卓有成就，搞起行政来却举步维艰。当时中大理学院院长唠唠叨叨，郑最后烦到受不了，拂袖而去。幸好我立即找到来自纽约大学柯朗研究所的辛周平出任副所长，从1998年直到现在，日常行政得以顺利进行。很多人不知道，建立研究所的最大挑战，并非在于筹钱建造楼房，而是找到大师和合适的人负责日常行政。

中大数学所是我创办的第一个研究所。它开办了学位课程，至今培养了超过四十名博士，也有博士后和访问学者，其中大部分来自内地。研究所也办了三份国际性数学期刊，其中《亚洲数学杂志》刊登了不少重要论文。虽然草创之初有少许波折，但如今研究所已受到亚洲数学界的重视。

1992年，我在台湾清华大学的访问结束了，孩子们的学期也快结束了，我带他们再次游览中国，此行包括从长江三峡顺流而下的惊险航程。两年后，此地便截流，摇身一变成为全世界最大的水力发电站。游览后，我们便飞返波士顿。

我想，正熙终于找到他为何要学习中文的原因了。多年后，我惊讶地发现他在哈佛念本科时修了一门中国文学，其中包括古代诗歌，之后更是在上海上了一个中文课程。

天下无不散之筵席，长假也有放完之时。我回到哈佛，依旧当我的教授。但仍然浮想联翩，心系万里之外的北京，还有一些在考虑的计划。

我打电话给中国科学院的杨乐，他当时正在担任中国数学学会的会长，提议中国争取于1998年主办国际数学家大会。杨乐也觉得可取，稍后更跟我说，国内数学界和科学界的领导一致认同这项提议。事情出乎意料地顺利，但我知道必须得到陈先生的首肯。他开始时并不以为然，但郑绍远最后说服了他，他同意了。世界数学家大会是由国际数学家联盟主办的，我接触了联盟的两位前主席伦纳特·卡勒松和于尔根·莫泽，得到他们的支持。

胡国定当时是南开数学研究所（后改名陈省身数学研究所）的副所长，他安排陈先生和我去见时任国家领导人，讨论主办数学家大会和中国科学发展等话题。1993年4月底，在这场重要会面的数天前，我到了中国，一方面打算在南开跟陈先生准备一下，同时也抽空到杭州浙江大学参加纪念陈建功先生百年诞辰的会议。陈建功是三角级数的专家，1980年代初，他的弟子王斯雷曾在高研院当我的助手，这次会议是他筹办的。我跟王说了，我一定会在会议上讲话。

但那次讲话最终没有实现。过了几天，我和陈先生一起坐车去北京。我不是汲汲求进、努力钻营以求见国家领导的人，然而对这次会面非常期待。在这两小时的车程中，我要好好想想见面时要说什么。陈先生也有点儿紧张，但是当时他只关心南开数学所，对于中国主办国际数学家大会，他则有些事不关己。之所以如此，或因八十二岁高龄的他并不肯定到时是否还健在，但是他希望为南开数学所争取更多的经费。胡国定为他准备了很多资料，尤其是近几个月的领导人讲话。

在会面中，我特别强调了数学家大会的作用。我说，中国的数理科学在“文化大革命”中深受摧残，目前提升刻不容缓。大会的举办，使全世界顶级数学家荟萃京华，显示出国家对数学的重视，国内数学家尤其需要支持，他们的收入也够菲薄了。领导人对这情况十分了解，谈到科学的重要性，以及改善中国科学研究环境的心愿。会见的时间原先是定了半小时，但领导人谈兴正浓，滔滔不绝，结果前后花了一个半小时。

原先计划北京申办1998年的数学家大会，但国际数学联合会把主办权给了柏林，于是我们便申办2002年的大会。然而情况最后还是变得复杂，以致九年后大会召开时，我竟然完全被排斥在外。

先岔开话题，1994年中国科学院设立了外籍院士。在第一批院士中，数学领域的院士只有陈先生和我。我没能出席院士颁授典礼。一年后，我在北京纪念中国数学学会成立六十周年的场合发表演说，见到了科学院的副院长路甬祥。在演讲中我讲解当今各国的研究机制，中国不足之处在哪里，及应当如何改进，并以欧美的先进机构做范例。我亦指出，任重而道远，我国的研究机构在“文革”中破坏无余，已经远远比不上西方世界了。同时我们不要自欺欺人，要脚踏实地，一步一步地走。我们有信心在政府的领导下，为祖国完成一流的数学事业。

演讲之后，路院长跟我说，他已经把演讲录了下来，并打算给各位领导看。他说：“科学院需要你的帮忙。”具体而言，他期望我能在科学院内，依照我演讲的精神，创立一个全新的数学研究所。“老法子不行，得把整个系统更新，我们需要你帮手。”得到路院长的支持非常重要。

次日早餐时，我在北京酒店碰到一个朋友。陈启宗是地产大亨，我们自1970年代便相识。他看来十分兴奋，他说：“学术界这回转运了。”我问他何出此言，他说我演讲的新闻竟然登上了《人民日报》的头版，而当天有领导人接见李嘉诚和其他商界人士的新闻只放在了次版。他继续说道：“这即是说政府同意你的说法，它会更支持学术研究。”

我为他的兴奋所感动，但更令人触动的是他有意支持发展数学研究，这恰如及时雨，事关路院长还未能锁定新所的基金从何处来。1996年，经过数次商讨后，我和陈启宗、陈乐宗兄弟达成协议。陈氏兄弟是以香港为基地的地产巨子，启宗乐于为新所建一大楼，乐宗则对研究活动更感兴趣，他说光是一幢大楼是不够的，他们愿意支付新所头五年的日常开支。如此慷慨的资助，谁能够说不呢？路院长提议把所命名为晨兴数学中心，晨兴是陈氏家族投资集团和基金会的名字。启宗尤其欢喜我们谈了几次的方案，即每隔若干年（后来定下是三年）晨兴中心都会颁发晨兴数学奖，这将会是中国的菲尔兹奖。

动工仪式于1996年6月10日举行，中国科学院路甬祥院长出席了仪式以表谢意。我在集会上讲了话，宣称这是国内首个“开放”的数学中心，每个符合资格的人都可以申请来访，在中心逗留数月至一年进行研究，然后回到原来的学校。这样一来，其他地方就没有人才流失的担忧了。

我们邀请了陈省身先生出席仪式，但他没有来。建所一事，我曾跟他谈过几次，他总是表现出一种无所谓的态度。然而，后来我听别人说他改变了主意。

我在仪式上说：

> 作为数学家，我们追求的不是敌国的财富，也不是千年的霸业，这些东西终究不免化为尘土。我们追求的乃是理论和方程，它们带领着我们在寻求永恒真理的道路上迈进。这些想法比金子来得珍贵，比诗歌来得炫目，两者在简朴的真理面前黯然失色。数学是诸多应用科学的基础，它能使国家富强。善用数学，能为现代社会维持其现状、规划其未来，达至国家的长治久安。

张恭庆，一位来自北京大学深具影响力的数学家，也在仪式上讲了话。他带出来的讯息，就是他要不惜一切代价把中心搬到北大去。而从始至终，我们都希望新的中心建于中国科学院，那里才是中国数学的实力所在；而且，至少就我的品位而言，学术气氛也较浓厚。虽然其间诸多波折，幸好我们克服了种种困难，晨兴中心终于依原定计划动工了。

举办仪式时，大楼不只仍未落成，就连设计也未有定案。陈氏昆仲和我对如何建它花了不少心思，我精简地提出“大楼要适合研究学者交流”的原则。启宗把这点记在心上，他找了个一直合作愉快的出色建筑师，大楼最终也赢得了北京（在同类中）的最佳楼房奖。不过，在此之前，也有过严重的争执，其中竟和洗手间有关。建造商为了省钱，打算建蹲厕而非坐厕。到了最后，大部分洗手间都用了坐厕，但一楼的洗手间还是用了蹲厕，启宗、乐宗的母亲在大楼开幕典礼时不肯用这洗手间。在号称世界级的研究所，竟还有如此规划疏忽，自己也感到尴尬。

1998年，大楼竣工了，中心开始运作，我任主任直到今天。大楼动工伊始，我即筹备在晨兴中心召开一次世界华人数学家大会（ICCM）。早在十年前，杨振宁和李政道两位诺奖得主已经在物理界办过类似的盛会。心想数学家也可见贤思齐，我写了封信给中国数学学会会长张恭庆，争取他的支持。

张恭庆说学会支持这个大会，但坚持对会议要有完全的控制权，不只这届如此，大会如以后办下去也须如此（后来确成常态）。他又说，所有演讲者必须由他们邀请，而本人并不在顾问之列，是以亦无机会“坚持”什么。我十分在意的，乃是挑选演讲者必须以学术成就为先，以学术水平为准则，如果说这次大会的主要目的仅在于团结各方力量，使大家都高兴满足，这不是我在中国发展数学的做法。

我的说法令他们有些不快，中国数学学会发出了声明，说世界华人数学家大会如非由学会主办不得召开。他们还在国际上寻求支持。有位曾活跃于国际数学联合会（IMU）的美国数学家问我为何要搞这样的会，他甚至提议不如由IMU或中国数学学会来办吧。我回答说，我在哈佛和别处也办过很多会议，有的你还参加了，但从来没见过美国数学学会牵涉其中，在中国也应如此。

第一届世界华人数学家大会于1998年12月12日至16日在北京举行。以后成例，每三年举办一次。大会开幕仪式在北京人民大会堂举行，那里距离晨兴中心约一小时车程。12月12日大会开幕，十多辆旅游车载着超过四百名与会者，浩浩荡荡地从晨兴中心驶向大会堂，参加颁奖仪式。

按惯例，晨兴奖是在大会首日颁发的，两个金奖各带奖金25 000美元，四个银奖各带奖金10 000美元，颁给不超过四十五岁的华人数学家。菲尔兹奖的年龄界限是四十岁，但我觉得数学家四十多岁时还能做出重要的工作，例如安德鲁·怀尔斯（Andrew Wiles）在1995年完成费马大定理的证明时，他正四十二岁。第一届晨兴奖是台湾中正大学的林长寿和哥伦比亚大学的张寿武二人拿了金奖。

评审委员中除我以外皆非华人，目的是要把内部的人事因素排除在评审之外，这样做的效果很好，对得奖者没有异议，只是听说北大对田刚没拿到奖颇为失望。但我早已订下原则，为了显示公正，我的弟子不会在第一届晨兴奖中拿到奖项。

2001年第二届ICCM，由于评委发现田刚并没有完成我的猜想的证明，他也没能拿到奖项，拿到金奖的是李骏（我的学生）和姚鸿泽（现在哈佛的同事），评审委员会一致认为两人的工作极为出色。

在同一届中，陈先生获颁终身成就奖。他因健康关系没有出席，他女儿代表他领了奖。开始时，他并不支持大会，后来却改变了主意，说要出席下次的大会，甚至捐了一笔数目可观的钱款作为支持。像这样对事情改变初衷并非首次，但他通常不会解释为何如此。

衡量得失之后，我还是觉得主办ICCM非常成功，相信与会者和我皆有同感。在1998年首次大会的开幕词中，我形容这次大会是“具历史性的，这是有史以来全世界的华人数学家走到一起参加盛会，发表研究成果”。好几位非华人的贵宾也来了，包括前美国数学学会会长葛立恒（Ronald Graham）、欧洲数学学会会长和IHES的所长让-皮埃尔·布吉尼翁，还有马克斯·普朗克数学研究所的所长于尔根·约斯特，以及伦敦数学学会会长马丁·泰勒（Martin Taylor）。

晨兴中心确实为中国数学的发展出了不少力，说它是全中国最好的数学研究所之一，相信同意者不少。其后我在中国还办了好几个数学中心：北京的清华大学、杭州的浙江大学和海南的三亚，之前已办的香港中文大学数学科学研究所，再加上在台湾新办的中心：先在新竹的清华大学，后在台湾大学。然而，在筹备晨兴中心和举办ICCM的诸多摩擦中，我都遇到很大的困扰。事实上，在各地创建每个中心时，都曾经过激烈的争执。

大概是在2010年，阿提耶打电话来，说杨先生找他当清华数学中心的主任，征询我的意见。我是中心的首任主任，但并不知晓此事。以阿提耶在数学界的地位，他来当主任，投身帮助中国数学的发展，我当然喜见乐闻。可是阿提耶跟杨说，他只能一年内来中国一个星期左右，杨先生说这无所谓，但我认为这并不可行，以我的经验来看，用“遥控”的方法办研究中心行之无效。

据我所知，跟阿提耶谈过后，此事就不再提了。只知道我在清华数学科学中心的职务从2009年创所后一直没变，对行政人员一直以来无时无刻的支持衷心感谢。2015年，教育部确立中心为国家级的研究中心，并且正式将之易名为“丘成桐数学科学中心”。

此外，就算大会早已成为最多华人数学家参加的盛会，有关ICCM的争议持续多年仍未结束。主要是北大有一批人不喜欢风头给别人盖过，他们持续抵制大会，要求将它取消。后来我把教育部陈至立部长表扬大会的信拿给他们看，他们才不敢再说三道四了。领导的说话，通常都经过所有高层商讨后才发出，这种做法发挥了作用，以在下的“有色眼镜”来看，陈部长推许ICCM的话是有道理的。

这样ICCM就稳若泰山了。他们于是又另辟战场，这次找到我提议在中国举办国际数学家大会的计划书。这个建议没有遇到困难，国际数学联合会已经决定2002年在北京举行大会。我原先的想法是借大会激励中国数学界，可惜却由此引起争权和扩大影响力，后果适得其反。远在大会开幕之前，我即被排斥，只能靠边站。

IMU 决定由中国数学学会推荐八位中国数学家在大会上做报告。一如既往，我坚持挑选演讲者，必须以其新近工作为原则，但我的对头却要排除我对大会的影响。这时，大家都为成为演讲者而竞争，有的也想进入甄选委员会中。大家因应各种关系而非学术成就而定下人选，我没有被邀请发表任何意见。

有些中国学者为了争取成为演讲者，四处拉拢具有影响力的人，投资不少，有如一场彩金很大的赌博。能在 ICM 讲话意味着实时的认同，还附上金钱和地位。所在单位会把你视为你领域中的主要人物，擢升自然而来，或许还带着某些奖项。一夜之间，你会成为一个杰出的、可以倚重的人物。

中国数学学会把这八个名额确定后，才勉强地写信邀请我参加大会，信里还说这是求同存异的精神。他们认为如早些时候找我，我便会在人选上跟他们争吵。到了此刻，我对他们的办事手法已倒尽胃口，已经不想和这大会有任何瓜葛了。

就算他们如何想把我踢开，那些主办人觉得我完全不出现，面子上总过不去。中国政府也想我出席，有些官员请陈省身先生来劝我出席。我于是到南开跟他会面，共进午餐，并待了几个小时。会面期间，陈先生绝口不提我去不去大会一事。

大会举行前一年多，ICM 2002 的地方组织委员会主席、中国数学学会会长马志明写信给我，说他会到美国，希望和我商讨大会事宜，之后就没有音讯了。直到最后一刻，他说明天会到波士顿和我见面，直觉告诉我他是希望我说没空的，我却请他共进晚餐，其间他对大会之事只字不提。

但IMU预期我会参与。到了2002年，地方组织委员会感受到来自IMU的压力，听说IMU主席雅各比·帕利（Jacobi Palis）希望我能在会上做主题演讲，然而所有演讲的空当早已填满了。在压力下，委员会邀请我在晚宴后做特别报告。

我再次写信给他们，表达我对他们不挑选香港和台湾学者在大会演讲的不满，大会不应以学术以外的考虑来邀请学者。这些话当然听不入耳，他们的回信表面上看不出来，弦外之音却是：阁下就不用来了。虽然中国政府和中国科学院的院长都希望我能出席，但是中国数学学会的掌权者并不以为然。

到了最后，这项由我倡议的活动已完全变质，我决定不理它，但我也没有叫其他人不要去。在这期间，我把心力倾注于由我组织的国际弦理论会议，它于2002年8月17日至19日在北京举行。参加会议的不乏大人物，包括霍金、威滕、戴维·格罗斯和斯特鲁明格等，他们的来访是大新闻。霍金的公众演讲，听众竟超过两千。我把威滕、格罗斯和斯特鲁明格引见给相关领导，并且联名建议中央派遣学者到外国研究和数学及物理有关的学问。

三天的会议令人很满意，它把数学和物理，东方和西方都放在一起，两者都是我所关注的，而且一直花了不少心血。眼见来自全世界超过两百位研究者相聚在我的祖国，参加这个广受传媒关注的大会，心中高兴得很。

8月20日，即弦理论会议结束后一天，国际数学家大会便召开了，我没有出席。这个大会沾染了太多人事问题。诚然，每个主办

ICM的国家都不免牵涉人事，但中国数学学会这次太过分了些。

不幸的是，网上流传不知名的虚构故事实在太多了（这现象当然不限于中国）。其中一个广传的故事说丘成桐想在香港办ICM，故此让香港数学学会致信IMU，请求IMU停办北京的大会。郑绍远时任香港数学学会副会长，负责和IMU联系，他已经做出声明，说我从未这样做。事实上，香港数学学会早已发信热烈支持在北京召开大会。公众人物受到污蔑丑化是常见之事，这次说我要改变大会的地点便是一例。

2002年后我偶尔还和陈先生见面，虽然我们对于很多事情有不同的看法，但意见相同的事情还有不少。我们都热爱中国，期望提高她的数学水平，虽然对如何达成这目标有不同的看法。陈先生有点急不可待（或和年龄有关），希望短期就见成效；而我则偏爱较长远的策略，旨在造就高质量的研究环境。这并不是一蹴而就的，要到达非凡的境地并没有快捷方式。

既然大家都怀着同样的抱负，假以时日，或许我们能够携手，一起建设中国的数学。令人惋惜的是天命难测，时不我予。2004年12月初，我接到杨乐的电话，陈先生与世长辞，享年九十三。

对我们关系的不如当初，我心中非常遗憾，但他永远离开了。回想他对我所做的一切，感谢他开始时的提携，包括帮我到伯克利。陈先生的形象高大若神，我记得师母刚去世后不久，他搬回加州的旧居。我专程从波士顿飞去加州拜候他，陈先生一个人坐在客厅里，将刚完成的一本书放在茶几上。夕阳西下，我走进客厅时，感觉自己就如向由马龙·白兰度在电影《教父》中扮演的维托·柯里昂

1996年，和论文导师陈省身先生摄于台湾。

先生求助一样。

我对陈先生在数学上的骄人成就，充满钦佩之情，他是现代微分几何的主要开山祖师。陈先生走后两星期，2004年度的ICCM在香港召开，会议专门悼念他。开幕时我在讲话中向他致敬，并且诵读了自己写的一首诗献给他，可惜讲厅只能容纳二百五十人，一大批人拥挤在外没法进来。

根据接近陈先生最后那些日子的人所说，他离世前说“要去看希腊的几何学家”。毫无疑问，他在那群人中自有突出的地位，就如毕达哥拉斯和数学史上那些传奇人物一样，他的贡献将流芳百世。国际天文学联合会把在中国科学院国家天文台兴隆观测站发现的一颗小行星以他的名字命名，纪念他在数学上的贡献。

就算已远超退休的年纪，陈先生对数学的热情从未冷却，还是孜孜不倦，全力投入工作。部分的动力可能来自他的拼劲，到了年迈还是如此旺盛，但说到底，主要还是来自对数学的热爱，不可能一日无此君。

总括而言，陈先生在数学上成就惊人，留下丰富的遗产让后世人继续开发。同时也留下一颗以他名字命名的小行星，永远绕着太阳，在椭圆的轨道上运行。

第十一章　庞氏余波

两纪的辛劳，廿载的研讨，
都注在你凌天的一击，
赢得她那嫣然一笑的深情。
造物的奥秘，造物的大能，
终究由她来启示。
在那茫茫的真理深渊，
空间展出了她的风华——素朴而安宁。

——《庞加莱之梦》选段，2006年

“玫瑰是玫瑰，就是玫瑰”，这是格特鲁德·斯坦（Gertrude Stein）创作于1913年的著名诗句。但对球面能说相同的话吗？比如说拿一个泄了点气的足球，从一面按压它，或拉挤它，踩上去，跳上去，扭它，揍它或做任何你想到的动作，只要不弄穿孔或撕开它，球面在拓扑的意义下都是一个球面吗？

法国数学大师亨利·庞加莱学识渊博，对数学的众多领域都做出过重要贡献，这些领域包括天体力学、狭义相对论和其他物理分支。1904年，他提出一个和上面类似的问题，用词比斯坦的诗句来得专业，是以成熟的数学猜想的形式表达出来的。毫无疑问，这是最为世人熟知的一个猜想。它屹立了差不多一个世纪，抵挡过不少破解的冲击，直至俄国数学家格里沙·佩雷尔曼（Grisha Perelman）的一系列文章在互联网上毫无先兆地出现时，首个可信的证明才告面世，这是2002年底到2003年中的事。

这个在过去百年间吸引了这么多目光，直至今天还让人议论纷纷的猜想究竟是怎样的？第五章中已说过，庞加莱断言一个紧的空间在拓扑上等同于球面的条件是，每条在空间上的闭曲线（回路）能连续地缩成一点，即是说，在空间里的回路能在无障碍的状态下缩成一点。很早以前，我已为这猜想之简短而啧啧称奇。就是这么简单的一句话，使世人忙了一个世纪。庞加莱猜想使人神往，部分原因就在这里。（请记住上述的猜想只适用于三维的空间，在n维空间中。收缩的回路要用所有维数小于n的收缩球面代替。）

要了解庞加莱心中的想法，可以先考虑二维球面，它便是地球仪的表面（内部不计）。你可以把橡皮圈拉长，沿赤道勒上去，然后把它逐渐向南极或北极推动。这时，橡皮圈就会毫不费力地缩成一点。另一方面，考虑带洞的甜甜圈，把橡皮圈缠绕在圈的中部——除非橡皮圈或甜甜圈断开了，否则它是不能缩成一点的。绕着甜甜圈外侧或内侧的橡皮圈也不能缩成一点，除非把甜甜圈挤压成一团，但那时它就不再是甜甜圈了。

再次提醒读者，我们讨论的是甜甜圈的表面或它的外层，不包括它可口的内部。球面和甜甜圈这两个形状，本质上的区别在于有洞或没有洞。球面无洞而甜甜圈却有，这意味着球面不能在不弄破它的状态下变成甜甜圈，反之亦然。

二维的曲面早在19世纪已为人熟知。庞加莱猜想与三维球面有关，三维球面即是四维球的表面，对一般人来说有点难以想象。正如二维球面由在三维空间中所有和原点距离等于r的点所组成，这些点的坐标(x, y, z)满足方程式$x^2+y^2+z^2=r^2$；类似地，三维球面由所有四维空间中和原点距离等于r的点所组成，这些点的坐标(x, y, z, w)满足方程式$x^2+y^2+z^2+w^2=r^2$。可以预见，通过研究这猜

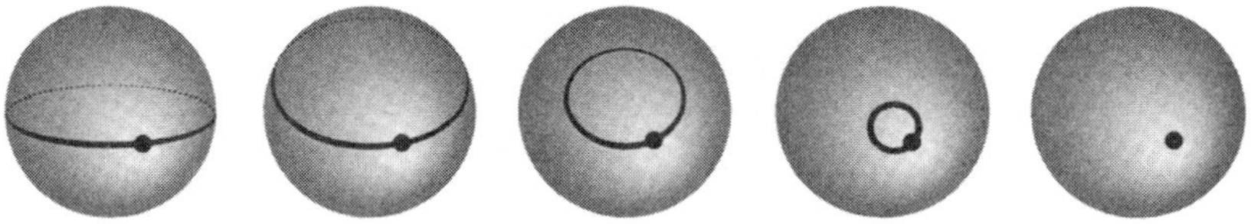

球面是个二维曲面，它是“单连通”的。这意味着球面上的闭曲线皆可无障碍地在其上缩成一点。

想，我们会对三维空间有更深刻的认识。不过，庞加莱早知这猜想的证明并不容易。他说：“这问题会领着我们走得很远。”的确，为了求解这个猜想，人们走过了漫漫长路。

这个问题的二维情况，早在庞加莱提出猜想前就解决了。高维的情况亦分别在不同的时期解决了。1962年斯蒂芬·斯梅尔对维数大于四的情况证明了猜想。1982年迈克尔·弗里德曼对四维的情况给出了证明，文章刊登在《微分几何学杂志》(见第七章)。然而，正如庞加莱所料，三维的情况最为棘手，困难在于高维空间能采用的方法并不适用于三维，三维空间相对局促，难以回旋。

是以三维的庞加莱猜想，是众多失败证明的葬身之地，即如大西洋的百慕大三角，大量飞机和船只在那里长眠。数学家约翰·斯托林斯(John Stallings)曾于1960年证明了维数大于六时的猜想。1966年，他在一篇题为《如何不去证明庞加莱猜想》的文章中，洋洋洒洒地描述了他证明三维猜想时遭遇的种种挫折。

我对这猜想早有兴趣，会时不时想一下。上面说过，1976年结婚前，我和友云、她父母驾车横跨美国时便如此。但我没有埋首于

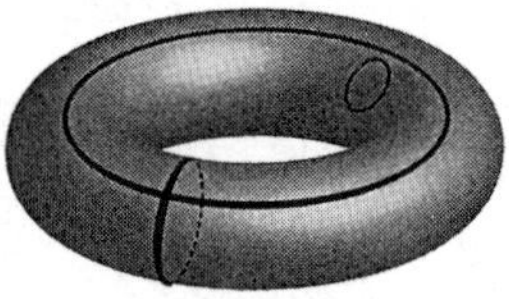

(a)

(b)

(c)

(a)置于车胎/甜甜圈上三个不同的回路(闭曲线)。只有右面的小回路能在车胎上缩成一点，所以车胎是“不连通”的。

(b)围绕在车胎外圈的回路，由于中间的洞，并不能缩成一点。

(c)这回路也不能缩成一点，除非把它切开，即改变了它的拓扑。

破解它，原因是从来没有破解猜想的灵感。庞加莱曾形容灵感如“漫漫长夜中的一霎电光，这一霎就是一切”。可是对这问题，在理查德·汉密尔顿创造里奇流之前，我期待的“一霎”始终没有到访过。但是它终于来了，照耀了汉密尔顿宏伟的思维，也照耀了我带领的团队。二十年的辛苦工作，完成了里奇流的奠基工作。然后那更强的电光再次照耀在佩雷尔曼身上，几何分析的力量再次震撼科学界！

我只是扮演了辅助性的角色。理查德·汉密尔顿声言佩雷尔曼“因里奇流获奖（菲尔兹奖），然而对建立整个里奇流的计划而言，没有人像丘的贡献那么大”。这话太客气了。没有人比汉密尔顿有更大的贡献才对。是他创造了整个方法，打下了基础，佩雷尔曼据此前进一步。我的贡献只是帮助汉密尔顿发展这个方法，因为打从一开始，我便看到它辉煌的前景。

里奇流（见第七章）差不多是汉密尔顿一手一脚发展出来的。这种方法基于微分方程而非标准的拓扑方法，是热方程的一种几何形式。比如你用火枪喷射一块金属板，板上的喷射点很快就会变得很热。接着热便会逐渐从那小地方扩散开去，直到整块板达到热平衡，板上每点的温度都一样。

里奇流是个类似的平均化过程。有别于使热均匀地分布，它把在几何空间中凹凸状物和不规则的东西都变得光滑。曲率大的区域的曲率逐渐变小，最后整体的曲率就变得均匀如球面了，而球面就是曲率为正常数的曲面。不过，有些凸状物比较顽固，不容易被熨平。恰恰相反，会出现尖刺和折叠，数学上称之为“奇点”，需要特殊的处理，我们会在下面讨论。

汉密尔顿是在1980年代初着手从事这个计划的。我和他定期见面，讨论在研究当中迫切要解决的问题，提供意见，并指出相关的结果，包括我和李伟光早前完成的工作。总的来说，我会尽全力支持和激励他。我亦送了好几个学生去跟他学习和合作，希望能对这个以十年为期的大计有所贡献。打从1980年代起，我就跟汉密尔顿说，里奇流可能是破解庞加莱猜想的关键。也许不是只有我才看出这关系，又或者这个见解已再明显不过，但朗声说出来，汉密尔顿还是大受鼓舞。我指出，在流动过程中可能出现奇点，了解它们的数目和形状，是研究里奇流最大的挑战。

在此研究中牵涉到的数学是复杂的微分方程，那是十分麻烦的，熟悉这方面的专家十分少。不过，其中的策略可以用比较直接的讲法来说明：先取一颇为圆的物体，将之放在里奇流内，看看在将曲率平均化的过程中，可否变成球面。而对一般的三维曲面，尤其是非常不规则的，在这个平均化的过程中或会出现钉状物即奇点，它们大部分都可以被拿掉，即利用如约翰·米尔诺引入的割补手术法等方法除去。只要这些步骤能在有限次内完成，就是行之有效的做法。

但有一种奇点即像雪茄一般的凸状物，却不能用割补的方法除去。在里奇流流动的过程中，曲率一般而言在平均化，但在这些突触中却会不受控制地变大。汉密尔顿指出，所谓“雪茄”的出现，乃是证明庞加莱猜想最大的障碍。它们的出现，意味着利用里奇流不可能达至均匀态的几何，即空间等价于球面。

但从另一方面看，或可证明这些难缠的“雪茄”根本不会出现，那么问题便会迎刃而解了。事实上，1996年时汉密尔顿已证明，假若“雪茄”不会生成，而且一般的割补方法又适用时，庞加莱猜想的正确性便成立了。我向他提议，处理这些奇点，证明它们不存在的方法，或在于早年我和李伟光研究热方程时，发展出来的一条有力的不等式。他同意了我的见解，并立即着手利用此法。多年后，在我的协助下，他把李-丘不等式推广到张量的情形，成为包含曲率张量的不等式，足以用于庞加莱猜想的证明。

在里奇流下，凹凸不平的三维流形，其曲率会变得更光滑和更平均。数学家忧虑的是情况会不会出错，尤其是流形会否拉长出现“奇点”，其中连接两圆端的颈部变细而趋于折断。

1996年，在哈佛数学系一次系务会中，我跟同事说汉密尔顿正向庞加莱猜想和几何化猜想进军，他到哈佛来会对此有帮助，而且对大学也有利。于是从1997年秋开始，汉密尔顿来哈佛当了一年的访问教授。我们定时交流，其后不断交换想法。他暑假会跑到夏威夷去，我也去了几趟。我们不谈里奇流时，他就跑到太平洋冲浪，享受洋流。而我则在海滩休息，当然没那么激烈危险啦。

1999年，我任哥伦比亚大学的艾伦贝格访问教授，有更多时间与汉密尔顿一起工作。其后，哥伦比亚大学想聘请我，但我与妻子商量后，最终还是婉拒了。汉密尔顿和我仍紧密联系，他的工作步步推进，我有时也给予意见，似乎快到尾声了。2002年11月12日，在没有任何征兆的情况下，我收到格里沙·佩雷尔曼的电邮，我跟佩雷尔曼没有什么交往。汉密尔顿同时也收到类似甚至相同的电邮，其上写道："附上论文，恳请指教。"文章在一天前上传到"数学档案"网站上，题为《里奇流中的熵公式及其几何应用》。

据佩雷尔曼所言，文章给出了"几何化猜想证明的简介"。这消息使我，恐怕连同整个数学界，都大吃一惊，我对佩雷尔曼在研究这题目一无所知。几何化猜想比庞加莱猜想更为广泛，把后者包进去了。他之前让人记得的工作属于几何中完全不同的领域。事实上，他曾把他较为人知的一篇论文投寄《微分几何学杂志》，而我当时正是编辑。我们沟通得很好，佩雷尔曼紧密依从审稿员的意见，补充了证明的详情。

人们有时称佩雷尔曼为隐士。他于1995年离开伯克利，回到圣彼得堡的家。他是如此低调，大部分人都不知他在干什么，是否还在做数学。

三篇文章中的第一篇“熵公式”只有三十九页，于2002年11月11日上传，接着于次年3月10日上传的《在三维流形上带割补手术的里奇流》只有二十二页，而同年7月17日，又上传了短短七页对前文的附加版《在某些三维流形上里奇流的有限消亡时间》。

以幅度如此深广、细节如此复杂的证明而言，这二篇论文加起来可说很短。在论文中，佩雷尔曼证明了汉密尔顿最忌惮的奇点不会在里奇流中产生，这是足以使人惊叹的结果，同时也是佩雷尔曼的一大功绩。汉密尔顿说：“排除了‘雪茄’出现的可能性，是我在奇点的分类中做不出来的地方。”引入了新的技巧来控制奇点，佩雷尔曼为证明瑟斯顿几何化猜想（见第七章）铺平了道路，而庞加莱猜想只是个特殊情况，他的有些结果也适用于高维空间。

瑟斯顿断言，三维空间可以细分为八类具均态几何的基本形状，而球面是其中一类。几何化猜想的证明说明如何精确地描述这空间是如何构造成的。如此，几何化猜想对球面而言，包含了庞加莱猜想，它对所有三维的空间都做了分类。（在瑟斯顿提出的八类形状中，其中六类猜想早已证明，只有球面类和双曲类尚未解决。）

在这三篇论文中，佩雷尔曼旨在对几何化猜想给出一个“不拘一格”的普适性证明，而非详细描绘每一细节。他用速记似的手法来勾勒梗概，把很技术性的细节都略去了，也许他觉得不需要提吧。可是，其他人并不一定觉得略掉的细节显而易见，就是这领域的专家也有此叹。虽然佩雷尔曼的证明在起承转合之间难以弄懂，我却明白他的文章对理解三维空间和奇点的结构有极大的贡献，毫无疑问这是重要的工作。

2003年4月，佩雷尔曼来到了美国，在麻省理工、石溪、普林斯顿和哥伦比亚讨论了他的证明。在他的讲演之旅中，行家只有一个月去消化他的第二篇论文，而第三篇论文则要等到暑期中才出现。到了那时，佩雷尔曼已经回到俄罗斯，并且和同行们失去了联系。他对英国的《星期日邮报》说，他有关庞加莱猜想和几何化猜想的想法，通通都见于这三篇概括性的论文之中。他对记者娜德捷达·罗巴斯托娃（Nadejda Lobastova）说："都在里面了，所有计算都发表了。能给大家看的，都给出来了。"就我所知，他此后再没就这题目说或写什么。

佩雷尔曼并没有把这些文章发表于学刊。如果他真的这样做，学刊的编辑恐怕会要求他在这里或那里写得详细些。我曾几次写信给他，邀请他把工作发表在《微分几何学杂志》上，这学刊从1980年开始就由我主编，但他并没有回复。

那就只能靠其他人在佩雷尔曼的论证中，正如《纽约时报》所谓，"把虚点连起来"，然后才能断定它是完整的，还是存在重要的破绽，最后评估它究竟证明了什么。我让理海大学的弟子曹怀东，和曾做我博士后的中山大学的朱熹平，一起仔细地把佩雷尔曼的文章梳理一次，再重新把证明写出来。曹怀东和朱熹平二人堪当此任，他们从1990年代起便研究里奇流，累积了大量的经验，比大部分其他人都适合。

克雷数学研究所（Clay Mathematics Institute）是个非营利的基金会，会址与哈佛差不多是一街之隔。他们也出资请了两组数学家去检验佩雷尔曼的证明。他们是布鲁斯·克莱纳（Bruce Kleiner）和约翰·洛特（John Lott），以及约翰·摩根（John Morgan）和田刚。克雷所对佩雷尔曼的工作特别有兴趣，事关2000年它把庞加莱猜想放在“百万奖金问题”之中。任何人只要在学刊上发表了对其中一个问题的证明，而大家都认为是对的，便可在发表两年后得到奖金一百万美元。

由于庞加莱猜想可说是数学的里程碑，我当然希望审视证明的人愈多愈好。但作为一个“传统的人”，我认为作者应负最大的责任，而不是把责任推到别人身上。数学家不只有责任向别人清楚解释自己的工作，同时本人也得弄明白，因为只有把证明通通付诸笔墨，每一步都写出来，才能够肯定其对错。读者或许仍然记得，1973年我以为推翻了卡拉比猜想的时候，便上了宝贵的一课。结果努力了三年，承受着面子上过不去的难堪，最终证明了这猜想的正确性。

我也觉得“百万奖金问题”这个概念很奇怪。我看不到克雷数学研究所有何资格把庞加莱猜想和其他著名的猜想，包括黎曼猜想，都放在自己的名单上。这些问题流传已久，所有权首先属于它们的提出者，继而属于整个数学界。我们不必由于某个基金会的大笔奖金来研究它；如此有分量的难题，解决它本身就是很大的收获，不需要什么额外的诱惑。我也不觉得一个基金会，无论如何财雄势大，可以圈定哪些才是数学界中最迫切的问题，并把自己的名字附上去。佩雷尔曼或许有相同的看法，对把庞加莱猜想和金钱挂钩不以为然。无论是否如此，当克雷所要给他一百万美元的奖金时，他谢绝了。他对俄罗斯的国际文传电讯社（Interfax）说：这奖不公平，自己对破解猜想的贡献并不比汉密尔顿多。

这样重量级的证明我不会只让克雷所审查，因它本身牵涉到金钱。我邀请了朱熹平于2005—2006学年到哈佛访问。他每周讲几个小时，一连讲了半年，把他和曹怀东的文章从头到尾讲了一次。2005年12月，他们两人把三百多页的论文投到我编辑的《亚洲数学杂志》，说明会给出“汉密尔顿和佩雷尔曼有关庞加莱猜想完整证明的详细导引”。这篇论文发表于2006年6月，里面给出了不少佩雷尔曼短文中没有的细节。在此一个月前，克莱纳和洛特发表了《佩雷尔曼文章的注记》，而一个月后，摩根和田刚的文章《里奇流和庞加莱猜想》也上线了。

曹、朱的论文发表后，我受到猛烈的抨击。人们说文章投稿后六个月便刊登，时间太短，根本不够时间审稿。事实上，我早已有考虑。首先，出版界会将重要的文章及时发表，这是向来的做法。而且，我也问过几位几何流的专家，包括汉密尔顿和佩雷尔曼，邀请他们审稿，而他们都回绝了，不得已之下我才自己当了审稿人。事实上，除了上述两位外，我在这方面的认识比很多人深刻。而且我在哈佛听了朱熹平的讲课超过60小时，又细心看过文稿，并没有发现任何修补不了的问题，我把推荐发表的意见告知其他编委。我没有发现什么明显的错处，但也不能保证它百分百正确，事实上哪个人能保证？你只能说，经过详尽审视后，就我所知，此文正确。

我接着把文章在学刊编委之间传阅，看看有何反应，结果无人反对亦无其他意见，是以依照学刊既定的程序，论文便被接受了。必须指出，这学刊要求每篇刊登的论文，都必须经过全体编委的同意，这种做法比许多顶尖的数学期刊都来得严格。

但种种解释不足以令批评者闭嘴，他们说我在编辑过程中走了快捷方式。2006年6月20日于北京，在我组织的弦理论会议中，我以庞加莱猜想为题做了演讲，这次又碰到麻烦。虽然佩雷尔曼曾说"在此文中，我们实现了汉密尔顿计划的一些详情"，他不止一次强调汉密尔顿工作的重要性，后来更坚持说汉密尔顿对庞加莱猜想的贡献和自己一样多。然而，听众中有些人觉得我过于看重汉密尔顿的基础性工作。

有些人对这个差不多一小时长的演讲中的两句话特别感到不快。我说："在佩雷尔曼的文章中，很多关键的想法只有勾画或简说，而完整的证明却往往付之阙如。最近曹怀东和朱熹平的文章……首次给出庞加莱猜想完整详细的证明。"我想第一句是无可置疑的，佩雷尔曼的想法也许是对的，但他的证明太简洁了，细节都找不到。对第二句话，回想起来，我应该在用词上更为小心。我不怀疑曹、朱二人的论文是正式刊登的"详细说明"。但这文章，还有克莱纳-洛特和摩根-田的文章是否"完整"，似乎尚有可议之处。我从未讲过，也不以为，曹、朱的文章超越了佩雷尔曼的工作——他们的贡献在于补全佩雷尔曼没有写出来的东西。虽然他们的工作是介绍性的，但也很重要。赞扬曹、朱二人把证明严格地写出来之余，我也在激励中国的研究人员要大着胆子，敢于和数学前沿中的重要问题拼搏。

中国的数学需要推一把。提升中国的数学水平是我一向的宗旨，这是先父的教导，老师陈省身也秉持同样的宗旨。在这件事上，我的勉励发挥了作用。曹、朱尽了最大的努力，他们热切地（也可说是成功地）弄清了整个证明。有时也不免有所怀疑，我的讲话招致了反弹，后者其实是一种情绪，即中国人在数学世界中仍然是二等公民，故此不要把自己放在世界的前列。

曹、朱的论文开始后不久，有若干页重复了克莱纳–洛特的论证而没有标注，这是不幸的错误。他们解释说是因为在一整年的工作中，笔记当中有一项具体的证明，即有限的距离意味着有限的曲率，其实来自克莱纳–洛特的文稿。这个疏忽虽不经意，却引发很大的尴尬。作为学刊的编辑，这些过失也受到非议。几个月后，学刊刊登了曹、朱的道歉，正式鸣谢克莱纳和洛特的工作。

2006年8月28日，我再次受到攻击，而且比以前都来得严重。《纽约客》杂志刊登了西尔维娅·娜萨（Sylvia Nasar）和戴维·格鲁伯（David Gruber）合著的文章《多重的命运》（*Manifold Destiny*）。娜萨是数学家约翰·纳什（John Nash）的传记《美丽心灵》（*A Beautiful Mind*）一书的作者，我曾花了不少时间和她在一起。而另一位作者格鲁伯毕业于哥伦比亚大学新闻系，当时在罗格斯大学攻读海洋学，我没有怎样跟他接触。我和娜萨相处融洽，甚至答应她的要求，安排她去北京参加我组织的弦理论会议，并且介绍那里的数学家和物理学家和她相识。在她的文章出来之前，我一直不知她葫芦里卖的是什么药。

娜萨的文章的架构是惯见的：佩雷尔曼是英雄，为理想奋斗，视名利如粪土。而这高贵灵魂的对手是个卑鄙坏人，一心想事事阻挠他。这角色由在下扮演，奈何我并无机会在这角色扮演的课题上提出异议。

文章前面的一幅漫画就足以说明一切：画中我尝试抢去佩雷尔曼颈上的菲尔兹奖。这插画令人啼笑皆非，理由不止一个。首先，我已拿过菲尔兹奖，在过去超过八十年的历史中，从来没有人拿过多于一次奖，而我也肯定不会再次拿奖（其实也不可能，这奖只颁给四十岁以下的人，而我当时已五十多岁）。此外，我亦非往自己脸上贴金，汉密尔顿曾提议在一篇里奇流的关键性论文中把我列为合作者。我在感谢他的好意之余，婉拒了提议。而2006年佩雷尔曼获得菲尔兹奖时，我曾恭贺他并说这是实至名归的，这都可见诸公开的记录。

正如汉密尔顿同年作证道："丘不只没有窃取佩雷尔曼的功劳，他还颂扬他的工作，并且和我一样支持他拿菲尔兹奖。"顺便一提，佩雷尔曼并没有出席2006年8月在马德里的颁奖仪式。根据官方的赞词，他的获奖是因"他在几何学和里奇流中的分析和几何结构的革命性洞见"，这里见不到庞加莱猜想一词。事实上，他2002年和2003年的文章中都没有明显地提到这猜想。

我对《纽约客》文章中的其他论述也甚感不快，很多根本并非事实。他们攻击我在卡拉比猜想和卡拉比-丘流形中多拿了功劳，纵使卡拉比曾亲口说过，是丘给他太多功劳了。

《多重的命运》宣称陈省身先生想在北京主办国际数学家大会，我却在最后关头要把它弄到香港去。这样的说法错误不止一处。从一开始，我就是第一个提议在中国召开国际数学家大会的人。剑桥大学的约翰·科茨从1986—1994年是国际数学联合会执行委员会的成员，他可以肯定我于1988年左右正式向执委会写信，提出在北京召开大会的。科茨说："我记得很清楚，回信是我草拟的。"

其实一开始时，陈省身先生就对很多人表示，他对在北京召开数学大会一事不感兴趣，经过我和郑绍远的游说，才勉强同意。郑绍远当时是香港数学学会的副会长，他能证明我从来没有试图把大会移师香港。所有有关的传闻都是凭空捏造出来的，正如科茨所说，"文章说的都是没有根据的小道消息，消息的来源也不明"。

《纽约客》又说，"很多数学家"都担心我搞的阴谋诡计会使整个数学界蒙污，又引用格里菲思的讲话："权术、权力和操控在我们的圈子内并无立足之地，这些东西损害了整个数学界的良知。"这种离奇的讲法，正出自一个热衷于玩弄手段的数学家。维尔弗里德·施密德是格里菲思的弟子，虽然他一直很感谢其师，但也在一封为我辩护的信中，指出了这个讲法的可笑之处。他写道，"娜萨应当知道格里菲思在数学界的影响力"，他曾当过国际数学联合会的秘书、高等研究院的院长和杜克大学的教务长。他继续说："和格里菲思不同，丘从来没有谋取具有影响力的行政职务。"

《纽约客》还把我描画成一个恶霸，并引中文报纸中的一篇文章为证，说我曾抨击弟子田刚在"某中国大学几个月内收取了巨额酬劳"。杂志称田刚是我"最出色的学生"，本人对此不敢认同。它又把田刚描写为谨遵古训"尊师重道"的人。但是，我们这一行的人大都知道，我们之间尊师爱徒两者皆不闻久矣。

跟田刚失和，主因是当时有大学推行一项我强烈反对的政策，而他却为这政策打开决口，先拔头筹，结果弄得一发不可收拾。根据《科学》杂志2006年的一篇文章所说，某几所中国的大学“设置了百万元教授的职衔，年薪达12.5万美元，在中国这是天文数字”。文章形容我这位弟子站在“席卷中国学术界的风暴的中心，田是这个可争议现象的主要个案，出生于中国而在海外全职工作的研究人员，在其祖国短期工作而获取巨大的报酬”。

12.5万美元，约合近百万元人民币，这是当时中国国内顶级大学教授薪酬的十倍。其实，早在《科学》的文章前，我已知悉田刚在普林斯顿收取薪金的同时，在国内拿着优厚的津贴。其他海外的中国数学家步其后尘，纷纷在国外担任全职的同时，在国内大学收取高额的薪酬。

我是首批公开抨击这种做法的人，反对的理由有好几个。首先，在中国当教授，薪金非常低微，当时研究生的每月津贴也只是大约五十美元而已，教授和研究生的资助都亟须改善。我大声疾呼，特别因为田刚是我门人，必须讲清楚我不会接受这类行为。

差不多同时，中国也开始了“千人计划”，花大量金钱，吸引西方的知名学者到中国的大学访问，以提高大学的地位。可是有些访问学者把钱放进了口袋，却没有付出时间和精力。事实上，制度经常被滥用了。曾有学者既在美国全职工作，同时又在中国三处任职，本土教授的薪酬却如此低。反观本人从未在主持的数学中心中拿过一分钱，《纽约客》上的这篇号称揭露“庞加莱真相”的文章把我描写成一个坏人，真不知从何说起。

最后，杂志还指我的事业每况愈下，说“丘上一次比较重要的工作，已是十年以前的了”。这论断把我近年来在弦理论中包括镜像猜想、SYZ猜想和斯特鲁明格方程式等可说是重要的工作，还有在广义相对论和其他领域的努力，都通通抹杀了。可喜的是，这些工作得到同行的首肯。2010年我因在几何分析中，把“偏微分方程、几何和数学物理以崭新的方法共冶一炉”获颁沃尔夫奖（Wolf Prize），也许可以说明，我在行内的地位，并未因四年前《纽约客》的描述而受损。

纵使如此，这篇十八页长的文章，基本上丑化本人，神化佩雷尔曼，这种做法令人费解。读对自己作品的劣评固然令人难受，但是看到有意丑化自己事业和生平的文章更觉惊讶，尤其是那些评语如此明显地不公，兼且错误连篇。摆在目前的问题，是如何做出最佳的反击。

能不能告杂志诽谤，我跟波士顿的一位顶级律师谈过。他觉得这是有胜算的，但会拖很久，起码要拖一年以上；就算最后赢了，也不能肯定能得到什么。虽然名誉受损令我不快，但最后决定恢复名誉的方法不在法庭，而在课堂、书房之中。我应当把此事抛诸脑后，法律上的缠斗只会适得其反。

这时又想到了父亲提过的《礼记》上的故事，它发生在公元前五百年，是我有记忆以来最早听过的故事。有个名叫黔敖的富人在路上派发食物赈济饥民，他对其中一人呼喝道：“嗟！来食。”那人宁可挨饿也不要他的施舍。黔敖后来找到他，跟他赔罪，但那人依然拒绝救济，不久便饿死了。

这个故事的教训，据我的了解，是人必须活得有尊严，同时也不可侮慢别人。这一课我学得很好，五十多年后还记得很清楚。小时候对这故事不大理解，现在回想起来才惊觉它对我的影响，在人生不同的时刻，我都会想起这故事。

这当然包括娜萨文章里面的负评。但和《礼记》中这个饥民不一样，他受到冒犯却不反抗，而我则不会受损而退缩，我不会受到“全美最优秀的杂志”抹黑后默然不语。保护自己是人的天性，我不会让别人动我分毫的。

虽说是令人生厌的一幕，但人生曲折多艰，更苦的日子我也尝过了。父亲的去世是迄今我尝过最痛苦的经历，和它相比，这次不过是小小的刺痛罢了。受到攻击后立时的反应是自卫，但最终，我意识到最佳的对策乃是忘记它，继续前进。

人生最大的荣耀，乃是屡败屡战，尤其是受到阴险的招数攻击之后。稍堪告慰的是2006年10月在《纽约时报》刊登的，以我为主角、题为《数学皇帝》的文章，里面洋溢着颂扬之词。它比《纽约客》的文章迟了两个月，这并非偶然。娜萨曾跟我说，她听说《纽约时报》在访问我，因此她要赶快写，好抢在时报前面，引人注目。

《纽约时报》的文章写得非常客气，我想它给出了对无论是本人还是本人工作比较全面的写照。部分的原因或在于文章的作者丹尼斯·奥弗比（Dennis Overbye）花了不少时间访问我，断断续续地做了半年。如前面贬我的文章一样，这篇文章的内容我从未过问，并未参以己见，或提出任何删改。对我而言，更重要的是自己能掌握的，只有不断向前，才能完成事业上定下的目标。因此，那些有关本人的文章，不管是褒是贬，也不用想太多。希望能集中精力对付数学，进行研究，这才是我之所乐，我之所爱。精神受到压力的日子，我每以工作为寄托，数学从来没有让我失望。

举例来说，我把注意力放在广义相对论上。有一个问题我想了几十年，它是由早期有关正质量猜想（和孙理察及其他人合作）引出来的。这问题源于直到今天，人们还搞不懂如何在爱因斯坦的理论中定义“局部质量”。在封闭的系统中，我们只能定义在差不多无限远处，无限远的质量，我和理察早已证明了这质量必须为正，不然整个系统会不稳定。但我们亦希望能描述系统在附近周围，这便涉及所谓“拟局部质量”的概念。例如，当两个黑洞相互作用时，从远处去看，如何定义其中一个黑洞的质量，而非两者合起来的总质量呢？

这类问题当然不仅仅限于黑洞，在空间给出一个闭合的二维曲面，除了要求其质量必须为正时，我们还能进一步对它说什么。2003年，我的学生刘秋菊（现任哥伦比亚大学教授）和我在一篇论文中给出了一个拟局部质量的定义，并进一步证明，它在所有情况下都取正值（除了在某一显然的情况下，质量可以为零）。我在剑桥以此为题，向霍金和彭罗斯以及加里·吉本斯等物理学家说明了我们的定义。霍、彭二人各有自己对拟局部质量的定义，虽然他们没有说我们找到了正确的定义，但他们也没有反对。这些学者不是内敛的人，如果我的推演中有任何弱点，他们肯定不会让我好过。

个人以为，我们的结果是重要的。我们找到了量度空间中任一区域的质量和能量的方法，这是以前做不到的，但有些地方仍需改进。我和弟子王慕道（也是哥大的教授）从2006年至今在一系列文章中得到不少成果，我相信这是迄今关于拟局部质量最好的定义，它对更广泛更自然的一大类空间都有效。我们的工作也增进了对角动量和质心的理解，这两个概念在广义相对论中，都尚未有明确的定义。

2008年，美国金融危机波及整个银行体系。正值此风雨飘摇之际，我出任哈佛数学系的系主任。当时哈佛的储备，在股票市场已经亏了110亿，并还有可能再亏几十亿。大家都忧虑，大学要完蛋了，每个系的预算都要大幅削减，第一步是每个部门先削减二成。我跟理学院院长解释，说其实数学系没有什么闲钱，如再削减下去必将危及本科教学，而本科教学一直是哈佛最重视的教育使命。唯一可削减的只是同事加起来三万元的电话费。我特意这样说，是想表现出并非一成不变的态度。院长不久也发现这里省不了多少钱，最后就把预算保持在原来已经颇为节俭的水平了。

另一件要办的事便是聘请年轻的同事。过去每年我们都会聘三至四位助理教授，但现在大家都在问今年还能不能聘人。我从西蒙斯基金、哈佛数学之友（由法国数学家伯纳德·圣-多纳特牵头，他是芒福德的学生）和其他人士那里募到充足的经费，后者包括慈善家威廉·兰道夫·赫斯特三世（William Randolph Hearst III），他1972年毕业于哈佛数学系本科。有了这些资源，那年我们请了五位新人，比惯例还多了一位。2009年，我们聘了三位知名的教授：很有前途的数论专家马克·基辛（Mark Kisin），在代数几何、范畴理论等领域才能出众的雅各布·卢里（Jacob Lurie），还有在朗兰兹纲领、数论、代数几何、表示论等领域的明日之星索菲·莫雷尔（Sophie Morel）。本人尤其以邀得莫雷尔加盟为荣，她是哈佛数学系有史以来第一位女性终身教授。（可惜三年后她到普林斯顿去了。）

这些举措恢复了数学系的士气，安抚了因财政紧张而惶惶的人心。我又筹了些钱，让系内同事、本科生、研究生和博士后每两星期能在系办四楼的休憩区共进午餐。这样一来，全系的人都能交流，互相认识，活动空前成功。但另一做法在振奋精神、提高效率之余，引起了更多的关注。我是不喝咖啡的，但有人在系主任的办公室添置了一部质优价昂的咖啡机。办公室的助理们都被排在门外等斟咖啡的人弄得不胜其烦，最后只好把咖啡机搬到休憩区去，那么人人都能用了。这大概是哈佛数学系差不多三百年来，系主任最受拥戴的德政之一。（1630年代学生曾因啤酒短缺而暴动，因咖啡短缺而暴动者则闻所未闻。）

哈佛的系主任是在资深教授之间轮替的。虽然开始时我对就任此职的兴趣不大，但从别人那里听回来，口碑还是不错的。事实上，院长对我的工作很满意。三年正常任期完成后，他希望我再做一任，但我选择遵照传统，三年就够了。于是院长用他的经费开了一个隆重的餐会，感谢我在任时对数学系的贡献。我受宠若惊，相信这是哈佛数学系系主任从来没有得到过的荣誉。

2008年或2009年初，北京清华大学的校长顾秉林到剑桥我家做客，邀请我到清华办一个数学中心。1950年前，清华是中国基础研究最重要的大学之一。毛主席决定把大学的重点放在工程、工业应用和技术发展上，于是将大批数学家搬到科学院、北京大学及其他地方去。清华的理科和数学受到影响，直至近年始复兴。应用数学专业从1970年代引入，而纯粹数学也于1990年代恢复了。

其实，要在清华建立中心，数年之前，他们已跟我谈过一次。清华大学王大中校长曾在2000年前后邀请我在大学办一个中心，可是当时没法筹到足够的资金，我只能告诉他没钱事情不好办，后来也就不了了之。

弟子刘克峰说，王也找过陈先生做同样的事，但陈先生说数学系应该拥有自己的图书馆，事情便又没有下文了。

数年后，顾秉林继任校长，陈希作为党委书记，情况变了。由陈希书记拍板，顾校长来到我在波士顿的家，请我帮忙。交谈后，很快就能感觉到他真心希望把中心建成，学校高层决心使清华建成一流的大学。顾是物理学家，他保证了提供兴建中心所需的资金，我们都同意新成立的中心会成为提升整间大学数学研究实力的催化剂，一旦传播开去，影响或会遍及全国。不久之后我到了北京，陈希书记做出了同样的保证，这次我决定放手一搏了。

前一章已提过，迈克尔·阿提耶曾通知我，杨振宁要让他在清华主理一个数学中心。很明显，杨先生并没将此事告知顾校长或陈书记。我知道后，就跟清华说："杨先生要托阿提耶办所，那没有问题，可是你们不应该同时找两个人办所啊。"事情很快便明朗了，阿提耶告诉我，自始至终他对办所的兴趣不大。

首要之务是招揽人才，在这件事上，我和杨先生又有不同意见。他的做法和我迥异，他倾向以重金聘请名家来做短期的访问，我则以为此法从来成效不彰，而且也不利于中国数学的健康发展。

于是跟清华校方再接触，说虽然我不介意跟中国科学院、北京大学和中国其他学术机构竞争，但这中心不必跟清华本校较量。大学聘请数学人才，应该用一致的标准。由于数学是在下的本行，这领域招人的事务，应该由在下统筹。他们同意了，不久之后我便找到一批不错的人作为班底。

几年之后，教育部通知清华大学将这个中心升级为教育部的中心，并且更名为丘成桐数学科学中心。到了2014年底，那里的数学专家，全职和兼职的加起来，大约有四十位。我深信，中心将会训练出一批中国的数学专才，进行高水平的研究，使西方做研究的方式在东方落地生根。

为免读者以为我把心血都灌注在东方，必须指出我亦牵头于2014年在哈佛创建了数理科学及应用中心（CMSA）。哈佛大学通过我的搭线，向中国的恒大集团筹得两亿美元，用以创建三个中心：CMSA、哈佛绿色建筑和城市中心、属于哈佛医学院的恒大免疫性疾病研究中心。有些同事半开玩笑地说，丘筹款比研究几何更在行。当然，能够为有意义的事情略尽绵力，创建各式各样的数学所和推广有关活动，诚为乐事。但掌声之余，谢幕之后，我还是希望以数学的成就，而非以成功的筹款者之名传世。

你如特别要问为何办CMSA，我的动机有几个。首先，就纯数研究而言，哈佛数学系可说是首屈一指的了，但它太“纯粹”了。系里的人对应用有强烈的反感，这种态度稳如大山，很难动摇。系里要请应用数学的人，我尝试过，确实很难。评估罗致对象时需要不同的准则，但负责聘请者只会依一般的标准去办。著名数学家芒福德在1996年到布朗大学去了，原因是他想要多做点应用的东西，但在哈佛得不到支持。

活在现代社会，数学在很多地方日益重要，其中包括生物、化学、经济、工程，当然还有物理，我们不能再对应用数学坐视不理。以前的很多大数学家，如欧拉、高斯、黎曼、庞加莱和希尔伯特等，他们都曾涉足应用领域。有鉴于此，我向外筹募捐款，开拓应用数学的职位。哈佛的院长和教务长都热烈支持这想法，他们十分期望校内有更多跨科目的研究。具体而言，CMSA能填补数学系空白的领域，加上系内同事迈克尔·霍普金斯（Michael Hopkins）、克利福德·陶布斯、姚鸿泽，还有应用数学家和物理学家迈克尔·布雷内（Michael Brenner）、统计学家刘军等的帮助，我们已经有了一个很好的开始。

诚然，本人绝大部分工作都是和“纯粹”的数学有关的，但在偶然的场合中也会钻研一些“不纯粹”的数学。早在1990年代初期，我和加州大学圣迭戈的金芳蓉一起在图论方面做了些工作，图的研究对各式各样的物理、生物和社会系统中的演化过程很有用。另外，我也跟弟弟成栋在非线性控制论中发表过一些论文，控制论是应用数学的分支，在工业上有广泛的应用。当芒福德离开哈佛到布朗大学时，我接收了他在计算机方面的学生顾险峰。我们和其他人把我们从前在做几何分析时用到的工具，如保角几何和蒙日-安培方程等，应用到计算机图像的研究上去，从而得到医学影像包括脑影像好些有趣的新成果。

这方面的工作也惬意，它让我换换新鲜的口味。我对在哈佛开始了应用和跨科目的数学研究亦很高兴。但这些都只是旁枝，纯粹数学一直是，在可见的将来也是我主要追求的目标和至爱。纵使有时会扩展一些，但我始终认为，数学中最美好的和最精要的内容在于它的纯粹和基本。十多年来，我花了不少工夫投入弦理论的一个项目之中，这项目是1990年代中期开始的。

镜像对称指出了弦理论和枚举几何的密切关系。我期望弦理论跟数论也能对上，有理由相信这将有大用。我的信心部分来自卡拉比-丘流形乃是弦理论的核心（见第八章），一维的卡拉比-丘流形即“椭圆曲线”理论是数学中极深奥的一支，和数论有莫大关系。卡拉比-丘流形是椭圆曲线的高维版本，对这些流形透彻的认识将会把物理（以弦理论的形式）带进数论，反之亦然。所以说这会是条康庄大道，并不太牵强。

扎斯诺和我在这方面开了个头。在1996年的一篇论文中，我们确定了在K3流形上有理曲线（rational curves）的数目。K3流形是二维的卡拉比-丘空间，即复二维的椭圆曲线。上述的数目是个整数，和η函数有关。η函数是数论中重要的概念，由狄德金于1877年引入。可惜我们的分析只适用于一小类即亏格为0的曲线，笼统地说，即是没有洞的曲线（或曲面）。哈佛物理学家瓦法和另外三人对如何在三维卡拉比-丘空间上确定高亏格曲线的数目做出重要贡献。在他们工作的基础上，2004年我和当时的博士后山口智对枚举函数的结构给出新的看法。直到今天，我还跟其他人在一起思考这个项目，我相信枚举函数有朝一日会成为η函数的某种推广。这类联系愈多，弦理论和数论的关系就愈紧密，为弦理论在数论中的各种应用打下了基础。

在另一项探讨弦理论和数论关系的工作中，连文豪和我证明了在五次的卡拉比-丘空间中，当那些定义方程的次数不是5的倍数时，它们对应的曲线的数目必定是125的倍数。这发现回答了赫伯特·克莱门斯（Herbert Clemens）在代数几何上的一个问题。过去十年间，我们也利用镜像对称启发出来的想法，尝试计算某些积分的周期，这些周期和某个可追溯至欧拉的问题有关，问题迄今未完全解决。

我深信弦理论会给数论开辟新的途径，目前看见的只是皮毛的工作而已。关键的发展也许由别人而非本人得到，但也无所谓，能够吸引人向这个方向走，我已心满意足了。

前面已经说过，空闲的时候，例如在驾车时或在牙医诊所里，我喜欢有一篮子不同的问题供思考或浮想联翩。目前放在篮子上的几件东西中，就有上面讲过，来自弦理论的斯特鲁明格方程。人们对非凯勒流形所知不多，这些方程会对此很有帮助。数学上最大的进步，并不在于解决难题，因为这样只会使某些研究领域完结，而在于开辟了全新的、各式各样的问题以供探索。

庞加莱猜想却是个不愿踊跃去碰的题目，一旦把围绕着这个猜想的许多争议抛诸脑后，实在高兴得很。但有时仍忍不住想到它，因为还抱着一丝丝的怀疑，如果大声说出来，又会招惹麻烦了。或者你可以说这是妖言惑众，但我真的不肯定证明已完全明确。前面已讲过多次，我相信佩雷尔曼对三维空间奇点的形成和结构有杰出的贡献，完全有资格得到菲尔兹奖（只是他不接受）。要知道，先是庞加莱指出了方向，然后汉密尔顿艰辛地打下了基础，最后佩雷尔曼带领大家走得更远。这样看来，无可置疑地，佩雷尔曼立了大功，我也想知道他在里奇流中发展出来的技巧可以走多远。而我亦不能忘记另一种方法，即利用多年前我和米克斯、理察、西蒙等发展出来的极小曲面技巧，能否把问题廓清。

2003年，佩雷尔曼告诉《科学》的记者达娜·麦肯齐（Dana Mackenzie）说：在有关专家检视这些文章完毕之前，便向公众宣布几何化猜想和庞加莱猜想都得到了证明，可说是言之过早。现今说证明为正确的所谓专家，大部分都不是这个领域的人，而佩雷尔曼自己也从数学界隐退，可说是巨大的损失。问题是，里奇流的专家并不多，佩雷尔曼的证明结尾处最为晦涩，至今我尚未碰见过一个专家说完全了解。

2006年左右，一位对这题目熟悉的数学家访问哈佛，他来到我的办公室，责难我对佩雷尔曼的证明说三道四。但在我的诘问之下，他也承认不能完全掌握证明的后半部。我不是要驳倒他，只不过他承认了就归了类。事实上，我不知道有谁，包括汉密尔顿在内，能完全懂得那证明，自忖也只能归在那一类。据我所知，没有人利用佩雷尔曼在文章后半部引入的技巧，成功地解决过其他有意思的题目。这事实意味着其他数学学者并不完全掌握这工作，以及其中的方法。

汉密尔顿七十多岁了，他告诉我，证明庞加莱猜想仍然是他的梦想。这可不是说佩雷尔曼错了。作为一个真正独立的人，汉密尔顿不会沿着别人的足迹走，也不会替别人的论文“以线把点连起来”。过去三十五年的心血已倾注于此，他只想凭一己之力去完成它。

我总觉得问题并非绝不含糊地解决了，或者要留待涵盖异常广泛的定理出现后，才能扫清这些迷雾。对这问题提出异议，在现实上是非常危险的做法。但为了问题的本身，为了数学上的真理，我还是希望知悉我们走到了哪里。如果这样会遭鄙视，就由他吧。半个世纪前我选择了数学这条道路，说到底还是数学比较重要，别人的看法没这么要紧。

第十二章　东风西风

方程数字，都说平生意。
物象星河留人醉，黑洞思量无寐。
依约往事难留，恰如代序春秋。
豪杰不知何去，大江依旧东流。

——《清平乐》，2016年

1969年初次踏足美国时，我只是一个从未出过门的二十岁小伙子，那清澈高远的蓝天给我很深的印象。我对前途充满憧憬，仿佛看到终有一天，数学的神秘面纱将会为我揭开。

十年后首次踏足中国，那是自孩提时就离开，已经全无印象的国度，我却心潮澎湃，不禁俯身触摸地上的泥土，似要和这个父辈生长的地方建立联系，其后我确实如此做了。我不是个大情大性的人，时时都会收摄心神，那次我竟会有如此的举动，连自己也感到惊讶。

现在每年我都会往返中美数次，而且早已习以为常。每次到访都有些新的感受，我不会从社会的角度去批判，也并非对这两个迥异的文化有何伟大的见解，只是留意到一些细微的变化，是以前没有见过的。

我生活起居中的某些细节，无论去到哪儿都不会改变，但另外有些则完全不同。在执笔的当下，正是2017年秋天，我休假一年，在北京的清华大学以我的名字命名的数学科学中心访问。我不喝咖啡，但会整天喝茶，尤其是中国茶，因此随身携带不少，到哪儿去都一样。我对数学的态度也不变，无论是在北京标准时间，回到哈佛的东部时间，或是介于两者之间如格林尼治的平均时间，皆是如此。

试看一个例子。1990年代中期，我的学生刘克峰到南开大学的陈所访问陈省身先生，当时陈先生刚刚辞任所长不久。我问克峰，陈先生近况如何。克峰答道："他身体还可以，但是不开心。"当时虽然有了新的所长，但陈先生还有很大的影响力。这位新所长每事皆依循陈先生的命令去办，故此克峰对陈先生为何不开心摸不着头脑。他的疑惑乃因不明白中国人的做法，这种做法或可以拜占庭式形容，即知名而广受政府推崇的学者每每公开说一套话，但真的想法却不便公开，旁人必须揣摩其意而行。

新所长以为他遵从陈先生的意愿而行，实际上正是反其道而行之，是以陈先生郁郁寡欢也。（当然，我们不能排除他明知陈先生的真意，却怕负责任，就照着陈先生口头命令而行。）这件事反映了中国传统的做法，我觉得那是奇怪而又迂回的。根据我的了解，陈先生不觉这样做有何不妥，他早就习惯了，可是克峰对背后那套玄虚一无所知。

当我以某个数学所所长的身份，跟大学的行政人员打交道时，他们一般都很随和。和我周旋的人，如院长、系主任、校长等，什么要求都会答应，不过一般都是口惠而没有笔录作为凭据的。一旦到了要兑现的时候，他们就无法或不愿意照办了。

我身处的清华大学可说是例外。在这方面，它比大部分中国的大学都要进步。纵然如此，中国的学术体系比较复杂，主要的大学都由政府通过教育部来领导。新领导上任后，往往倾向于建立新献，是以政策必然有所不同。这在中国的大学中造就了不确定的因素。

美国每一所大学，内部肯定都有不可避免的人事上的倾轧，系内的、系和系之间的、教员和行政人员的，各个层次都有。可是，当全国一致选出一个新的总统时，国家领导层的改变，除了会导致拨款的变化或政策的转变外，在校园内也没有多大的影响。

田刚现在是北大教授，过去他在北大取得硕士学位，在我的指导下成为哈佛博士。我们虽是师徒，但志向并不相同。我很早就知道，田刚的目标恐怕并不局限于做学问。记得2001年的某一天，我们坐在波士顿的公园里，他对我说希望有一天能成为一个在政治上有影响力的人物。我并不羡慕热衷功名权力的人，自己在数学领域中成功便心满意足了。

但愿我们的关系不会变得那么僵，如关系能转好那就更理想了。但在全面的和解到来之前，我希望能见到他纠正过去不当的行为。举个最简单的例子，这几年来，西蒙·唐纳森和他的合作者曾公开发文，对田刚的某些学术行为提出质疑和批评。

在美国，学术界的升迁主要系于学术上的表现，即工作上的成就。但在中国，一些学者，包括数学工作者，忽视了研究，转而把注意力投放在更易于上升的途径之中。我当美国国家科学院院士二十五年了。当上院士当然是很高的荣誉，但从物质的角度上看，它并没有什么好处。在中国，院士则享有规定的待遇，有很大的影响力。如果很多院士说同样的话时，那么大家就会相信了。正如一所大学的地位在于它有多少位院士，一个城市的学术水平也视它的市民中有多少位院士。

由于主要居住在美国，我并无资格成为院士，事实上我从未尝试成为院士，也不将之放在心上。可是1995年我却被选为第一届中国科学院的外籍院士。杨振宁同时也当选，他当时居于美国，是石溪大学的爱因斯坦讲座教授。

1996年，与两位诺贝尔奖得主杨振宁（左）和丁肇中（右）合影于清华大学。

大概十年前，陈先生游说，让他伯克利的同事项武义成为台湾"中研院"的院士。1991年，项武义宣称他证明了具有380年历史，由天文学家约翰尼斯·开普勒（Johannes Kepler）提出的开普勒猜想。这猜想又名球堆积问题，它是有关把球体放进正方形盒中最紧密的摆放方式。设想这些球体是大小相同的橘子，问题变成了：哪种安排能放进数目最多的橘子？开普勒提出，最佳的安排是每个橘子置于三个橘子形成的间隙之上，而每个和边不相交的橘子和六个橘子相接。戴维·希尔伯特在1900年时，用略为不同的叙述方式把问题再次提出来，并把它列为著名难题中的第十八题。

这便是项武义宣称破解了的问题，他又说为了破解它，特意发展了许多球面几何的新工具。他的论文《球堆积问题和开普勒猜想的证明》发表于1993年10月的《国际数学杂志》。这本杂志在数学界并不起眼，但是陈先生认为这件工作令项武义当院士实至名归，他热情地在院士的聚会中推荐项武义，项武忠也为弟弟的当选造势。

参与讨论的人中有的人半信半疑，他们当场询问我的意见。我提议为慎重起见，在亲属和朋友的推举之余，也听取外面专家的意见。三个这方面的权威，普林斯顿的约翰·康威（John Conway），时在密歇根大学的托马斯·黑尔斯（Thomas Hales）和时在AT&T和山农实验室的尼尔·斯隆（Neil Sloane）都认为项武义的证明无效，根据康威和黑尔斯所言，里面包含“严重的错误”，或如斯隆所言，含有“重要的漏洞”。杨忠道教授指出他本人也研究过这个问题，项的想法并无新意，匈牙利的数学家早就尝试过，而且项的文章错误百出。听了这些专家的意见后，其他的院士都说难以用这件工作来支持他成为院士。投票后，项武义落选了。

一个多月后，我在香港中文大学访问。杨振宁先生把我召到他的办公室，他说:“你得罪了你的老师。”我的意见逆了陈先生的意愿。我回答说我一直闭口不言，直至别人问我才开口，而且也是清心直说，并无虚言啊。“你只需要说证明是对的便好了！”听他说完后，我只有无言地离开了他的办公室。

对学术界一些人如何行事，从这事件中可略窥一二。我相信数学的真假并不是人的意志或欲望所能改变的，人类改动不了大自然的规律。但是有些人往往只是讲究人情世故，权宜行事，科学真理竟成为次要的了。

2017年，杨先生时年九十四，退出美国籍成为中国公民，轰动全国。他亦由外籍院士变为院士，新的头衔使他在中国的影响力更大。

这种影响力当然有实质的支持，即他在物理学上的重大成就。他和罗伯特·米尔斯用了陈省身先生在非交换规范场上的重要工作，推广了赫尔曼·外尔在1920年代的基本工作。（泡利在杨-米尔斯论文发表前一年也得到了同一结论，但是其中重要的物理疑难要过了十多年后才由其他物理学家解决。泡利选择不发表论文，而杨及米尔斯则决定发表，物理界只用“杨-米尔斯”来命名。）现在这个理论在粒子物理学的标准模型中占中心地位。标准模型成功地统摄了至今人类了解的宇宙，描述自然界存在的所有粒子，以及它们相互的作用。不无讽刺地，杨先生却对这包罗万象的框架中某些重要的环节有所保留，似乎并不完全相信它。虽然如此，他和米尔斯的这项成就，还有和李政道获得诺贝尔奖的工作，都是物理学的丰功伟绩，粒子物理学也从中获益不少。

出于某些不明的原因，2003年杨先生写信给清华物理系系主任朱邦芬，提议“以后就不用再聘粒子物理或核物理的新人了，已在这些领域中的同事，可以鼓励转行”。在这封信中，杨先生援引的理由是这领域在“消亡”之中。很多专家指出，杨先生和米尔斯的著名工作已逾半世纪，杨先生对这个领域已经很陌生了。2012年，即那封信的九年后，希格斯玻色子的发现，标志着粒子物理的重大发现。同年中国的实验室发现了中微子的一种新的振动方式，对于说明为何宇宙中物质多于反物质很有帮助。这些和其他的成果综合起来，可见粒子物理消亡论，正如幽默大师马克·吐温所云，是“极度夸大”了。

2016年，杨先生又发表了《中国今天不宜建造超大对撞机》一文。中国、美国、欧洲和世界各地的学者都热烈地号召在中国兴建全球最大、力量最强的粒子对撞机，它会是在瑞士日内瓦的大型强子对撞机的后继者。我推动其事，全因这计划无论对中国和对物理都有利，亦有助于提升国际关系，甚至对数学也有好处。基本物理上的突破往往给数学家带来许多新的想法，反过来数学也促进物理的发展，两者是相辅相成的。

这些努力从最细小，也是最基本的水平上去了解宇宙。但杨先生反对，认为这是“金钱上的无底深潭”，要求取消王贻芳原本定在2016年11月举行的演讲会。王是中科院高能物理研究所所长，也是这次对撞机项目的领军人物。一个月后，王在北大公开做了一次关于对撞机当前的研究和发展的报告，听众真还不少呢。

我不怀疑杨先生是一番好意，真心促进物理的发展。但老一辈学者应不应该对年轻学者的研究加上这么沉重的压力，值得我们深思。这现象来自千百年来的传统，中国人“敬老”的概念可追溯至两千五百年前的孔夫子，并由《孝经》一书确定下来。扬名声、显父母、敬老、慎终追远等皆被视为义务和美德。这些中国文化中根深蒂固的概念，我也赞同，而且为人处世，也一直依从父母的教诲，相信他们泉下有知，也会颔首。

可是，对于学术研究，情况则不然。在美国的学术界，绝大部分年纪老迈的学者都不再企图去影响年轻人的学术方向，但在国内，“愈老愈强”似乎是正道。

杨先生是一流的科学家，在他的本行具领导地位。除了在物理学上做出贡献外，1957年他和李政道获得诺贝尔奖，提升了中国人的自信，说明就算远远落后于美国、欧洲、日本，中国人仍然能够做出世界级的成就，功勋不可磨灭。近年来，年轻学者也进步巨大，让他们有机会赶上来，留下自己的印记，也是大势所趋。

我对陈先生极为尊敬，他是公认的数学大师，对几何学做出了伟大的贡献。他提升了芝加哥和伯克利数学系的地位，又创立了MSRI，扶持了不少年轻学者包括在下的事业，我铭感于心。到了1970年代的后期，即他助我到伯克利的十年之后，我终究走上了自己的路。

如今，我花大量时间，在中国办了六个数学中心，积极投身于那里的数学和科学活动，正是因为我相信青年人。无可避免地、自然而然地，在数学和科学的园地中，都会出现年轻的领导者。他们将新思维带进各个领域，渐渐地加强影响，整个学术界都会焕然一新。

我正在尝试在这方面宣传一下，在我办的数学中心，做法和其他中心不同，我采取一种任人唯贤的方法。如果资源得到保证，便可以持续地干下去，所以要努力不懈地向私人筹募经费。这些中心以年轻的数学人才为主，年轻得还不会打当院士的主意。我要他们以出色的研究成果为回报，和名利或其他动机无关。

即如在清华大学的中心，大批有才能的研究人员正在从事高质量的研究。只要有足够数量的人怀着共同的抱负工作，我们或许能够在中国建立一个根据地，使其他数学和科学研究所有例可援。但这需要不懈的奋斗，每当清华数学中心的青年学者有所建树而尝试宣传一下时，某些大学数学研究所的一些领导，就会想办法出来打压一下这些努力得到的成果。

虽然任何时候都有把金钱和权力放置在首位的人，但我亦感到有愈来愈多的年轻研究人员把学术成就视为最重要的目的。怀着这种抱负的人多起来，中国的数学便有前途了。

除了聚焦在大学本科生、博士后、年资尚浅的教授外，2008年，在陈东升先生领导的泰康人寿保险公司的资助下，我还办起了中学数学奖，俾使中学生也可以浅尝做研究的滋味。这项计划本于美国的英特尔科学奖，它最初由威斯汀公司赞助，后来由英特尔和再生元制药支持。它不像国际数学奥林匹克竞赛那样，每年由学生比赛解题，而是鼓励创造性和合作性。学生可自由选择参赛的题目，然后花时间、精神和创造力去解决它。

中国刻板式的教育制度，学生多年来一直死记硬背，被动地接受老师的灌输，这类竞赛是我抗衡这种制度的一招。要知道真正的研究，并不是把老师给的习题解出来便算完成，而是至少在你研究的具体项目之中超越老师。

鼓励独立思考，并给予适当的空间，中国学生可以更具创造性，一如美国学生般，这是毫无疑问的，这些竞赛的目的便在此。得奖的准则基于创造性，以及对题目熟悉的程度。

2013年，中学物理奖开始了。2016年，生物和化学的科学奖也开始了。著名的科学家如物理学家尼玛·阿卡尼-哈米德（Nima Arkani-Hamed）、布莱恩·格林、戴维·格罗斯（诺奖得主），以及数学家约翰·科茨、陶哲轩（菲尔兹奖得主）等都来过中国当评委。

一般而言，每年都有由来自三百所中学的两千多名学生，组成八百五十队参加比赛。2015年，二十四位数学比赛的得奖者中，三分之一被海外的著名学府录取了。不久以前，我还不肯定这些学生学成后会不会回国，但情况开始改变了。感谢国家经济的迅猛发展，过去三十年，每年的经济都维持了高增长率，因此薪金也愈来愈有竞争力。我的数学中心要聘请高明也愈来愈容易了，相信这全国性的趋势还会持续下去。

虽然中国的高等教育存在种种问题，但在某些方面则比美国优胜。近数十年，美国在阿富汗和伊拉克战争中的军费花了上亿兆，经济上大量流失。在这期间，投放在科学和数学上的研究发展资金都枯竭了。但另一方面，中国则没有惹上这些漫长而又花费巨大的军事行动，因而可以投放更多的资源于内政，如打造基础设施、提高生活水平和增加科研资助等。虽然美国的大学还是大为领先，但双方都有值得取长补短之处。

我则兼取两者之长，交替以东方和西方的观点处理事务。中国文化对我的影响至深，对中国文学和历史的兴趣也随年岁的增长而转强；悲喜之际，闲暇之时，不免写些旧体诗词来抒发情怀。

生活上离不开的这些传统习惯和嗜好，使我和美国的同事很不相同。但毕竟在美国生活了差不多五十年，我和中国的同事也不相同。中国文化的精粹继承自父母，父亲教我儒家之道，还有他的伦理观。友云和我也将部分思想和价值传给了儿子。喜见他们长大后心地善良而事业有成，也成家立业了。

“敬老”推得过了头，会对后生一辈造成不必要的障碍，但它确也有正面的影响。中国的小孩从小就学会忠于家庭和朋友。老年人一般都较受社会包容，不会不瞅不睬，因此能安享晚年。西方则不然，老年人往往独自生活。在不太远的将来，当自己进入所谓黄金的岁月，我也期望由此得到慰藉。

根据个人经验，中国人注重历史，这有好有坏。清朝的时候，大概是从1600—1900年，学者很少研究数学，反而把精力专注于数学史上。研究数学史当然很有价值，你可以知道前人（对我来说，如高斯、黎曼等几何学家）的工作，这是十分有用的。很多美国人不喜欢回头看，有时花了很长时间在某个问题上，当我告诉他们问题是从何处和从何人来的，他们会觉得很惊讶。

“天人合一”的概念也是传统中国思想中可取的观点。我们视己身为大自然的一部分，是以征服自然不是我们要做的事。美国人不会采纳这样的观点，他们研究大自然，目的在于控制它。现今社会上，相信“天人合一”的人在中国也不多了，但至少这是文化上悠久的传统。把这两种不同的观点糅合起来就最理想了。一方面我们锐意了解自然，这本来就是有价值的事；另一方面则与它和谐共处，并生和齐一，即是成为“道”的一部分。

我常常觉得奇怪，为何中国培养的科学家和西方相比，无论质和量皆不如。本人之所以比大部分中国数学家更有成就，或许乃得益于以先父教导的历史和思想为根基，再加上在美国多年，承袭了彼邦的自由思想之故。

在过去差不多半个世纪中，美国对我不薄，我对美国感激良多，对美国数学界尤其如此。我非常赞赏它大力培养后进的传统。再者，全世界的研究人才来到美国，都有宾至如归之感。因此之故，我有幸能接触到各种各样的思想，从而大大地丰富了我对数学的看法。还有一点，那就是在美国我可以畅所欲言，在中国则不然，大家出言都会谨慎些。另外，学生和同行对我蹩脚的口音都非常宽容。最后，在美国令人赞赏的一点就是，只要你的工作出色，升迁差不多是没有悬念的。但在中国就不同了，个人工作上的成绩未必足够，还要看其他条件。

虽然如此，我仍然心系祖国，决心改变她在教育和研究上的积习。聊堪告慰的是，尤其是近几年，情况渐渐出现了变化，其中在下或许也有点功劳。

经过这么多年，我的身心何在？纵使我对中国怀着深厚的感情和强烈的使命感，事实上，我大部分时间却居住在美国。虽然对美国的情感没那么深厚，但那是孩子出生和成长的地方，而且我的家和工作还在那里。正如前面说过，这令我有不知何处是吾家的奇怪感觉，我真正的家似乎介于两者之间（在太平洋中部曲折地经过的国际日期变更线)。说到底,只有一样事物能不受这两个国家和不同文化的支配,它就是数学,它早已变成我真正的护照了。

我在数学的长路上走了很久,从伯克利当研究生起计,差不多有五十年了。然而,我尚未有高挂直尺和圆规的打算。一些已经开始了的题目会继续探究下去,同时还有些尚未着手,但列在“可研究”的项目中有待探索呢。

另一方面,我也不想赖着不走,到老来发表一些不及格的证明,令同事和朋友尴尬。当再无法做研究时,我会专注教学。至今我培养了七十个博士,还有几个在攻读中。汉密尔顿曾说我已“组织了一批俊才……让他们攻克难题”。希望他说的对吧。无论如何,值得告慰的是,他们已完成的和将要完成的,肯定比我个人能完成的多得多。到了再不能教书的时候,我只能退下来,但愿到时是心甘情愿,不会变成我一直与之争斗的老顽固吧。

经过早年的折腾,我还能踏上数学这条路,实在很感恩。到了今天,数学依然令我内心激动,好像一条奔腾的河流。我曾有幸在河上航行,乘时清理支流上的一两件障碍,从而使水流到以前未到的地方。我会再继续探索一会,然后站在河岸,退后一点,观赏风光,或为别人打气。

至少对我来说,这是多姿多彩的旅程。这个从汕头来的穷孩子,一头扎进了对自然奥秘的探求,又有幸在其中有所收获。这是他的传记,希望你觉得有趣。

附录

研求之乐

我年少时，并不喜欢读书，在元朗的平原、沙田的山海之间嬉戏游玩，与同伴在一起，乐而忘返，甚至逃学半年之久，真可谓徜徉于山水之间，放浪形骸之外。在这期间，唯一的负担是父亲要求我读书练字，背诵古文诗词，读近代的文选及西方的作品。当时我喜爱的并不是这些书籍，而是武侠小说，从梁羽生到金庸的作品都看了一遍。由于这些小说过于昂贵，只能从邻居借来，得之不易，借到手后，欣喜若狂。父亲认为这些作品的文字不够雅驯，不许我看，所以我只得躲在洗手间偷偷阅读。除了武侠小说，还有《薛仁贵征东》《薛仁贵征西》《七侠五义》和一些“禁书”，都是偷偷地看，至于名著如《水浒传》《三国演义》《红楼梦》等则是父亲认为值得看的好书，可以公开阅读。他要求我看的同时，还要将其中的诗词熟记，这可不容易。虽然现在还记得其中一些诗词，例如黛玉葬花诗和诸葛亮祭周瑜的文章，但大部分还是忘记了。

《三国演义》和《水浒传》很快就引起我的兴趣，但是读《红楼梦》时仅看完前几回，就没法继续下去。一直到父亲去世后，才将这本书仔细地读了一遍，也开始背诵其中的诗词。由于父亲早逝，家道中落，与书中的情节产生共鸣，从而欣赏和感受到曹雪芹深入细致的文笔，丝丝入扣地将不同的人物情景逐步描写出旧社会的一个大悲剧。四十多年来，我一有空就会看看这部伟大的著作，想象作者的胸怀和澎湃的感情，也常常想象在数学中如果能够创作同样的杰作，是如何伟大的事情。

我个人认为，感情的培养是做大学问最重要的一部分。汪中在《汉上琴台之铭》中有句云："……抚弦动曲，乃移我情。"《琴苑要录》："伯牙学琴于成连，三年而成，至于精神寂寞，情之专一，未能得也……伯牙心悲，延颈四望，但闻海水汩没，山林窅冥，群鸟悲号，仰天长叹曰：'先生将移我情。'"这一段话，我深有感触。立志要做大学问，只不过是一刹那间事，往往感情澎湃，不能自已，就能够将学者带进新的境界。

父亲去世以前，我学习了不少知识，也读了不少好文章。但他的去世，深深地触动了我的感情。我读《红楼梦》，背诵秦汉六朝的古文，读司马迁的传记，《报任安书》、李陵《答苏武书》、陶渊明《归去来兮辞》等文章，这些文章的内容都深深地印记在我的脑海中。文天祥说："风檐展书读，古道照颜色。"足可以描述我当时读书的景况。除了中国文学外，我也读西方的文学，例如歌德的《浮士德》。这部歌剧描述浮士德博士的苦痛，与《红楼梦》相比，一是天才的苦痛，一是凡人的苦痛，描写苦痛的极致，竟可以说得上是壮美的境界，足以影响人的性情。就这样，父亲去世和阅读文学，这大半年感情的波动，使我做学问的兴趣忽然变得极为浓厚，再无反顾。凡人都有悲哀失败的时候，有人发愤图强，有人则放弃理想以终其身。黄仲则诗："结束铅华归少作，屏除丝竹入中年。茫茫来日愁如海，寄语羲和快着鞭。"诗虽感人，思想毕竟颓废，使人觉得乌云蔽天，难怪黄仲则一生潦倒，终无所成。反观太史公司马迁，惨受腐刑，喟然而叹"身毁不用矣"的同时，却完成了传诵千古的《史记》，适可藏诸名山大都。他在自传中说："自周公卒，五百岁而有孔子，孔子卒后，至于今五百岁，有能绍明世，正易传，继春秋，本诗书礼乐之际，意在斯乎，意在斯乎，小子何敢让焉。"太史公的挫败和郁结，反而使他志气更为宏大。几十年来我研究学问，处世为人，屡败屡进，未曾气馁。这种坚持的力量，当可追索到当日感情之突破。我一生从未放弃追寻至真至美，可以用元稹的诗句来描述："曾经沧海难为水，除却巫山不是云。"当遇到困难时，我会想起韩愈的文章："苟余行之不迷，虽颠沛其何伤。"我也喜欢用《左传》中的两句来勉励自己："左轮朱殷，岂敢言病。"此句出自《左传》晋齐鞍之战："郤克伤于矢，流血及屦，未绝鼓音，曰：'余病矣。'张侯曰：'自始合，而矢贯余手及肘，左轮朱殷，岂敢言病。吾子忍之……师之耳目，在吾旗鼓，进退从之，此车一人殿之，可以集事，若之何其以败君之大事也。'"

做研究生时，我有一个想法，微分几何毕竟是涉及分析（即用微积分为工具）和几何的一门学问，几何学家应该从分析着手研究几何。况且微分方程的研究已经相当成熟，这个研究方向大有可为。虽然一般几何学家视微分方程为畏途，我决定要将这两个重要理论结合，让几何和分析都表现出它们内在的美。在伯克利的第一年我跟随莫里教授学习偏微分方程，当时并不知道他是这个学科的创始者之一。从他那里我掌握了椭圆形微分方程的基本技巧，研究院的第二年我才开始跟随导师陈省身先生学习复几何。毕业后，在我的学生和朋友孙理察、西蒙、郑绍远、乌伦贝克、汉密尔顿、陶布斯、唐纳森、李伟光等人的推波助澜下，逐渐将几何分析发展成一个重要的学科，解决了很多重要的问题。

这是一种奇妙的经验，每一个环节都要花上很多细致的推敲，然后才能够将整个画面构造出来，正如曹雪芹写作《红楼梦》一样："字字看来皆是血，十年辛苦不寻常。"尼采也说："一切文学，余爱以血书者。"我和众多朋友开拓的几何分析，也差不多花了十年才成功奠基，虽不敢说是"以血书成"，但每一次的研究都很花费工夫，甚至废寝忘食，失败再尝试，尝试再失败，经过不断的失败，最后才成就一幅美丽的图画。

简洁有力的定理使人喜悦，就如读《诗经》和《论语》一样，言短而意深。有些定理，孤芳自赏。有些定理却能引起一连串的突破，使我们对数学有更深入的认识。每一个数学家都有自己的品位和看法，我本人则比较喜欢后一类数学。当定理证明后，我们会觉得整个奋斗的过程都是有意思的，正如智者持竿，往往大鱼上钩后，又将之放生，钓鱼的目的就是享受与鱼比试的乐趣，并不在乎收获。从数学的历史看，只有有深度的理论才能够保存下来。千百年来，定理层出不穷，真正名留后世的却是凤毛麟角，这是因为有新意的文章实在不多，有时即使有新意，但是深度不够，也很难传世。当年我看武侠小说，很是兴奋，也很享受，但是很快就忘记了。在阅读有深度的文学作品时，却有不同的感觉。有些武侠小说虽然很有创意，但结构不够严谨，有很多不合理的元素，与现实相差太远，最终不能沁人心脾。

我们几个朋友在研究和奋斗过程中，始终不搞太抽象的数学，总愿意保留大自然的真和美。王国维评《古诗十九首》“昔为倡家女，今为荡子妇。荡子行不归，空床难独守”，“何不策高足，先据要路津。无为守贫贱，坎坷长苦辛”，以为其言淫鄙，但从美学的观点，则不失其真。数学创作也如写小说，总不能远离实际。《红楼梦》能够扣人心弦，乃是因为这部悲剧描述出家族的腐败、社会的不平、青春的无奈，是一个普罗众生的问题。好的数学也应当能接触到大自然中芸芸现象才能够深入，才能够传世。今日有些名教授，著作等身，汗牛充栋，然而内容往往脱离现实，一生所作，不见得能比得上一些内容与实际有关的小品文，数十载后读之，犹可回味。我自己做研究，有时也会玄思无际，下笔滔滔，过了几个月后才知空谈无益，不如学也。在这时，总会想起张先的词句：“沉恨细思，不如桃杏，犹解嫁东风。”

我的研究工作，深受物理学和工程学的影响，这些科学给数学提供了很重要的素材，广义相对论就是一个重要例子。1973年在斯坦福大学参加一个国际会议时，我对某个广义相对论的大问题产生兴趣，它跟几何曲率和广义相对论质量的基本观念有关。我锲而不舍地钻研，终于在1978年和学生孙理察一同解决了这个重要的问题。我之所以钟爱这些与相对论有关的几何问题，也许是受到王国维词论的影响，数学家的工作不应该远离大自然的真和美。

直到现在我还在考虑质量的问题，它有极为深入的几何意义，没有物理上的看法，很难想象单靠几何的架构，就能够获得深入的结果，广义相对论中的质量与黑洞理论都有很美的几何意义。

其实西方文艺复兴的一个重要反思就是复古，重新接受希腊文化真与美不可割裂的观点。中国古代文学的美和感情是极为充沛的，先秦两汉的思想和科技与西方差可比拟。清代以还，美术文学不发达，科学亦无从发展。读书则以考证为主，少谈书中内容，不逮先秦两汉唐宋作者的热情澎湃。若今人能够回复古人的境界，在科学上创新当非难事。

除了看《红楼梦》，我也喜欢看《史记》《汉书》。这些史书不但发人深省，文笔通畅，甚至启发我做学问的方向。史家写实，气势磅礴，荡气回肠，使人感动。历史的事实教导我们在重要的时刻如何做决断。做学问的道路往往是五花八门的，走什么方向会影响学者的一生。复杂而现实的历史和做学问有很多类似的地方，历史人物做的正确决断，往往能够为学者选择问题提供一个良好的指南针。王国维说做学问的第一境界是“昨夜西风凋碧树，独上高楼，望尽天涯路”。做好的工作，总要放弃一些次要的工作，如何登高望远，做出这些决断，大致建基于学者的经验和师友的交流。然而对我而言，历史的教训是很有帮助的。我刚毕业时，蒙几何学家西蒙邀请到纽约石溪做助理教授。当时石溪聚集了一群年轻而极负声望的几何学家，在度量几何这个领域中可说是世界级重镇。我在那里学了不少东西。一年后又蒙奥塞曼教授邀请到斯坦福大学访问，接着斯坦福大学聘请我留下来。但是当时斯坦福大学基本没有几何学方向的教授，当下我要做一取舍。这时我记起《史记》叙述汉高祖的事迹，刘邦去蜀，与项羽争霸，屡败屡战，犹驻军中原，无意返蜀，竟然成就了汉家四百多年的天下。对我来说，度量几何的局面太小，而斯坦福大学能够提供的数学前景则宏大得多，所以决定还是留在斯坦福做教授，与孙理察、西蒙合作。现在想来，这是一个正确的决定。

如上所言，我的想法和一般同学的想法不大一样，也不见得是其他一流数学家的想法。但是有一点是所有学者都有的共同点：努力学习，继承前人努力得来的成果，不断地向前摸索。

我年少时受到父亲的鼓励，对求取知识有浓烈的兴趣，对大自然的现象和规律都很好奇，想去了解，也希望能够做一些有价值的工作，传诸后世。我很喜爱以下两则古文：孔子“君子疾没世而名不称焉”；曹丕《典论·论文》“盖文章，经国之大业，不朽之盛事……是以古之作者，寄身于翰墨，见意于篇籍，不假良史之辞，不托飞驰之势，而声名自传于后”。立志当然是一个好的开始，但是如何做好学问是一个重要的问题，我有幸得到好的数学老师指导。当我学习平面几何时，我才知道数学的美，也对公理逻辑的威力叹为观止。对几何既有兴趣，做习题时都很成功，也从解题的过程中产生了浓厚的好奇心，我开始寻找新的题目，探讨自己能够想象的平面几何现象，每天早上坐火车上学时我都在思考，这种练习对我以后的研究有很大的帮助。中学时的训练对同学有很大的好处，培正中学出了不少数学名家。我们中学的老师在代数和数论方面的涉猎比较少，培正的同学在这方面的成就也相对地比较弱，由此可以看到中学教育的重要性。屈原说："纷吾既有此内美兮，又重之以修能。"文章的格调和对学术的影响力与"内美"有关，可以从诗词、礼、乐、古文、大自然的环境中培养吸收。但修能需要浸淫于书本，从听课和与师友的交流中，可以发现哪些研究方向最为合适。找到理想的方向后，就需要勇往直前。

当然，还要寻找好的问题。西方哲人亚里士多德在名著《形而上学》中说："人类开始思考直接触目不可思议的东西而或惊异……而抱着疑惑，所以由惊异进于疑惑，始发现问题。"惊异有点像惊艳，但这种惊异一方面需要多阅历，一方面需要感情充沛，才能够产生。空间曲率的概念对我具有极大的吸引力，我从广义相对论中知道所谓里奇曲率的重要性。通过爱因斯坦方程，它描述物质的分布，这个方程的简洁和美丽使我惊叹，我认为了解里奇曲率是了解宏观几何最重要的一环，但几何茫茫，无从着手。有一天我很高兴地发现卡拉比在1954年时有一篇文章，叙述在复几何的领域中，里奇曲率有一个漂亮的命题，但他没有办法证明这个命题。当时我很兴奋，但也觉得它不大可能是对的，因为这个命题实在太美妙了。所有年轻的朋友都是这么说，甚至我的导师也是这么说。陈先生甚至认为这个研究方向的意义不大，我却固执地认为对卡拉比猜想总要找出一个水落石出的答案。直到有一天，经过大量的尝试后，我才发觉从前走的方向是完全错误的，于是反过来试图证明这个猜想。但要证明它，需要有基本的分析能力，我和郑绍远花了不少工夫去建立跟这个问题有关的估计，终于我在1976年完成了这个重要猜想的证明。这个猜想在1976年全部完成，我同时应用它解决了代数几何里的好几个基本问题。毫无疑问的，这是一个漂亮的定理，也打开了几何分析的一扇大门。当时我刚结婚，正在享受人生美好的时刻，独个儿欣赏这个刚完成的定理的真实和美丽，自身有如融入大自然里面，当时的心境可以用下面两句来描述："落花人独立，微雨燕双飞。"由这个定理引起的学问，除了几何分析上的蒙日-安培方程外，在代数几何上独树一帜，以后在弦理论中成为一个重要的宇宙模型。在解决卡拉比猜想的同时，有一天我碰到从前在伯克利的同学米克斯。他是一个嬉皮士，两手各搂抱着一个少女，在系里的走廊上高高兴兴地走过来。我觉得此人极有才华，遂建议与他合作研究一个极小流形的古老问题。我们用拓扑学的办法解决了这个问题，反过来又用得到的结果，解决了拓扑学上一些重要的问题，再加上同学瑟斯顿的重要工作，竟然解决了拓扑学上著名的史密斯猜想。1976年可说是我收获极为丰富的一年，那年刚结婚，刚搬到洛杉矶，生活未算安定。由此可知，做学问不一定需要最安定的环境。

在代数几何上得到一定成果后，我接触到很多代数几何学家，也开始了解这个学科的走向。卡拉比猜想是关于度量的猜测，我开始比较度量几何和复纤维丛上的度量问题，我猜想纤维丛也有类似于卡拉比猜想中的度量，它和纤维束的稳定性有关，乌伦贝克和我花了很长一段时间才将这个问题全部解决。(在这期间英国的唐纳森用不同的方法解决了二维的情形。)在完成这个问题后，我建议威滕考虑这个定理的物理意义。他当时认为这个定理的物理意义不大，但一年后他改变了想法，写了一篇文章解释它在弦理论上的作用，这个结果至今仍在弦理论上占据着很重要的位置。这篇文章花了乌伦贝克和我很长的时间，可说是经过极为艰苦的奋斗才完成的。乌伦贝克来普林斯顿访问我时，为了寻找这个问题的解法，竟然关在房间里三天之久。我和乌伦贝克的工作以后被推广，尤其是希钦引进希格斯场以后，成为代数几何和算术几何中强有力的工具。

卡拉比猜想的一个重要结论是，代数空间具有很强的拓扑限制，如宫冈-丘不等式之类，从而有代数流形的刚性结果。我应用这个结果解决了古老的塞维里猜想。在这个基础上，我猜测某些代数空间有更一般的刚性结果，并提出用调和映射的方法来解决它。其实在更早的时候，我和孙理察已经在调和映射上做了不少工作，例如群作用的问题。当我向萧荫堂先生提出我的猜想和解决办法时，他起初并不相信这个方法可行，但是他还是循着这个路径去解决了我猜想的一部分。以后约斯特和我，以及萧荫堂和他的合作者更成功地将调和映射应用到一些更经典的刚性问题上去。

1984年弦理论在理论物理学中广受重视后，我的好几个相关工作受到理论物理学家的关注，物理学家对数学的洞察力也使我惊诧，在我的博士后中，有十多位是物理学博士，我从他们那里学习物理。最令我惊讶的一次是，其中一位博士后布莱恩·格林跑到我的办公室，向我解释他最新的发现，就是在卡拉比-丘空间中，存在所谓镜像对称的观点，这个发现对代数几何有极大的冲击。由它导出的一条漂亮的公式，从全新的角度解释了代数几何里百年来不解的现象，但物理学家没有办法给出一个证明。六年后在众多数学家努力的基础上，刘克峰、连文豪和我终于找到一个满意的证明。但是我觉得对镜像对称这个现象还没有最深入的了解。两年后，斯特鲁明格、扎斯诺和我终于找到这个对称的几何解释，引起了一连串重要的突破。可是，镜像对称在数学上到现在还没有严格的证明。扎斯诺是跟随我的博士后，他以后成为西北大学的教授。当时我和他还做了一个重要的工作，从弦学上“膜”的观点，我们找到一个所谓丘-扎斯诺公式。这个公式可以用来计算K3曲面上的有理曲线的个数。公式由数论中的某些著名的函数给出，这是数论函数出现在计算曲线数目的第一次，以后很多代数几何学家继续这个研究，将这个公式推广到更一般的情形。

与物理学家合作是愉快的经验，可以有跳跃性的进展，而又不停地去反思，希望能够从数学上解释这些现象，在这个过程中往往扩展了数学的前沿。

过去二十多年，我也花了一些工夫去做应用数学的工作，一方面和金芳蓉在图论上合作，一方面和弟弟成栋研究控制理论，近年来更和顾险峰等合作做图像处理的研究。这些工作都和我从前研究的几何分析有关，尤其是我和李伟光研究的特征函数的问题，起源于当年我在斯坦福研究调和函数的梯度估计。我还记得傍晚时我躲在办公室里，试验用不同的函数来算这些估值，舍不得去看斯坦福校园落日的景色。

斯坦福的校园确是漂亮，黄昏时在大教堂的广场，在长长的回廊上散步，看着落日熔金、芳草连天的景色，心情特别舒畅。我早年的工作都在这里孕育而成，除了卡拉比猜想外，还有正质量猜想的证明。1979年的夏天，我和孙理察住在他女朋友在洛斯阿尔托斯的家里。白天我们将这个猜想的证明逐步写出来，到了晚上十时多才回家，去游泳池游泳。在这段日子里，我们也将正纯量曲率空间的理论完成。

做科研虽要付出代价，但其乐无穷。先父的心愿是："寻孔颜乐处，拓万古心胸。"我只知自得其乐，找寻心目中宇宙的奥秘。陶公云："衣沾不足惜，但使愿无违。"可谓深得我心。

2009年12月于湖南长沙演讲

在清华大学2020届数学科学系毕业典礼上的讲话

各位同学：

今天很高兴，恭喜你们毕业。这是你们人生的里程碑之一，也是一些同学的数学生涯的开始，希望你们都能取得辉煌的成绩。

1927年，清华大学创设数学系，培养了陈省身、华罗庚、许宝騄等一代大师，创造了辉煌的历史。九十多年后，尤其是现在这个时刻，是关键的转折点。

当今疫情席卷全球，世界上的主要国家都受到严重的挫折，经济、人口流动等社会的多个方面都在改变。美国是最先进的国家，亦不能幸免于难。其中最富裕的高校——哈佛大学，拥有450亿美元的基金，但现在大部分经费都不能启动，且至今已有数亿美元的损失，预计到明年损失将高达7.5亿美元，这意味着哈佛要冻结大部分长期教职的聘任，而其他的美国学校也遇到了同样或更大的困难。不少大学管理者预期，今年秋天以后，很多大学可能会因承受不起经济方面的打击而关闭，这将撼动全世界的教育和研究系统。

中国人可以从字面上将“危机”理解为：有危险就有机遇。在目前的形势下，中国经济也会受挫，高校亦会遇到经济困难，但中国的体制与欧美诸国不一样。从前美国的优势在于私立学校的独立办学，但在遇到困难的时候，他们就各自为政，不会帮助对方，而中国的体制能确保国内主要的大学协同发展，共同培养人才。

今日的毕业生要面对的第一个现实是：华裔学者在美国高校生存的环境将比从前差很多。因为美国的高校除了经济困难以外，现在还遇到种族平等的问题。对于今年毕业的学生，若要到国外去留学，我赞成，但请你们不要忽视上述的现实。假如你们要去的是第一流的学校，像哈佛大学、麻省理工学院、普林斯顿大学、斯坦福大学等，我觉得还是很值得去的，因为那里有很好的老师和环境；但如果是去国外的普通高校，相比之下，清华大学的水准和氛围其实要好得多。这十多年来，我们的努力是很有成果的。清华大学数学科学系、数学科学中心聘请和培养了一大批杰出的数学家，尤其是年轻学者，他们完成的论文都是世界第一流的，而且我们的学风能够比得上世界顶尖的大学（包括哈佛在内）。因此，你们在清华做研究不会比在国外差。虽然我刚才鼓励你们去世界顶尖的大学，但去不了并不代表有很大的损失，至少国内也能提供同样的研究氛围。

到其他地方学习是美国名校的传统，比如哈佛，它并不希望本校的本科生留在哈佛念博士，而是鼓励学生去新的环境学习不一样的学问，感受不一样的学术风气，让他们有更宏大的看法和创新的思维，我觉得这一点是很重要的。但对于中国，我们首先要让研究生能够在本土完成第一流的研究。就清华而言，数学科学系或数学科学中心能否跻身世界的顶尖行列，关键在于能不能培养出第一流的研究生。回顾哈佛大学数学系的历史，近代美国数学发展的重要转折点是1915年哈佛的伯克霍夫解决了限制性三体问题（restricted three body problem），这是庞加莱去世后，数学家在动力系统（Dynamical Systems）方面做出的最重要的工作成果。伯克霍夫一辈子没离开过美国，在他以前，美国主要是派留学生到欧洲，虽然他们也做出了不错的成果，但直至伯克霍夫，其研究成果才真正影响了整个美国的数学发展。美国数学家从此有了自信心，不一定要派留学生到国外去也可以完成举世瞩目的工作。伯克霍夫发表了这个工作成果以后，在哈佛培养了一大批世界一流的博士生，如哈斯勒·惠特尼、马斯顿·莫尔斯、查尔斯·莫里等，推动了很多奠基性工作在哈佛创立。能查到的伯克霍夫的学生，及其学生的学生，如今已超过九千人，而在美国真正做研究的数学家不会超过两万人。这表明从伯克霍夫开始，美国数学的学风和基础已形成。我期盼清华也能产生像伯克霍夫那样开风气之先的领航者，希望我们的研究生或者本科生也能够在清华念书期间完成如此重要的论文。

清华的学风其实很开放，同时能创造自己的环境。翻阅清华的历史，我最佩服的是清华四大国学导师之一的王国维，他是留着辫子的遗老，没拿过任何学位，但学问是崭新的，是20世纪融汇中西方学术——尤其是中国与德国的哲学思想——最早且最重要的学者。他改变了中国历史、文学、美学和考古学的研究，奠定了中国20世纪这些学科的走向。我们数学系的陈省身先生也是一代宗师，不过他的重要贡献是在海外完成的。我希望将来引领数学研究走向的最主要工作是在清华完成的，这要靠我们师生的努力。

21世纪应当是中国人扬眉吐气的时代，让我们在20年代，也就是未来这十年，走出一条新的道路，引领世界。我觉得时机已经成熟，不再像以前那样只能去学习外国的学问。学习当然很重要，无论如何一定要学习，假如我们不了解海外的重要工作，就不可能走出新的道路。但我们也要有自信心能够走出自己的路，要在学习中探寻什么是最重要的方向。

19世纪以前，数学跟其他学科不分家，物理和数学往往是在一起的；从20世纪初期到70年代，数学的发展变得相对独立；最近四十年来，数学走了跟之前不大一样的道路，数学学科跟物理、工程等产生了很大的融合，产生了颇多杰出的成果，对数学本身和其他学科都非常重要。在每一次大的转变中，数学都吸收了很多重要的思想，譬如，量子场论的发展让物理、数学物理、代数几何以及拓扑学等产生了很重要的改变，而且这种改变会不断地加深。我们就算不深入研究，也应当了解新的发展动向，至少使自己在听演讲时知道人家在讲什么。

本科与研究生阶段是最有时间去学习的时候，要多花工夫了解和思考，同时最重要的是将基础打扎实。尽管花大量的工夫对每个学生来说都不容易，但绝不可错过最佳的学习时机。每一位从事数学工作的人都有以下类似的经历：博士毕业后到新的数学系工作，假如你是做拓扑学的，系里的同事就会认为你是拓扑学的专家，应该懂得拓扑学的所有知识，而实际上你只是写了一篇拓扑学方面的论文，懂得的其实相当有限，于是你要花精力把拓扑学钻研透，因此就少了很多时间去学其他还没学过的学科。一个人要学的东西实在太多，我亦总觉得自己懂的学问不够。而当你是学生时，不是专家，没有以上的负担，学生的首要任务本来就是学习。

你们在做学生的这段时间，最基本的工具一定要学好。若连最基本的工具都没掌握，根本就谈不上跨学科的研究。我们都知道，第一流的学问往往是不同学科的融合而爆发出来的火花。安德雷·韦依是伟大的数学家，当年他告诉我，一个伟大的数学学者非要精通至少两门不同学科不可。举例来说，在数学上，假如你学拓扑学，你还要懂得几何或分析，这样你才能通过两个不同的工具来完成前人没有想到的工作。刚才我们提到的伯克霍夫的学生马斯顿·莫尔斯，莫尔斯理论的伟大是他将分析和拓扑学联系起来，以后拓扑学好几个主要的方向都是通过莫尔斯理论来完成的。假如莫尔斯对拓扑学或者临界点理论（critical point theory）没有兴趣，他就无法完成此理论。不妨再看看其他20世纪伟大的数学家，我们也会发现他们大部分都是能精通两门以上学科的。当你进入一个学科的研究领域以后，不可能通晓所有东西，但必须将其工具都掌握了，所谓精通就是对工具能运用自如，遇到困难的题目不会惧怕，懂得如何学习和思考。我希望你们能达到这种不畏难题的境界。当然，你也可以请教其他专家，让他们给你建议作参考，这都是可以的，但绝不能畏惧，要尽力去解决。

面对棘手的问题不知所措，不光是学生会遇到的，就连著名的大师也会遇到同样的尴尬。大物理学家泡利，他的不相容原理（exclusion principle）是20世纪物理学最重要的里程碑之一。据说泡利在去世前曾在酒后跟他的朋友讲："我一辈子就是等大问题来了，让我能够去解决它。但有时我看着大问题来了，又看着它离开我，因为我没有办法解决它。"我想泡利讲的是量子电动力学（Quantum Electrodynamics，QED），他当时没有足够的工具解决这个问题，所以他觉得很颓唐。

你们毕业的时候，要尽量学会一些主要的工具，这是以后对付数学、物理、生物或工程上的问题的重要"兵器"，这些问题从自然界产生，既复杂又有趣，要有办法和工具对付它。有很多工具，刚开始以为不重要、不流行，很多人不想去学，这往往是个错误的看法。我记得三十年前，拓扑学做到一定地步以后，大家认为同伦理论（homotopy theory）用处不大，于是就不学了。但最近这几年来，同伦理论变得越来越重要，这是凝聚态物理要用到很多同伦理论的缘故。自然产生的理论总是有其好处，我们不要挑剔。

总的来讲，我希望你们在做学生的时候至少掌握两门不同的工具，以后做学问的时候有两门"板斧"，而且每一门都要精通，才能在真正去解决问题时收放自如。假如我们的学生都能这么做的话，中国的数学将很快转型。我寄望在你们身上，希望你们能够努力。对我来讲，世界上没有天才，要做得好，自己一定要努力。

谢谢诸位！

赠清华大学2020届毕业生

海宁王静安先生乃一代大儒，清华大学国学研究院导师。先生融汇中西，于文、史、哲、美学无不精究，多所创获，遂开一代学术之风气，俟后大学群贤并起，遗泽广被，于斯三世矣。我清华子弟，当踵武前贤，并谨记校训“自强不息，厚德载物”之教诲。即今国家中兴之际，有能通哲学，绍文明，寻科学真谛，导技术先河，并穷究明理，止于至善，引领世界者乎？骊歌高奏，别筵在即，谨以一联为赠：

寻自然乐趣，
拓万古心胸。

诸君其勉之哉！

2020年6月

贺北京雁栖湖应用数学研究院成立

数学家盼望的不是万两黄金，也不是千年霸业，毕竟这些都会成为灰烬。我们追求的是永恒的真理，我们热爱的是理论和方程。它比黄金还要珍贵和真实，因为它是大自然表达自己的唯一方法；它比诗章还要华美动人，因为当真理赤裸裸呈现时，所有颂词都变得渺小；它可以富国强兵，因为它是所有应用科学的泉源；它可以安邦定国，因为它可以规划现代社会的经络。

希望我们数学工作者，怀着赤子之心，一同努力！在国家和北京市的支持下，我们将和清华大学、中国科学院数学与系统科学研究院及其他院校密切合作，不分界域，将北京雁栖湖应用数学研究院打造成21世纪最伟大的数学研究院。

赋诗一首，与各界学人共勉：

愿请长缨

贺北京雁栖湖应用数学研究院成立

遥望长城意自豪，风云激越浪滔滔。
雁鸿东返安湖泊，骐骥西来适枥槽。
家国兴荣一任重，算筹玄妙自功高。
廉颇老矣丹心在，愿请长缨助战鏖。

2020年6月

杭州会议序

共和国五十二年仲夏，会于杭州湖畔。游子西来，贤士东聚。爰彼嘉土，实钟神秀。水挹江淮之富，地纳东南之美。三秋桂岭，十里荷池。钱塘潮涌，山阴道曲。吴越相持，人犹思佳人剑客；宋元迭代，书犹记灯会琼楼。

衣食丰则艺文兴，山河壮则诗歌丽。西湖春暖，群莺乱舞；雁荡秋凉，乌桕经霜。游子思乡，岂不感怀；诗人吟咏，能无寄意？右军、灵运之清发，写有旷世诗词；乐天、子瞻之雅兴，留得长堤风月。雷峰塔畔，志摩低唱；孤山脚下，曼殊长眠。嘉兴造类而创新，金坛堆垒而名世。唯我百年筹业，亦发轫于斯乎！

奈何世易时移，情随事迁。外邦俊彦，已握灵蛇之珠；中土学者，犹有鼓鼙之恨。青苗未壮，大树飘零；动乱已矣，泪痕尚在。灵隐寺中，古佛犹存；上红房空，美人无觅。吴宫花草何处，西陵心盟不复。湛卢去国，骏骨西驰；非河山之不丽，实人事之难谋。

雁翔故域，狐死首丘。虽异地流芳，求骸骨以归故里；登楼怀乡，吟诗文而望江关。文山南困，遂有正气之歌；兰成北迁，乃作悲哀之赋。

嗟夫，昔伍子胥之入吴，意欲倾楚；岳武穆之逐金，心存兴宋。渡江击楫，誓言复济；登车揽辔，志在澄清。江东子弟，奚不竭诚求新，比效前贤。陶朱利尽五湖，殁身而逝；尼父厄于陈蔡，道传千载。夫子既耻没世无闻，学子岂宜妄自菲薄，畏颠沛而自伤也。

方今中兴之势已成，四化之需尤切。数学上达天文物理，下通人事百工。天人之际，立功之时。不朽之业，其在斯乎。

其本天地立心，无问东西，沟通学术。为四化立功，有德河山，以荣家国。诸君其勉之哉。

其辞曰：

访帝禹之旧壤兮，诵二谢之诗章。被江汉之清风兮，传斯文于芬芳。惟日月之逾迈兮，惧真理之未张。路漫漫其修远兮，信探索之无疆。将展翅以翱翔兮，乐多士之共襄。既承恩于先哲兮，启大道于未央。

2001年

中华赋*

一九九七年夏，余举家遨游河西走廊。是时也，两儿尚幼，草原嬉戏，驼载马骑。暮宿于敦煌张掖，看山窟壁画，卧佛雕刻，戈壁黄沙，海市蜃楼。晨则坐厢车，奔驰于嘉峪兰州间，登雄关，泛黄河，访古塔，阅四库，意甚欢畅。如今儿辈俱已长大有成，犹忆当年，乐何如之。

二十年后，余夫妇旧地重游，蒙张丽及张福谦等友人慷慨资助，一众欧美友人、瑞图夫妇、向洋夫妇、怀东夫妇、李思夫妇、于品夫妇、宋伟夫妇、成栋、李骏、理真、张俊等七十贤俊，结队成行，登山望远，忆古思源，一一印证我等书本上之所见所闻，故友言欢，聚首一车之内，意气伟然，信可乐也。

余等纵游河西走廊之山岩洞窟，但见壁画辉煌，佛像林立。敦煌莫高，安西榆林，积石炳灵，天水麦积，千年西域古迹也，始建于前秦后秦，迄于宋元，诚东西文化交流之结晶，人类之瑰宝也。

复览大地遗址，至于秦安龙城，天水成纪。导游云此七千年前之古迹也，两皇女娲伏羲之故地乎。

---

* 繁体中文版载于《数理人文》杂志第18期（2020年7月）。

余少年时喜读《史记》《汉书》《三国志》《资治通鉴》等史籍，故纸书墨，所述所评，宛然在目，激情尚在，能不感怀？

玉门故垒，阳关远眺，但见落日黄沙，大漠茫茫，祁连雪积，月牙泉澈，汉筑长城，芦苇叠叠，明立雄关，兵威烈烈。东西商旅，往迹依然，文物古今，家国承传。望璀璨丹霞，心荡神移，见故国旌旗，能不依依。中心感之，遂作此赋。

第一章　序

仲夏日之赤热兮何以解忧？浩浩乎携诸生以傲游，郁郁乎探百代之荣休。纵余目以游观兮叹先贤之可任，览史册之所载兮慕古圣之流芳。出玉门以远眺兮觅汉唐之遗踪，叹黄沙之无尽兮掩千古之恩仇。倚阳关之颓垣兮望远处之高岑，背祁连之积雪兮临弱水之支流。岂日暱千里兮实王化起乎河州，惟月照古今兮东西之故迹长留。

第二章　远古至先秦

史前时代

戈壁遍野兮商旅难筹，平沙无垠兮田陇谁耕？马腾大漠兮驼越沙丘。枯草难牧兮兽铤亡群，大漠茫茫兮骸骨谁收？长路绵绵兮过客频仍。冰封祁连兮水泽沙州，大地湾开兮文化始由，画陶彩绘兮书直藏勾。

传说时代

文化之源

华胥履迹兮陇西成纪，生女女娲兮生男伏羲，天荒地乱兮诸侯无忌。共工治水兮不敌祝融，头触不周兮天塌民怨。炼石补天兮作笙制簧，仰观天象兮俯察大地。始画八卦兮造书代绳，骨甲篆刻兮类物象形。治麻为布兮始着衣裳，结网佃渔兮嫁娶是定。制陶器兮火烧烤，作历法兮定日月。阪泉败阵兮姬羌合流，仓颉造字兮黄帝垂拱。涿鹿鏖战兮大地雾垂，作车指南兮蚩尤窜逃。始筑宫室兮轩辕望远，封禅泰山兮登高寡仇。

成桐按：伏羲女娲，神农轩辕之事，渺不可考。太史公周游天下，问诸父老当年史迹，不敢定其真伪，言不雅驯而已。《史记》记载伏羲女娲，出于秦安成纪，陇水经秦安而入渭河，殆中原民族之发源地乎？历代纬书以伏羲为龙身人首，古之图腾也。大地湾遗址已有文字画图之雏形，或可佐证。然而河图洛书八卦之说，多有附会。至于阪泉、涿鹿两次大战，抑或有之，其可考乎？

夏　朝

尧舜禅让兮天水灌地，努身焦虑兮帝禹疏导。降伏三苗兮地安民静，虽平九土兮西戎已聚。刻铸九鼎兮世袭始建，夷蛮戎狄兮地在要荒。凶悍不仁兮掠我边周，四夷莫守兮军旅无极。不恤民事兮太康失守，后羿善射兮有穷代夏。寒浞行媚兮夺妻烹羿，少康中兴兮婿于有虞。有田一成兮有众一旅，以寡敌众兮重建夏后。笃好鬼神兮孔甲乱国，桀宠妹喜兮内政不修，奴虐百姓兮琼室瑶台。关龙死谏兮悲愤难收，时日曷丧兮与君俱亡。鸣条大战兮诸侯三千，商汤灭夏兮朝代更迭。

按：春秋以还，古圣先贤极道尧舜禅让、帝禹治水、少康中兴、商汤继夏之事。夏遗民于杞，及至春秋，孔子已有“杞不足征”之叹。清华大学设夏商周断代工程，欲探其究竟，唯夏代传说，至今未为信史，诚可惜也。

要之，尧舜之世，中国未得一统。尧舜禹俱为众部落之共主，非禅让不足以服众。

禹治水有功于百姓，立威而诛杀防风氏，及皋陶氏早逝，禹传位于伯益，而实权归其子启。禹死，启杀伯益及有扈氏，夏后始大。中华三千年世袭制度从此立矣。

寒浞杀羿、少康中兴、夏桀荒淫、鸣条大战等事，俱不可考。然而鸣条大战，诸侯竟有三千。可知诸侯俱为小部落，大致不及百人也。有虞氏则为大部落，舜曾为有虞氏之主，少康中兴，至于武王克商，有虞氏皆预其事，周封有虞氏于陈，部落社会进步为封建之过程乎。

信史时代之商朝

夏遗民杞兮北祖匈奴，定都于亳兮氐羌来朝。伊尹为辅兮太甲放桐，三年还政兮百姓以宁。视远惟明兮听德惟聪，太戊承德兮九世其乱。盘庚迁都兮政唯祀戎，诸侯来朝兮殷道复兴。武丁踵德兮始作卜辞，妇好领军兮护我商方。祭天祀祖兮征服不朝，甲骨记事兮信史可征。

按：王国维以安阳出土之甲骨文字考证《史记》殷商十二王世系，商代故事遂成信史。然而伊尹放太甲于桐，未可尽信。妇好之名，未见于古籍，而其墓出土安阳，历代能战女将之首也。殷人尚鬼，国之大事，唯祀与戎。

西周代商

陟彼南岗兮公刘迁豳，太王避狄兮搬居周原。始设社稷兮季历继位，征服鬼方兮大胜狄戎。西伯侍纣兮远囚羑里，武王奋起兮疆土厥张。三分天下兮周居其二，任用姜尚兮迁丰克崇。商征东夷兮周承其敝，六师并驰兮会于孟津。左杖黄钺兮右把白旄，诸侯用命兮牧野克商。血流漂杵兮帝辛自焚，纵马华山兮放牛桃林。示不用兵兮行义天下，周虽旧邦兮其命维新。定都镐京兮周召是命，分封功臣兮屏藩周室。兴周克殷兮太公封齐，五侯九伯兮实得征之。郊祭文王兮封旦于鲁，大启尔宇兮为周室辅。召公佐王兮文武成康，甘棠遗爱兮封燕都蓟。

按：文王得太公于渭水之滨，征服四夷，三分天下有其二，其于商纣，以大事小，孔孟称之。太公佐武王，乘纣王征伐东夷中原空虚之便，克商于牧野。太公在齐，简礼从俗，法立令行。管仲继之，法教并重，君臣上下贵贱俱得从法。百年后，郑国子产铸刑法于鼎器。战国诸侯变法者众，魏国有李悝，赵国有慎到，韩国有申不害，秦国有商鞅，韩公子非则总其成，从此中国历代政治以法为骨矣。

《史记·齐太公世家》曰：“故后世之言兵及周之阴权皆宗太公为本谋。”太公兵法乃中国历代兵法之祖，原书早已失传。春秋末孙武作兵法，殆其流派乎。战国时鬼谷子亦学太公兵法，孙膑、苏秦、张仪等俱出其门下，而道家思想源于兵法，可知道法二家思想皆源于太公也。

太公封于齐；周公制礼作乐，封于鲁；召公安定周室天下，封于燕。此三公者，周朝八百年历史之最大功臣也。齐鲁文化，中华文化之核心乎。

西周文化

平三监兮灭武庚，存亡国兮继绝世。保民立命兮孝祖敬天，定国创业兮制礼作乐。王官采诗兮民风是观，崇德祭祀兮大雅周颂，温柔敦厚兮小雅国风。成康大治兮东都洛阳，辅佐王室兮周公吐哺。授田于民兮明德慎罚，穆王西伐兮犬戎未平，昭王南征兮船渡不返。周室失统兮诸侯专征，封疆不固兮戎狄乘间。招诱安抚兮中国错居，国民暴乱兮厉王出奔。政称共和兮宣王中兴，诸侯不睦兮西戎败绩。三川皆竭兮岐山崩裂，幽王宠姬兮废后去嫡。申侯卖国兮犬戎掳掠，王死骊山兮宜臼东迁。

按：孔子曰：“周监于二代，郁郁乎文哉！吾从周。”周公制礼作乐，孝祖敬天，儒家之所本也。祭祀传宗，存亡继绝乃中华文化特色，溯源于夏商。亲亲而仁民，仁民而爱物，放诸四海而皆准。

周公孔子，德被千秋矣！诗三百篇，多作于周初。诗篇外，后世亦有言文王作易八卦、周公作《周髀算经》者，俱未可尽信。二书源远流长，后人必有所增益也。至于周室封建，分封诸侯，笼络天下，中国得以一统，功莫大焉！

春秋时代

秦晋之好

秦

平王荏弱兮郑庄小霸，互质公子兮周桓被伤。力救周室兮秦襄封伯，大战犬戎兮赏赐岐丰。用百里奚兮蹇叔王佐，计得由余兮遂霸西戎。国小志大兮谋并天下，既平义渠兮复求东进。

按：贾谊《过秦论》谓秦并吞天下之志，始于孝公。其实秦之先世，志已及此。事可溯源于穆公，穆公吞蜀平戎，助重耳返晋，是时也，秦地处西陲，地寡而志大，深思熟虑，历数百载，终成中国统一大业。

晋

成王胞弟兮周封唐虞，昭侯继位兮晋都翼城。曲沃桓叔兮三世伐翼，献公征戎兮骊姬得宠。错立奚齐兮申生自刭，秦助夷吾兮惠公毁诺。晋修秦好兮重耳返国，聚贤有才兮赵魏狐先，平王子带兮晋文始兴。楚成侵宋兮城濮大战，退让三舍兮子玉自裁。

文公称霸兮遂盟践土，郑臣说秦兮穆存二心。因丧伐郑兮军灭于殽，晋控桃崤兮秦阻关中。襄灵续霸兮宣子执政，先却同盟兮赵盾弑君。晋立成公兮楚侵陈郑，车驰卒奔兮楚庄北征。会战于邲兮晋师败绩，吕相绝秦兮厉公胜仗。败楚鄢陵兮宋倡弭兵，晋霸中原兮百五十载。

按：晋占中原之地，承周之旧德，实有一统天下之力。然而内无公族，六卿互争，终至灭亡，此亦人主之戒也。强本弱枝，疆土难张；强枝弱本，则诸侯霸权。

姜 齐

太公封齐兮都于营丘，顺民简政兮期年返国。开山为铜兮煮海为盐，国以大富兮逐霸中原。襄公被弑兮二子出逃，鲍叔佐君兮临淄即位。不记旧恶兮夷吾得用，改制兴邦兮齐国大治。会盟于柯兮还鲁侵地，尊王攘夷兮桓公称霸。深入流沙兮西征大夏，北伐山戎兮赠地燕庄。击宋责楚兮苞茅不贡，一匡天下兮九合诸侯。召陵合盟兮以德绥众，桓德不终兮夷吾先逝。未纳忠言兮任用奸佞，五子争位兮身死不葬。

按：齐桓公重用管仲，九合诸侯，一匡天下。尊王攘夷，为春秋五霸之首。孔子称之，曰："微管仲，吾其披发左衽矣。"然而桓公未纳管仲临终前谏言，任用奸佞小人，致五子争位，身死而蛆出于户，悲夫！

荆楚

荆楚在南兮高阳苗裔，祝融之后兮迁徙丹阳。尊三天兮辨四极，信巫鬼兮重淫祀。托物起兴兮辞颂天地，凤鸟飞腾兮继以日夜。周王南征兮中渡沉舟，穆王西伐兮徐偃叛乱。楚人援周兮根基始壮，立足江汉兮称号蛮夷。周封诸姬兮以控荆汉，迁都于郢兮成王大治。齐桓伐楚兮称盟召陵，庄王承统兮三年自静。任用孙叔兮一鸣惊人，伍举苏从兮贤士济济。饮马黄河兮伐陆浑戎，观兵周疆兮楚子问鼎。会邲大战兮联秦制晋，灭陈复陈兮四方朝楚。围宋九月兮华元为质，崛起天南兮楚其霸矣！

按：周昭王南征不返，管仲以此罪荆楚，事已难考。然而荆楚之兴，始于平王东迁。楚人自称蛮夷，诛灭汉阳诸姬。庄王称霸天下，竟问鼎周室！征诸《楚辞》，楚丰饶之地也，云梦大泽，山川形胜，江汉之间，百姓富饶，而又骁勇善战，自古将帅，多出于其间。《楚辞》骚体，源自屈原。苍凉悲恻，缠绵有致，其文体异于北方之诗歌，为南方文学之祖。项羽、刘邦歌咏，均作楚声，未知楚声何如也。

吴越

泰伯东奔兮吴越附楚，巫臣联吴兮晋争楚霸。教战射御兮寿梦奋起，季札避位兮北观周乐。心诚使晋兮徐州挂剑，西侵荆楚兮阖闾称雄。政由子胥兮军由孙武，柏举之战兮长驱入郢。鞭平王墓兮包胥哭秦，秦师救楚兮昭王得归。阖闾征越兮伤趾而逝，夫差复仇兮大败勾践。吴盟齐晋兮北会黄池，越王侍吴兮忍辱负重。用大夫种兮范蠡为谋，十年教训兮十年生聚。亡吴姑苏兮夫差自刎，越霸东南兮陶朱远遁。飞鸟尽兮良弓藏，狡兔死兮走狗烹。越诛良臣兮图霸天下，北向击齐兮卒亡于楚。

按：春秋之际，吴越始兴，根基未定，即伐楚盟齐，与中原争霸！宜乎早灭于楚也。

鲁 国

周公封鲁兮伯禽治国，奉周礼乐兮郊祭文王。北至泰山兮南达徐淮，东至海疆兮西抵定陶，为周强藩兮定都曲阜。鲁桓弑君兮遂谋侵杞，杀妻求将兮吴起败齐。政在三桓兮叔孙季孟，公室失权兮鲁亡于楚。周礼在鲁兮千载德流，丘明左史兮《春秋》《国语》。为百世师兮仲尼孟子，问道老子兮儒道传世。

按：周公封于鲁，五百年后而圣人出。至今齐鲁士朴而民风淳厚，信乎圣人之教，千载之功也。

战国时代

三家分晋

晋无公族兮六卿分权，灭范中行兮智赵韩魏，智伯索地兮赵襄不辱。水淹晋阳兮韩魏倒戈，三家分晋兮晋留绛曲。

魏

文侯尊师兮子夏田段，乐羊为将兮李悝变法。吴起攻秦兮得地河西，既灭中山兮掠齐败楚。惠王失贤兮商鞅侍秦，孙膑将齐兮败魏马陵。信陵合纵兮含屈而终，水灌大梁兮王贲灭魏。

韩

韩厥始兴兮哀侯灭郑，昭侯变法兮任用不害。内修政教兮外应诸侯，韩兴十载兮终逼于秦。贤臣侍秦兮韩非郑国，困而降秦兮地置颍川。

赵

叔带入晋兮衰侍文公，赵雍整军兮胡服骑射。图霸天下兮径窥秦宫，大破林胡兮击灭中山。兄弟分国兮主父饿死，秦败荆楚兮燕赵侵齐。相如为相兮廉颇为将，惠文用奢兮破秦阏与。既霸关东兮取韩上党，王龁攻赵兮廉颇坚壁。拒听虞卿兮媾和于秦，范雎反间兮赵括为将。长平大战兮白起代龁，坑杀赵卒兮四十万众。齐魏救赵兮颇守邯郸，李牧定边兮破燕攻秦，反间诛将兮王翦灭赵。

按：三家分晋后，韩赵魏未能攻守同盟，终失天下。魏文侯尊文尚武，变法图强，惜乎惠王见孟子而只问利，不任贤能，信陵君郁郁而终，魏遂亡于秦。韩昭侯任用申不害，惟变法未成。而后韩非事秦，郑国治水，韩才秦用，宜乎韩之败于秦也。三家诸侯，以赵武灵王为最盛,胡服骑射,几霸天下,惜乎传位不慎,饿死沙丘。长平之战,赵失其锐。李牧守边,大破林胡,益地千里。秦用反间,赵诛李牧,自招灭亡,信可叹也。

燕

燕哙禅位兮子平不服，齐攻燕地兮杀王子之。昭王继位兮任用郭隗，筑黄金台兮招贤纳士。吊死问孤兮与民共苦，乐毅为卿兮邹衍为辅。厉精图治兮报仇破齐，秦开为将兮却胡千里。惠王即位兮乐毅奔赵，秦吞邯郸兮王贲灭燕。

按:商末,箕子出走燕地,至于朝鲜。燕赵多勇士,乐毅下齐七十城,几灭血食八百年之齐。及其见疑于惠王,去燕事赵,报燕王书云:"忠臣去国,不洁其名。"思之使人凄怆。乐君志洁行廉,后世忠臣去国之典范也。

荆 楚

勾践让淮兮惠王灭杞，拓土泗水兮江淮之北。悼王图治兮吴起变法，未成而逝兮大将伏尸。威王灭越兮南有巴渝，张仪诈楚兮怀王见欺。谗言误主兮屈原放逐，君王拒谏兮客死咸阳，抑郁吟诵兮《离骚》传世。春申为尹兮救赵灭鲁，兰陵聚贤兮孟子荀卿，考性善恶兮著书立言。苏张侈陈兮荀子作赋，宋玉坎坷兮《九辩》《悲秋》，始作对问兮《高唐》《神女》。春申避秦兮迁都寿春，李园弑主兮项燕为将，虽败李信兮王翦灭楚。

按：战国之世，秦欲吞并天下，遂有苏秦、张仪之徒，合纵连横。秦实为主导，齐楚赵则为六国之首领。楚威王奋起，用孙膑，霸诸侯。惜乎怀王荏弱，虽有屈原、春申之贤，楚齐未能同心，终为秦所灭。然而楚之兰陵，齐之稷下，天下聚贤之地也，处士横议，百家争鸣。当是时也，中华文化不逊于雅典文明。

田 齐

欺君惠己兮田氏篡齐，威王奋起兮一飞冲天。任贤选能兮即墨大夫，邹忌为相兮孙膑为将。宣王攻燕兮联楚攻秦，稷下招贤兮处士横议。百家争鸣兮孟轲取义，荀卿仲连兮接子宋钘，始述黄老兮慎到环渊。远交近攻兮秦赂齐臣，合纵渐成兮齐远五国。湣王灭宋兮南侵荆楚，西侵三晋兮图吞二周，乐毅为将兮燕昭攻齐。下城七十兮齐失其锐，田单复齐兮王建降秦。

按：陈完子自陈入齐，改姓田。为齐工正，大斗出而小斗入，以公谋私，竟得民心。八世孙田和遂篡姜齐。田氏得国以奸，然而威王用人唯才，稷下贤士，与楚之兰陵相辉映。惜乎湣王未知量力，齐楚未盟，而穷兵黩武，大败于燕。尔后王建自保，坐而待毙，齐其亡矣。

先 秦

孝 公

孝公求贤兮尊官裂土，卫鞅入秦兮携魏法经。王道迂阔兮公谋霸业，变法以治兮更礼以教。改户籍兮行连坐，明军法兮励军功。

重农桑兮抑商贾，开阡陌兮废井田。制辕田兮行县制，燔诗书兮一度量。塞私门请兮遂公家劳，立杆赏金兮重法劓虔。反齐合纵兮南破强楚，诈公子卬兮商君破魏。收河西地兮复秦旧业，志卷宇内兮孝公早逝。

按：秦孝公有并吞宇内，席卷天下之心，商君说之以王道而不受，遂用李悝《法经》，辅之以连坐，赏罚分明，民勇于公而怯于私。秦国富强，迥异于前矣！商鞅变法，前无古人，后无来者，功至于始皇帝之一统天下。然而商君谋诈公子卬，刻薄寡恩，虽复秦旧业，罪及秦之客卿及惠文公。孝公死，商君亡魏而不得入，卒至五马裂尸，为天下变法寡恩者戒！善始者未必善终，其此之谓乎？

惠文王

惠文称王兮重用客卿，宗室多怨兮车裂商君。用公孙衍兮司马为将，攻魏欺楚兮西取巴蜀。陷楚丹阳兮得地汉中，攻破合纵兮张仪连横。

昭襄王

武王呈力兮扛鼎绝膑，昭襄承位兮母族当权，诱灭义渠兮宣后献身。魏冉为相兮连横齐魏，威振诸侯兮白起为将，料敌合变兮出奇无穷。攻杀无数兮伊阙长平，天下难敌兮赐剑杜邮。应侯说王兮远交近攻，太后忧死兮穰侯放陶。

庄襄王与吕不韦

子楚质赵兮昭王嫡孙，奇货可居兮吕氏筹谋。秦围邯郸兮王子返国，庄襄继位兮不韦为相。游士立说兮合作春秋，悬书咸阳兮一字千金。蒙骜为将兮得地赵魏，信陵合纵兮秦退函谷。

按：商君变法后，国富民悍。秦王西取巴蜀汉中，母后用计，并吞义渠。纵观秦之大成，实始于重用客卿之国策也，及白起坑赵卒四十万，三晋从此不振，秦亦受损，延至始皇帝，方成统一大业。

秦王

幼年继位兮仲父为相，不韦淫后兮嫪毐为乱。弱冠垂拱兮去韦诛嫪，任命李斯兮赐死韩非。刑名治世兮术学荀子，重任客卿兮兵强将勇，内史王翦兮蒙武王贲。郑国渠成兮千里沃野，利诱处士兮连横离间。法纪严明兮十年征战，攻灭海内兮迁虏咸阳。

按：秦王幼年即位，弱冠即逐吕不韦，夺母后权，垂拱专政，大用客卿，承六世之余威，诛灭诸侯，开中国二千年大一统之局面。立法垂典，一文字，修长城，筑驰道，大哉嬴政，大哉秦汉！

中国大一统

秦始皇帝

攘胡走越兮始皇一统，立郡县制兮廷尉李斯。创篆立规兮道传千载，尊始皇帝兮焚书坑儒。勒石记功兮泰山琅邪，小篆颂德兮虬龙飞舞。恬筑长城兮民以安宁，西起临洮兮竟海为关。修建直道兮逶迤远行，北起九原兮南至云阳。大将守边兮孰敢向南？修宫殿兮筑驰道，定度量兮立法则。铸金人兮焚图书，一文字兮定四海。巡视四方兮暴毙沙丘，赵高盗国兮李斯佐恶。扶苏自刎兮胡亥篡位，记仇报恨兮蒙氏丧命，指鹿为马兮李氏族夷。功比周召兮过实亡秦，华亭鹤唳兮忆犬上蔡。郡县初立兮诸侯叛秦，军事中虚兮兵戍南北。筑墓建宫兮民力殆尽，戍卒三百兮陈胜起义。大起囚徒兮秦守咸阳，兵败项刘兮子婴出降。

按：始皇一统天下，中华民族之大事，夫立法纪，一文字，修长城，筑驰道，定度量，与生民有利，德泽千古之事也。而历代史家诟病始皇，盖未知匈奴之强悍，百越之难平，而中国一统之匪易也。至于筑宫室，建坟墓，民力大竭。虽始于始皇，二世实主其事。由此观之，传承之事，可以兴国，可以丧邦。赵高一宦者耳，伪造始皇遗诏，赐剑扶苏、蒙恬，又蒙骗二世，指鹿为马！李斯为秦相，竟与之合污，腰斩咸阳，不亦宜夫。当始皇之际，李斯之功，可比周召，及其眷恋权力，与赵高同谋矫诏，此所谓一失足成千古恨者也。

楚汉相争

大泽起义兮陈涉吴广，揭竿为旗兮鸿鹄为志。众才数百兮疲卒叛秦，张楚忘危兮诸侯蜂起。秦杀义士兮楚起陇亩，项梁首领兮羽为其辅。范增谋策兮奉立义帝，秦击定陶兮章邯败楚。项羽救赵兮阻击宋义，破釜沉舟兮巨鹿大战，诸侯膝行兮秦将降楚。刘邦起沛兮剑斩白蛇，萧何曹参兮周勃樊哙。争战十年兮立汉基业，博浪椎皇兮张良辅汉。高祖谋国兮隐志投楚，先羽入关兮约法三章。灞上抗楚兮鸿门赴宴，项庄舞剑兮志在沛公。分裂天下兮羽封王侯，高祖入蜀兮子房归韩。烧绝栈道兮示楚无忧，将士流失兮萧何追信。登坛拜将兮遂击三秦，明修栈道兮暗渡陈仓。羽杀韩王兮张良复归，楚击田齐兮汉袭彭城。并日急返兮楚骑三万，汉兵溃败兮刘邦亡命。萧何助守兮良平离间，楚失范增兮汉得彭越。信用奇计兮平赵燕齐，鸿沟为界兮汉王悔盟。兵围垓下兮四面楚歌，耻渡乌江兮霸王自刎。

按：秦失其政，诸侯逐鹿，项氏叔侄，承楚国之余荫，起陇亩之中。立怀王而令诸侯。羽以八千子弟渡江，破釜沉舟，大破秦军，诸侯膝行，不敢仰视。“楚虽三户，亡秦必楚”，其此之谓乎。当此之时，羽不行仁义于百姓，自矜功伐，释沛公，封诸侯，疑范增，弃韩信，放逐义帝而自立，号称西楚霸王。羽欲得天下，实乎难矣。然而羽力能扛鼎，善战，将三万骑大破刘邦五十六万大军于彭城，汉王丧胆，弃妻推子，自古以来，未尝有也。

汉王起沛县，萧何、曹参、樊哙、周勃等皆随沛公起事，不离不弃。楚汉相争，汉王屡败屡战，以关中兵源粮饷，不绝于路，萧何之力也。是故汉初大封功臣，萧相国名列第一。高祖起张良、韩信、陈平、彭越于楚营，知人善任，俱立大功。张良谓汉王天授，韩信则称高祖善将将。萧规曹随，汉家四百年天下，垂典中国，岂偶然哉。

第三章 两汉风华

西 汉

高祖平定诸王

关中沃野兮定都长安。异姓封王兮笼络有功，信据楚地兮越封定陶。韩彭菹醢兮帝征英布，宠爱戚后兮欲传如意。子房用计兮商山四皓，羽翼已成兮高祖楚歌，萧樊囚絷兮惠帝始立。

汉初匈奴争战

秦筑陶砖兮往迹难寻，汉留片土兮苇草为墙。匈奴坐大兮秦汉交错，猛将如云兮高祖伐胡。冒顿入北兮围我白登，将帅不敌兮雨雪无饷。士出奇谋兮阏氏纵归，雾浓人静兮矢弩外向。四海一统兮边方未定。“大风起兮云飞扬，安得猛士兮守四方。”刘敬谋国兮汉胡和亲，哀遣公主兮遗之远强。穹庐为室兮奶酪为浆，苦思故土兮心神内伤。夫死妇营兮吕后专政，单于亵嫚兮未敢言羞。治由黄老兮天下晏然，与民生息兮安而复昌。

按：当秦汉之际，匈奴崛起。以始皇之强，蒙恬之勇，率三十万众击胡七百里，然后筑长城守之而已矣。高祖内乱未平，民未脱困，受叛臣韩王信误导，率三十二万众，欲平匈奴，而冒顿单于诱之，四十万骑围高祖于平城。是时也，高祖猛将有夏侯婴、陈豨、周勃、樊哙，谋臣则有刘敬、陈平，然而终被困于白登，七日不食，仅乃得免。刘敬始提和亲，中国得以休养生息，《大风歌》叹守边猛士之难觅，盖谓此也。吕后吞声受辱，三世至于武帝，始报高祖困于平城之耻，汉人忍辱负重，可谓深矣。

惠帝继位，吕后专政

戚后得宠兮几易太子，周昌期期兮叔孙死谏。四皓佐盈兮惠帝即位，萧规曹随兮政由黄老。减民徭役兮除挟书律，仁柔慈孝兮抑郁而终。少帝即位兮吕雉临朝，大封吕氏兮刘恭废黜，雉死族移兮弘复被废。

文景之治

安刘诛吕兮周勃陈平。恭俭遵业兮文景敦化，轻徭薄赋兮黄老治术。上无苛令兮官无烦治，虚怀纳谏兮轻刑慎罚。郡国并行兮分封诸刘，诸侯抗命兮贾谊治安。亚夫领军兮七国得平，集权中央兮郡县始成。匈奴日骄兮袭我甘泉，军屯细柳兮守我边疆。

按：文景之治，与民休息。然后贾谊献计，中央集权，虽有吴楚之乱，民不思变。余观长沙轪侯利苍家族之墓，墓葬于文帝初年，棺椁宏伟而饰彩华丽，可知其时国富民强，足以开汉武之盛世也。

武帝拓边

五世其休兮生民倍增，太仓多粟兮陈陈相因，国富兵强兮遂谋西疆。祖母无为兮黄老是依，罢黜百家兮儒术独尊，选贤与能兮政法惟刚。羞遣公主兮孝武逐北，太后崩殂兮始城朔方。利诱匈奴兮王恢用策，三十万众兮马邑伏军，单于逃逸兮遂断和亲。济济多士兮竟霸河西，雄关似铁兮商旅万方。五十四载兮承秦启后，协音律兮定历数，兴太学兮改正朔，起察举兮选贤能。千古一帝兮人怀厥德。

按：武帝承三代积蓄，外征匈奴，内立儒术。允文允武，千古一帝。用人唯才，宜乎汉帝国留名古今。班固评述：历代用人，于斯为盛。

张骞通西域

断匈奴右臂兮博望月氏之行以求！历艰苦犹持汉节兮岂被掳之可羞。去岁十三兮二人得还，经国卅六兮西域始通。酒泉初置兮复设武威，既破楼兰兮又破车师。得马大宛兮蜀布何由？蒲陶苜蓿兮植之离宫。将军识途兮知虏之可倾，大帝思远兮征伐乎边方。

按：自古艰难为一死，张骞出使大月氏，苏武牧羊北海，九死一生，不辱君命，功谁堪比。博望侯西域十三年，所阅所闻，回报天子，开汉家四百年拓土卫国之机，可谓中国使节第一，玉门关铜像雕塑，立马迎风，不亦宜乎。

贰师降虏

绝世佳人兮延年颂歌，倾国倾城兮殁留帝恩。谋善马兮外戚远攻，士卒物故兮孝武怒遮玉门。涉流沙兮天马归，承灵威兮降外国，破大宛兮广利侯封，汉立张掖兮敦煌始雄。祝诅天子兮忧惧愁慌，虏入五原兮陷我名城。将两万众兮深入要功，军败燕然兮贰师辱降。

按：武帝宠爱李夫人，派李广利出征，欲其封侯也。然而汉法至严，广利欲退而武帝竟遮玉门关，可知武帝用人之一斑。

卫青破虏

出车彭彭兮长平始击匈奴，万骑出塞兮黄沙击我矢弓。风嘶嘶兮马鸣，奇兵出兮虏惊。赵信城崩兮汉胡相搏，利镞穿骨兮杀气凌空。单于遁逃兮右王逆谋，漠南无胡迹兮大将封！

李广难封，苏武南归

龙城将飞兮威振天涯，力敌万骑兮马急胡走。勇冠三军兮矢贯深岩，将军失道兮漠表刭首。木讷少言兮天下涕流。长子复仇兮骠骁射杀，孙字少卿兮气冲斗牛。都尉少壮兮兵出居延，单于临阵兮众寡悬殊，力尽矢穷兮李陵降虏。武帝震怒兮合家被戮，不蒙明察兮史迁腐刑。河梁送别兮苏武南归，老母终堂兮生妻去帷，流离辛苦兮几死朔北。雁飞云边兮陇上烟寒，官典属国兮汉宣记功。

霍去病平定南匈奴

汉设四郡兮断绝南羌，匈奴未灭兮何以家为？骠骑奔逐兮寄身刃锋，势崩雷电兮地动天摇。径绝大幕兮封狼居胥。临翰海兮胡虏移，禅姑衍兮月明中，大将病殁兮茂陵立祠。

按：武帝开拓朔方以后，全力击胡。张骞出使，已得匈奴地理形势，李广、卫青、霍去病出塞数千里，屡擒名王，封狼居胥，南匈奴降汉。治胡之功，自古以来，未尝有也。武帝一洗高祖吞声忍气，中国边疆百姓备受凌辱半世纪之苦，何其壮也。

武帝轮台罪己

日光冷兮矢尽弓藏，月色苦兮孤雁飞高。五分一存兮汉马亡，虽得阴山兮血满沟。轮台罪己兮百姓复农，禁苛止赋兮与民息休，六畜蕃息兮黍稷复盈。日磾辅政兮西风吹襟。

按：秦末汉初，冒顿单于强悍，侵边掠土，而老上单于继之，自高祖至文帝时周亚夫守边，俱无可如何。至武帝征匈奴，乃中国生死存亡之大事。天佑中华，将士用命，南匈奴降汉。然而民力殆尽，武帝伤之，遂有轮台罪己之诏，能伸能屈，中国百姓得以休息。千古以来，帝强而能罪己者，未尝有也。

昭宣中兴

昭帝承嗣兮钩弋之子，孝武托孤兮霍光辅政。匡安国家兮汉家之寄，司农征召兮文学贤良。均输盐铁兮抑制豪强，弱冠察忠兮燕谋难骋。诛桑弘羊兮复灭上官，刘贺继位兮猥琐难堪。太后废帝兮伊尹故事，孝宣得立兮司马忘身。党亲连体兮根遍朝野，立女为后兮如芒在背，死才三载兮宗族诛夷。王霸杂用兮远结乌孙，大败匈奴兮西域都护。麒麟画像兮功臣十一，子孟为首兮孝宣宏德。

按：武帝托孤，霍光辅政，历昭、宣二朝，匡安国家，功比周召。惜乎晚年未尽收敛，阴妻邪谋，立女为后。贤君如宣帝，亦有如芒在背之感。霍光死后家族被诛，不亦宜乎。然而霍光墓留茂陵，又图形麒麟阁，功臣第一，宣帝亦可谓报德矣，可知西汉诸帝之重贤也。

昭君出塞

明妃失意兮汉家楼阁，高山峨峨兮河水泱泱。手挥琵琶兮平沙雁落，中心恻伤兮远度西羌。白日西匿兮关山萧索，羌绝异域兮肠断泪干。饮咽无声兮故乡永隔，胡鼙鼓喧兮胡姬侍安。单于宠爱兮边城未拓，三世无警兮少见干戈。和乐且闲兮穆穆棣棣，胡族汉化兮泽被边疆。

按：昭君出塞，历代伤之。然而明妃出宫，得见天日，远胜于郁郁而终。且汉胡因此和平六十余年，功莫大焉。

昭君本名王嫱，汉元帝之宫女也。元帝柔仁好德，在位十六年。时匈奴分郅支单于及呼韩邪单于两支。郅支为陈汤所灭。王嫱嫁呼韩邪单于，为宁故阏氏。边陲遂无兵革之事，元帝因此改年号曰竟宁。

元帝为宣帝皇后许平君之子，许平君为霍光之妻毒杀，是以宣帝特爱元帝。元帝为太子时，谏宣帝宽法而行仁政，宣帝怒曰："乱我家者，太子也。"以元帝不知汉法为骨，儒学为表也。

太子爱妃司马良娣早逝，从此不见姬妾。宣帝命王皇后觅得王政君为太子妃。王政君为后及太后六十一年，外戚从此专政焉！

元帝又独好儒臣，及宦官石显等逼死萧望之，元帝优柔寡断，亦无可如何。是故司马光曰："孝元之为君，易欺而难悟也。"从此外戚、宦官、儒臣相交替，至王莽而亡。

新莽篡位

汉成淫乱兮王凤用事，谏议不听兮外戚始兴。悉封诸舅兮五侯欺世，王氏四代兮太后长寿。御史谏争兮山崩蜀郡，新莽乱政兮孝元权授。窃位南面兮毒流诸夏，复古改制兮周礼为上。改币禁奴兮均田盐铁，变官县名兮民未得利。河决元城兮泛滥诸郡，堵口无力兮城邑为墟。赤眉起义兮聚师南阳，演秀夹击兮昆阳大败。绿林军陷长安兮王莽授首，光武转战河北兮东汉始兴。

按：今世论史，多有悯王莽者。然而莽复古改制，逆时而行，百姓倒悬，又逢河决元城，灾害诸郡，莽不能治，遂为乱军所杀。

王莽之乱，实始于汉成帝外戚专政。班固著《汉书》，言其姑为班婕妤。婕妤，有汉一代之才女也，《诗品》评五言诗，曰汉都尉后，将百年间，一妇人而已。班固叔伯侍班婕妤帷幄，得知成帝事，成帝善修仪容，博览古今。公卿称职，奏议可述也！然耽于女色，赵氏乱内，外家擅朝。自王凤执国命，哀、平短祚，莽遂篡位矣。

东汉

光武中兴

以寡敌众兮昆阳大捷，将相和睦兮光武中兴。邓禹冯异兮贾复耿弇，儒者气象兮一气所钟。郭氏为后兮河北民悦，铜马毁败兮兵容始盛。大军入蜀兮公孙覆灭，力平隗嚣兮陇右得暇。东都洛阳兮丽华如愿，息肩中土兮克克兢兢。收弓矢兮散马牛，退功臣兮进文吏。

按：光武固是一代英主，君臣和睦，与民休息，开东汉二百年天下，然而创意锐气俱不如武帝。光武少时有志，曰“做官当为执金吾，娶妻当得阴丽华”，与高祖少时见始皇出游曰“大丈夫当如是”，辞气不若远甚！汉末诸葛亮《出师表》评东西汉成败，曰“亲贤臣，远小人，此先汉所以兴隆也。亲小人，远贤臣，此后汉所以倾颓也”。诚哉斯言。然而两汉外戚用事，卒亡其国，“独尊儒术，以孝治天下”之政策使然乎。

秦始皇废封建，行郡县制，盖统一必然之路也。楚汉之际，项羽封六国后裔，卒至众叛亲离。而高祖军败彭城之后，几欲听郦食其之劝，分封六国之后。张良止之，高祖终悟周初分封诸侯之策不可继也。

汉初功臣，异姓封王者八人，卒谋叛逆，终至灭亡者，何哉？韩信、彭越、英布，汉初三大将，叛楚附汉，俱立大功。高祖定天下，封韩信楚王、彭越梁王、英布淮南王。此三王者，兵多地广，势比战国七雄，高祖竟不能制！是故汉谋一统天下，非削藩不可！然而高祖擒韩信，捉彭越，均出于诈。尔后亲征英布，恶其布阵似项羽，高祖虽诛灭英布而亦被箭伤，可知三王之难平也。

高祖平定八王之后，遂有白马之盟：非刘氏称王者，天下共击之！并祝曰：国以永存，施及苗裔！

俟后吕氏称王，后死而天下共击吕氏诸王，盖追高祖之殊遇也。文帝时，淮南及济北王谋逆，贾生献治安策“众建诸侯而少其力”，削诸侯而实中央也。削藩遂生景帝时吴楚七国之乱！武帝时复用主父偃推恩令，诸侯弱而中央集权矣！

后世多有诟病高祖杀韩信、诛彭越之事，其实二王之被诛，早种祸根于垓下之战。

初，高祖背信，弃项王以鸿沟为界之约，三路追羽。韩信、彭越竟不如高祖约，导致高祖一军在固陵大败！

张良遂劝高祖：“楚兵且破，信、越未有分地，其不至固宜，君王能与共天下，今可立致也。即不能，事未可知也。君王能自陈以东傅海，尽与韩信，睢阳以北至谷城，以与彭越，使各自为战，则楚易败也。”

兵者，凶事也。而韩信、彭越乘危而要挟高祖，诚小人哉！以后谋逆伏诛，不亦宜乎！

明章之治

孝明承治兮仓廪实，抑制豪强兮严宗室。倡儒学兮重刑名，尊先师兮正礼乐。尚气节兮崇廉耻，赐公田兮兴水利。征北匈奴兮开疆拓土，云台图画兮二十八将。黄河得治兮户口滋殖，尊崇儒学兮白虎论经。民安其业兮明章盛世，金人显梦兮天子求问。西渡葱岭兮月氏觅佛，永平十年兮汉使圆梦。天竺沙门兮终生弘法，径千万里兮白马驮经，寺建洛阳兮佛像远来。

按：明章盛世，承光武之教，而不逊其德。云台二十八将，所以记功，良有以也。

窦固、班超复定西域

伐北匈奴兮扶风窦固，屯兵凉州兮出兵酒泉，击呼衍王兮天山旋归。于阗骄横兮几并西疆，都护西指兮众才四九，风雪交加兮笳音扬清，定国五十兮强虏消逝。远索大秦兮遣使甘英，几穷西海兮止于条支，延首东望兮惨切凄伤，大漠经年兮顾瞻故乡。胡杨蒿黄兮枝枯叶干，沙场白骨兮刀痕箭瘢，妹昭上书兮班侯得归。窦宪欺罔兮权倾当世，远出大漠兮燕然勒石，匈奴败北兮鲜卑始大。

按：北匈奴至东汉而复强，卒西逃遁，窦、班二氏家族有大功焉，燕然勒石，自古称之。惜乎窦宪借太后而霸权，东汉外戚、宦官之争，窦氏有责焉，宜乎宪之被诛也。至于班超以三十六人袭杀匈奴使臣于大漠，威震西域诸国，有胆有识，千载下读其故事，犹凛凛有生气。定远侯英年出使，皓首而归，卒后，西域又乱，子班勇复平之。汉代使臣将相，俱能为国舍命，宜乎两汉之盛也。

永元之隆、桓灵之乱及党锢之争

孝和嗣世兮正身履道，太后用事兮独断专行，权倾朝廷兮窦氏兄弟。帝临北宫兮诏命校尉，用中常侍兮计灭外戚。宦官坐大兮祸至桓灵，主荒政缪兮处士横议。臧否人物兮激浊扬清，三君八俊兮天下景从。身被淫刑兮祸及友朋，士类歼灭兮国随以亡。

第四章 魏晋南北朝

曹氏篡汉

窦氏消亡兮宦官用事，既诛陈蕃兮复杀窦武。汉儒党争兮佞臣执政，天下大饥兮常侍得宠。张角崛起兮西羌复乱，招兵凉州兮何进授首。烝民涂炭兮王室覆荡，野无鸡鸣兮白骨千里。董卓乘衅兮袁绍构难，官渡大胜兮曹操无君。北征乌桓兮蹋顿败亡，东临碣石兮沧海扬鞭，乌鹊南飞兮败军赤壁。西伏陇右兮魏武远征，马腾流窜兮韩遂败亡。匈奴日疏兮杂胡始壮，三分天下兮曹丕篡位。

按：东汉末，生民涂炭。献帝荒淫无能，势必有变，民始得安！曹孟德弭平诸袁，北征乌桓、匈奴，安定中原，功莫大焉！及其自度功比周召，大业可以速成，遂至兵败赤壁，旋师北归，奚足叹息。然而西平汉中，迅即恢复，可见其得人心及坚毅之志也。得陇而未敢望蜀，抑年老而志气渐衰乎。

吴霸江东

围伐董卓兮孙坚出众，战死江表兮子策报仇，霸取江东兮吴郡伤逝，托弟周瑜兮孙权续位。欲谋江夏兮联备抗曹，火攻赤壁兮孟德败走。白衣渡江兮陆逊代蒙，偷袭荆州兮关羽授首。玄德称帝兮进军夷陵，猇亭大战兮兵败伯言，驾崩白帝兮刘备托孤。孙权称帝兮改元黄武，南鲁党争兮忠臣丧命，身死族乱兮晋武伐吴，旗落石头兮王浚灭吴。

按：孙氏兄弟经营江东，抗曹拒蜀，重用周瑜、陆逊，危然后安，善用良士而已矣。孙氏开发江南，至于闽、粤、台湾，有大功于中国也。

蜀汉局处西陲

靖王之后兮织席贩履，击黄巾兮附孟德，走荆州兮事刘表，志汉业兮觅贤能。风雪加兮顾孔明，隆中应对兮知天下事。联吴抗曹兮孟德败走，欺璋入蜀兮取魏汉中。孤军北伐兮关羽毁败，秭归蹉跌兮白帝托孤。孔明开府兮法治益州，五月渡泸兮荆南始定。两表出师兮六出祁山，未捷先死兮星沉五丈。蒋琬辅政兮姜维为将，费祎继任兮乱臣刺杀，宠信黄皓兮众将离心，阴平偷渡兮邓艾征伐。刘禅降魏兮乐不思蜀。

按：刘玄德三顾茅庐，得孔明，又得法正而后兴。惜乎入蜀而后，虽得汉中，未能抚平蜀地士族。又急于求成，关羽北伐，败走麦城，然后东征孙吴，秭归蹉跌。四方所聚之精英，散于一旦，诚可叹也。及其身死白帝，托孤孔明，亦可知刘郎才气，非常人所及也。孔明报先主之殊遇，六出祁山，惜乎人才未足，将无韩信，文无萧何。是故星沉五丈原，亦无可如何之事。刘备托孤，谓君才倍于曹丕，可惜司马懿才亦倍于丕。亮死，而后主遵从亮之遗奏，任用蒋琬、费祎、姜维，未如后人所述之无能，惜乎以后重用黄皓，亡国于邓艾。

至于归命中原，中国一统，天下之大势也，乐不思蜀，何足恨哉。

两汉文学

汉承先秦兮郁郁典丽，项刘歌诵兮犹好楚声。霸王拔山兮大风颂歌，清远流丽兮武帝秋风。壮观鸿奇兮瓠子天马，贾生过秦兮鹏鸟吊屈。汉赋初兴兮枚乘七发，拓宇楚辞兮受命于诗。宫殿苑囿兮巡游田猎，大赋藻饰兮腴辞云构。兴废继绝兮润色鸿业，相如《长门》兮《子虚》《上林》。缘情绮靡兮体物浏亮，扬雄《甘泉》兮《河东》《羽猎》。讽谏铺陈兮《逐贫》《述志》，班固《两都》兮铺采摛文。张衡感怀兮《二京》《归田》，小赋抒情兮班彪《北征》。蔡邕《述行》兮祢衡《鹦鹉》，史公著述兮黄帝迄汉。雄迈古今兮史家绝唱，断代为史兮班固评述。妹昭续编兮《汉书》始成，都尉《送别》兮五言之始。百年一人兮婕妤《团扇》，古诗温丽兮清音远浩。指事造形兮穷情写物，怊怅切情兮五言冠冕。

按：唐韩愈文起八代之衰，然而倡议文必秦汉，于我心有戚戚焉！汉赋华丽，盖其时国力最为鼎盛，后无可比。而五言古朴温丽，诗人咏歌，出于心，发乎情，穆穆棣棣，宜乎后世言中华文化者，必称汉唐。

建安文学

文起建安兮俊才云涌，蔡邕飞白兮饮马琴操。聚贤邺下兮魏武沉雄，子桓清越兮陈思独步。洛神淑美兮词采华茂，辞赋凄怆兮五言腾踊。

亡家失身兮文姬悲愤，典论论文兮七子并纵。仲宣登楼兮陈琳饮马，公干高风兮应璩雅深。阮瑀章表兮伟长室思，陈寿撰述兮三国叙事。刘徽割圆兮专注九章，两汉朱华兮邺水为盛。中原板荡兮西凉稍安，豪杰远行兮山川形胜。大漠苍茫兮丹霞璀璨，磊落使才兮慷慨任气。

按：建安文学，承两汉朱华，开隋唐盛世。蔡邕父女，三祖陈王，七子并驰，得五言之冠冕，极汉赋之朱华。

西 晋

邓艾西征兮偷渡阴平，钟会侵功兮司马独大。楼船顺流兮铁锁沉江，旗落石头兮王濬灭吴。定都洛阳兮改元泰始，世族复兴兮汲汲求利。承魏举才兮九品取士，唯能是用兮名节渐丧。空谈节俭兮晋武斗富，去州郡兵兮八王乱政。胡族内迁兮强敌环伺，晋议徙戎兮江统先导。鲜卑不臣兮河西入侵，匈奴复出兮并州崛起。妄称宗室兮伪刘遍阡，永嘉大乱兮石勒横行。刘曜掳帝兮青衣行酒，黎民不堪兮五胡乱华。

按：司马篡曹，克蜀灭吴。世族复兴，然而汲汲求利，名节渐丧，又无能处理东汉以来胡族内迁所产生之诸般问题，终致刘曜掳帝，石勒横行，良可叹也。

东 晋

士族南迁兮建康称帝，党同伐异兮抑压吴地。朱张顾陆兮王谢为大，权倾天下兮琅玡王氏。谱牒为则兮门阀士宦，祖逖澄清兮渡江击楫。攻灭成汉兮桓温北伐，灞水旋师兮洛阳暂驻。骄而恃众兮丧军慕容，退守建业兮前秦灭燕。篡位不果兮王谢护晋，北府兵威兮大胜苻坚。观棋不语兮淝水谢安，气吞万里兮寄奴如虎。讨灭桓玄兮兴复晋室，北擒慕容兮南枭卢循，经略西北兮不果南归。西执姚泓兮灭绝后秦，恭帝禅让兮刘裕弑君。

按：晋室南迁，国祚长于西晋，盖自孙权以还，北方士族，深入江左，根蒂已深，不易动摇矣。虽曰士族抑压吴地，胡人势力未逮江南。汉人精锐，尽集于此。中国门第，于斯为盛。然而抗拒外族南侵，王、谢有大功焉。至于桓温、刘裕，北伐虽未成功，亦一代豪杰也。

前秦苻坚

枋头入关兮苻氏崛起，攻占长安兮遂霸陇蜀。氐族汉化兮任用汉臣，既灭前燕兮又灭仇池。西达葱岭兮东极大海，北至大漠兮南控江淮。忠言逆耳兮期吞江南，百万军散兮关中辱国。

按：苻坚任用王猛，汉化有成，然而根基未定，不听王猛遗劝，欲吞东晋。全军溃散，关中被辱，自刎而卒，亦可哀也。

北 魏

鲜卑代兴兮拓跋坐大，定都平城兮攻掠后燕。对峙刘宋兮西灭鄯善，亡夏燕凉兮太武北统。摩崖石窟兮雕塑遍野，云冈龙门兮陇西敦煌。天水麦积兮永靖炳灵，中西交融兮地理文学，洛阳伽蓝兮道元水经。孝文汉化兮迁都洛阳，根基未固兮六镇民变。

按：北朝遍布胡人，鲜卑拓跋氏汉化最深。中西文化交融，于斯为盛，延及隋唐。

魏晋清谈

士求悦已兮唯美修容，无为清净兮道法自然。骈赋协韵兮和声天成，梵音远来兮经读感怀。黄老得尊兮儒学式微，丽辞缤纷兮镂心敷藻，典雅擅长兮英华迈俗。正始玄学兮何晏王弼，祖述老庄兮以无为本。开物成务兮无往不存，无名无誉兮佛道交融。

按：魏晋清谈，史家诟病。然而中国历代文人，未有如此时期文人求美和尊崇大自然之极致者。历代以还，科学以应用为主，基础科学则以魏晋南北朝为最盛，可比拟西方之文艺复兴。惜乎隋唐科举制度，尽毁此自由求美之精神。

两晋风流

才兼文墨兮右军雄逸，步兵咏怀兮情寄八方，叔夜赋琴兮托喻清远。刘伶酒德兮向秀思旧，披沙简金兮陆机浮云。波澜宏阔兮西征潘岳，博物藏书兮清畅张华。郭璞江赋兮彪炳磅礴，靖节归去兮自然超迈。乐天知命兮葛洪抱朴，化学得传兮炼丹罗浮。

按：魏晋南北朝承两汉之辞赋五言，汉赋进而为俳赋，而绘画书法，更是一时之盛，隋唐文学，溯源于此乎。

佛法东来

流沙万里兮震旦远来，敦煌菩萨兮月氏高僧。大乘得译兮般若法留，龟兹苦读兮母子修道。罗什东来兮释风渐行，一十七载兮弘法凉州。前秦遣将兮吕光夺佛，后秦力邀兮鸠摩入京。远涉长安兮翻译诸经，法华金刚兮维摩三论。子弟传宗兮什门四圣，译本未全兮宏义未功。法显西游兮留学天竺，峦叠葱岭兮木簇鹫峰。朝行雪山兮夜渡冰川，顾寻所经兮心动汗流。去国十三兮终得戒律，译经建业兮摩诃僧祇。

按：佛教自天竺经大月氏而入中国。佛道交融，冲击儒家思想，影响中国文化至巨！

刘宋萧齐

七分天下兮刘宋四分，中原未定兮拓跋争雄，元嘉伐魏兮仓皇北顾。儒玄文史兮宋帝立馆，义庆新语兮言简俊秀。著书后汉兮范晔留名，松之注述兮三国史成。剩余有理兮孙子经算，筹学骤起兮二祖缀术。跌宕起伏兮恨别江淹，文典以怨兮咏史左思。三都十年兮洛阳纸贵，芜城有赋兮鲍照凄怆。灵运五言兮芙蓉出水，延年白马兮错采镂金。

按：刘宋国小，僻处南方，然而儒、玄、文学、筹算、历学，均不逊于盛唐，岂东西交融，学者皆荟萃于江南乎。

北齐北周

北魏衰败兮国分东西，高欢拥立兮定都邺城。孙洋篡位兮北齐淫逸，北魏孝武兮西奔长安，关中立国兮宇文权重。既败东魏兮复灭后梁，恭帝禅让兮北周始霸。武帝奋威兮高齐毁败，主少国危兮杨坚篡位。

萧梁南陈

梁武佞佛兮舍身四度，民穷财尽兮侯景作乱。千里绝烟兮白骨成聚，僧辩降敌兮北齐入境。霸先篡位兮诛杀大将，叔宝荒淫兮河山日下，杨广灭陈兮丽华匿井，昭明集述兮始评文学。刘勰文心兮钟嵘诗品，沈约四声兮八咏传世。撰述宋史兮作赋丽人，玉台新咏兮徐陵宫体。哀赋江南兮庾信凄怨，达摩东渡兮建业暂驻。法救迷情兮一花五叶，一苇渡江兮长芦久住。面壁九年兮禅宗始兴，玄佛交融兮隋唐延续。

按：梁、陈二朝，民不聊生，然而中国文学批评，实始于此时，刘勰《文心雕龙》、钟嵘《诗品》、昭明太子《文选》仍为现代探讨古代文学之极品。沈约"四声"《八咏》，庾信《哀江南赋》，诗人墨客，不可不读。至于达摩创立禅宗，影响中国文化至深。此等大事，均发生于梁、陈二朝，亦可异也。

敦煌麦积石窟

高窟嵯峨兮千载经营，壁画塑像兮魏齐始盛。飞天伎乐兮佛门史迹，菩萨左右兮释迦侧卧。玄黄色杂兮罗汉叠壁，画图焕绮兮吐曜含章。龙凤呈瑞兮虎豹凝姿！俯仰顾眄兮彤彩之饰？流离烂漫兮霞驳云蔚，丹青并饰兮金玉同镌。神仪内莹兮宝相外宣，归诚妙觉兮标志上玄。

按：莫高、炳灵、麦积诸洞窟，雕塑画壁，西域藏书，俱可溯源至于北魏，千年建设积蓄，奚止中华之瑰宝，亦世界之遗珍也。

2018年8月16日

后　记

在进行重大的实验或研究计划之前，研究人员经常会讨论他们想从中知道什么，但每次总有意想不到的事情发生，或是令人沮丧的挫败，或是意外的收获。人生亦是如此。你可以在日志上把整个星期都安排好，甚至连每小时要做什么事都写得清清楚楚，但每天都会有想不到的事发生，包括惊喜。

2018年初，蕉岭的一位干部忽然通过一位朋友林健行（他也是客家人）联系我。其实我从来没有在故乡生活过，首次到访时刚刚度过了三十岁生辰。这些年来，前后只到访蕉岭三次。然而，那是父亲和祖辈世世代代居住了八百多年的地方，我总是将蕉岭看作我的根。

县领导正计划沿着石窟河兴建公园，希望它会成为一个主要的旅游景点。在计划中，公园里面会建造一些雕塑。我也算是蕉岭的名人了，县政府领导陈伟明通过林健行问我可不可以将我的雕像也放进去。（这个1979年我到访过的偏远乡村，当时连酒店和柏油路都没有，现已发展成为一座欣欣向荣的城市，将要有自己的水上乐园了。）我觉得很荣幸，但还是提出另外的想法，与其立一个相貌普通的人像，何不考虑更不平凡的主题：一个卡拉比–丘流形。这是初次接触时我做的提议，我们就这个提议讨论了不少细节，堂侄丘文慈和林健行都花了很大工夫和县领导及乡亲父老沟通，工程很快便落实了。

差不多同时，我得到安德鲁·汉森的消息，汉森是印第安纳大学的计算机学者。他原本是搞弦理论和相对论的，在麻省理工学院取得博士学位后，于1971年到高研院做博士后研究。当时我刚从伯克利毕业，也到了普林斯顿，时常跟辛钦等人讨论那“好到难以置信”的卡拉比猜想。也许当时这些对话感染了汉森，他后来成了把卡拉比–丘流形可视化的专家，闻名于世。

1999年，他为布莱恩·格林的畅销书《宇宙的琴弦》中的卡拉比–丘流形画插图，四年后又为大受欢迎的同名NOVA电视节目配动画。我和纳迪斯合著的《大宇之形》一书，封面也采用了他的一张卡拉比–丘流形的图片。在各地讲演时，他的图像都能用上。所以，汉森正是我要找的人。

汉森说，他刚好跟巴尔的摩的雕塑家比利·迪飞（Billy Duffy）合作，打算制造一个直径约1.2米的卡拉比–丘流形，以三维的切片来表达六维的流形。质料是不锈钢或铜，完成后会放置在印第安纳大学校园内。设计已完成了一阵子，只待最后的批准。或者是出于个人的偏见，我相信不久之后，这些雕塑无论在艺术上还是在教育上的价值都会广为人知。

印第安纳大学安德鲁·汉森和雕塑家比利·迪飞提供的卡拉比–丘流形雕塑。

我把蕉岭的计划告诉汉森，那将是一个约3.6米高的卡拉比–丘流形铜雕，气势磅礴，名副其实是一首几何的颂歌，汉森的设计会为整个计划增色不少。消息传得很快，清华大学的数学中心也想立一个卡拉比–丘雕塑，放置在数学楼四合院的外面。2018年春，汉森到了中国，他和中心副所长郑绍远见面，考察放置雕塑的最佳地点。在这期间，同事和我也认真在考虑，在海南岛度假城市三亚由清华管理的数学会议中心，也建造一个卡拉比–丘雕塑。

可以想象不久之后，这个雕塑会在各地建造起来。弦理论假设无论在空间哪一点，身处何地，手触何处，无不有一个微小的六维卡拉比-丘流形隐藏其中，对物质世界发挥着重要的影响。根据弦理论，这是隐藏宇宙（hidden universe）中重要而无处不在的特质。假使理论是对的话，这些雕塑会有助于将肉眼看不见的部分显示出来。就算这套大胆的理论终究没有成功，这些卡拉比-丘流形依然是美丽的。而且，它们的重要性早已在物理和数学上展现了许多次。

在念研究院的第一年时，我已为卡拉比方程式的美丽所倾倒，当时我只有二十岁。过了几十年，我才有机会看到汉森这些漂亮的图像和三维的雕塑。数学家都希望和业外人士共享深奥数学里的激情和兴奋。可是，在过去几十年，甚至上百年间，种种使社会大众了解的尝试都没有成功。我不会天真到相信这些雕塑能使大众明白其中的数学，只愿这些把艺术和数学结合起来的作品，能激发出一点兴趣的火花。也许会有一些小孩，在和父母来游园踏青时，对这个从未见过的奇怪物体感到新奇。当然，他们不会知道那是非线性微分方程的副产品，就如他们也会全神贯注地看着石库河中自然生成的漩涡，不知道那也是种非线性现象。

在这些小孩之中，或许有几个会进一步看看雕塑底座上的说明，那里提到卡拉比猜想，和它如何影响人类的宇宙观、基本粒子物理以及多个数学领域，如微分、代数几何与数论等。换句话说，一个知者寥寥的几何前因，竟引出了这么多的结果，那是卡拉比六十五年前提出猜想时做梦也想不到的。由此，它唤起了这几个小孩对数学的兴趣，最后竟以此为事业，就像我小时候的情况一样。就算最后只有一个小孩因此艺术品而走上数学的道路，这也是很有意义的。在数学的领域，一个人具有浓厚的兴趣和毅力，再加上一点儿天分、一点儿运气，就足以成就大业了。

结果，县政府在半年内就将一个四米高的雕塑建在公园当中。雕塑用三维打印机制作，或许是全球最大的铜制三维打印。公园的设计优雅，晚上用灯光照射雕塑，显示出几何的美和宇宙的真实，来自各地参观的游客还真不少呢。

2018年12月22日，我在蕉岭召开国际数学会议，讨论卡拉比–丘成桐理论的前沿问题，也为这件几何雕塑举行揭幕礼。参加盛会的有一百多位国际知名的学者，恐怕是梅州地区有史以来规模最大的学术会议。

我和丘氏家族出资，在县政府的支持下，重修了破旧的祖居和祖传的力田草庐，也搜集了不少历史文物，其中有一本是我替父亲编辑的《丘镇英教授文集》。

文集里有父亲在二十九岁时写的自序：

> 余生不辰，顺逆迭起。故尝以东西哲人自况，以励余行。“众生一日不成佛，我梦中曾有泪痕。”实为余之怀抱。曾子曰：“虽千万人吾往矣！”末世颓风，浮华征逐。余固守己志，不屈不挠，不轻易随人之上下，故师友辈中有鸡群矫鹤之誉。好读书可以忘餐，好抱不平，有侠客气，有忠于一而不移之清名，不苟同习俗之劲节。“烟酒淫佚”习惯，在余廿年之生命史中从无此四字。记前作廿九自述一律中有“十八亿人还个

我，誓抛身力拨寒灰”之句，亦可窥余性格之一斑矣。然人性有长短，圣人不能免专矧。当新旧递嬗之际，迎于新者未必合于旧，迎于旧者未必合于新。苟吾性之不良，则为“狷介自持，不同人好”八字而已。狷介自持则不合时尚，不同人好则失友群。吾将笃行圣人忠恕之道，而广求其友声乎？或仍孤芳自赏而遗世独立乎？二者不可得兼，吾将舍后者而锲前者而行之也。

我写这部自传时也差不多七十岁了，父亲这段话和我这几十年来的生活何等相似，只不过在我成长期间，母亲和友云、我的老师和一众友人一直在不断矫正我的思想和行为。我也十分感激祖国和我居住的美国给了我学习和成长的机会，但愿明诚和正熙也都记得我们家的根始终是在中国，我们家的成长和祖国的强盛息息相关。也希望中美友谊长青，愿学问的真和美长存！

丘成桐

2019年1月补记